Saskia Sassen folgt den Spuren einer 200jährigen europäischen Migration. Im Mittelpunkt steht die innereuropäische Arbeitsmigration, die ein wesentliches Element der Urbanisierungs- und Industrialisierungsgeschichte war. Die großräumigen Arbeitswanderungen der »Hollandgänger« von Westfalen nach Amsterdam, die Migration italienischer Arbeiter zum Eisenbahn- und Städtebau in Deutschland, die vielen (auch deutschen) Wanderarbeiter, die Haussmanns städtebauliche Visionen in Paris verwirklichten – diese und ähnliche Migrationen waren für den Aufbau des modernen Europa unabdingbar.

Zu den europäischen Migrationen zählen aber auch die großen Flüchtlingsströme zu Beginn unseres Jahrhunderts. Die Autorin zeigt, daß die Geschichte dieser Flüchtlinge eng verbunden ist mit der Entstehung des modernen europäischen Staatensystems.

Saskia Sassen erzählt die Geschichte der »Fremden« in Europa. Sie beschreibt deren Erfahrungen ebenso wie die wirtschaftlichen, gesellschaftlichen und politischen Bedingungen und Folgen der Migrationen. Zugleich aber informiert sie über die aktuelle Lage der Migrantinnen und Migranten und plädiert für eine Einwanderungs- und Flüchtlingspolitik, die sich an den historischen Erfahrungen orientiert.

Saskia Sassen ist Professorin für Stadtplanung und lehrt an der School of International and Public Affairs der Columbia University. Neben zahlreichen Aufsätzen in Fachzeitschriften hat sie mehrere Bücher veröffentlicht, unter anderem »The Global City: New York, London, Tokyo« (1991) und »Metropolen des Weltmarkts« (1996). Derzeit arbeitet sie an einem Buch über Einwanderungspolitik und Weltwirtschaft.

# Europäische Geschichte

Herausgegeben von Wolfgang Benz

Konzeption: Wolfgang Benz,
Rebekka Habermas und Walter H. Pehle

Europäische Geschichte

Saskia Sassen

# Migranten, Siedler, Flüchtlinge

Von der Massenauswanderung zur Festung Europa

Aus dem Amerikanischen
von Irmgard Hölscher

 Fischer
Taschenbuch
Verlag

*Für Richard Sennett*

Originalausgabe
Veröffentlicht im Fischer Taschenbuch Verlag GmbH
Frankfurt am Main, November 1996

© 1996 Fischer Taschenbuch Verlag GmbH, Frankfurt am Main
Alle Rechte vorbehalten
Redaktion: Tanja Hommen
Gesamtherstellung: Clausen & Bosse, Leck
Printed in Germany
ISBN 3-596-60138-X

*Gedruckt auf Munken Print Extra der Papierfabrik Munkedal AB, Schweden*

# Inhalt

# Vorwort und Danksagung

Als Eric Hobsbawm mich fragte, ob ich ein Buch über 200 Jahre Migrationsgeschichte in Europa schreiben wollte, fragte ich verwirrt: »Wie bitte?« Noch größer war meine Überraschung, als ich dann bei den Vorarbeiten zu diesem Buch feststellte, daß ich noch weiter als 200 Jahre zurückgehen mußte, um den Stellenwert der Migration in Westeuropa zu begreifen, daß ich mit dieser Geschichte nicht dort anfangen konnte, wo man normalerweise ansetzt: bei der Massenauswanderung in die Neue Welt. Bereits bei meinen nach der Promotion begonnenen Forschungen zur Migration in Westeuropa am Harvard Center for International Affairs war ich auf Abel Chatelains zweibändige Geschichte der Saisonwanderungen im Frankreich des 19. Jahrhunderts gestoßen, die mich seither als die andere Geschichte Europas begleitet hat. Diese Geschichte entfaltete sich im Schatten der historischen Aufzeichnungen, die über die Mainstream-Kultur weitergegeben wurden. Jetzt überzeugte mich Chatelains Buch von der Notwendigkeit, die Ikonographie Europas als Kontinent der Massenemigration zu durchbrechen.

Mir war klar, daß ich die jahrelange Forschungsarbeit für dieses Buch nur dann auf mich nehmen konnte, wenn ich dabei quasi in der Art eines aufdeckenden Journalismus die Spur der anderen Migrationsgeschichte Europas verfolgen konnte, die heute meist in den obskureren wissenschaftlichen Texten vergraben und zur Domäne historischer Experten geworden ist. Das Buch will deshalb über weite Strecken ein ausgeglicheneres Bild der Migrationen in Europa vermitteln und zeigen, daß die internationale und interregionale Arbeitsmigration eine verbreitete und strategische Komponente in der Urbanisierungs- und Industrialisierungsgeschichte Europas der letzten 300 Jahre war, ob es sich um die großräumigen Arbeitswanderungen der Hollandgänger von Westfalen nach Amsterdam im 18. oder um die Migration italienischer

Arbeiter zum deutschen Eisenbahn- und Städtebau im 19. Jahrhundert handelte. Wanderarbeiter kamen aus nah und fern in den Pariser Raum, um Haussmanns städtebauliche Neuerungen zu verwirklichen; sie verlegten die Wasserrohre und bauten die Boulevards. Damals gab es in Paris auch eine beachtliche Gemeinde deutscher Arbeitsmigranten. Europa ist dem Schicksal nicht entgangen, das allen Regionen mit rapidem Wachstum bestimmt zu sein scheint: der Notwendigkeit, Arbeitskräfte von außerhalb zu importieren.

Interessiert hat mich, ob und wie diese Geschichte dazu beitragen kann, die heutige Einwanderungsfrage neu einzuschätzen, einen intelligenteren und effektiveren Ansatz zur Einwanderungspolitik zu finden und die verbreitete Vorstellung zu korrigieren, Europa sei kein Einwanderungskontinent. Sicher ist es kein Einwanderungskontinent wie die Neue Welt, wo Immigration in die Geschichte der kolonialen Eroberung eingebettet war, wohl aber in einem anderen Sinne. Die Suche nach Hinweisen in Dokumenten und Berichten über legislative Debatten auf die Rolle der Einwanderung in Volkswirtschaft, Politik und Gesellschaft machte mir zunehmend klarer, daß der gegenwärtige Diskurs über die Vergangenheit in vieler Hinsicht ein Diskurs der Auslassung ist. Ausgelassen wird die Rolle der Arbeitsmigrationen in der europäischen Entwicklung. Das Buch ist also eine Reaktion auf das, was im Diskurs fehlt.

Bei den Forschungen zur Geschichte der Flüchtlinge und Exilanten ging es mir entsprechend darum, inwieweit die Exilantenströme und Massenfluchten einen zutiefst europäischen Prozeß darstellen, der unmittelbar in der Geschichte der Entstehung des modernen europäischen Staatensystems verwurzelt ist. Heute, wo die meisten Flüchtlingsströme in Afrika und Asien zu finden sind, wird diese profunde Artikulation des modernen Staats und die Entstehung der Massenfluchten und Flüchtlingsströme oft übersehen.

Die Möglichkeit, ein Buch mit einer eindeutigen Position zu schreiben, war für mich sehr wichtig, und ein solches Buch wurde vom Lektorat des Fischer-Verlages eindeutig erwartet. Natürlich kann man in einem so schmalen Buch keine umfassende Geschichte der Migration in den letzten 200 Jahren schreiben. Es war unvermeidlich, daß manche Bereiche nicht einbezogen werden konnten. Es geht nicht um einen umfassenden Überblick, sondern um den Versuch, durch die Schatten der Geschichte hindurch eine Linie aufzuspüren. Dabei handelt es sich nicht um eine Linie im Sinne eines kontinuierlichen Prozesses, denn es hat massive Diskontinuitäten gegeben. Mir ging es um die Frage, wie Migrationen entstehen, geschehen und enden. Ich habe mich bemüht, aus dem Schatten der Geschichte einige Beispiele ans Licht zu holen, um die vielfältigen Facetten der Dynamik von Migration und Flüchtlingsströmen darzustellen, und zwar in ihren Überschneidungen mit Wirtschaft, Gesellschaft und Politik.

Dieses Buch hätte ohne die vorhandene substantielle Literatur zu Migration, Flüchtlingsströmen und zahlreichen verwandten Bereichen, vor allem Urbanisierung, Demographie, Industrialisierung, Kriege, Politik, nicht geschrieben werden können. Sehr viele Wissenschaftler arbeiten heute über Immigration und Flüchtlinge in Europa. Viele sind in der Bibliographie aufgeführt, andere konnten aus Platzmangel nicht erwähnt werden. Ich habe mich bewußt meist auf die unbekannteren Quellen bezogen. All diejenigen, deren Arbeiten in diesem kurzen Buch und der kurzen Bibliographie nicht auftauchen konnten, bitte ich um Entschuldigung.

Drei Werke waren für mich wegen der Zusammenstellung und Auswertung ausführlichen Archivmaterials besonders wichtig, und ich bin den Autoren für ihre außergewöhnliche Leistung sehr dankbar. Es handelt sich um Abel Chatelains in den 30er Jahren erschienenes Werk: »Les migrants temporaires en France de 1800 à 1914«; Jan Lucassens Buch, das aus seiner Dissertation über die Archive der napoleonischen Volkszählung entstanden ist: »Naar de Kusten van de Noordzee. Trekarbeid in Europees Perspektief, 1600–1900« (in Englisch als: »Migrant Labour in Europe 1600–1900: The Drift to the North Sea« erschienen) sowie »The Unwanted: European Refugees in the Twentieth Century« von Michael R. Marrus.

Mein Dank geht an viele Freunde und Kollegen, mit denen ich mich in den letzten 20 Jahren mündlich oder schriftlich ausgetauscht habe, vor allem an Sophie Body-Gendrot, Cathérine

11

Wihtol de Wenden, Yan Moulier-Boutang, Abdel Malek Sakad, Mirjiana Morokvasic, Czarina Wilpert, Aristide Zolberg, Rainer Munz, Jochen Blaschke, Enzo Mingione und Rainer Bauböck. Zwar hat sich die Arbeit an diesem Buch auf die letzten drei Jahre beschränkt, aber da ich mich mit dem Thema schon zwei Jahrzehnte mehr oder weniger intensiv beschäftige, habe ich im Laufe der Zeit viele Informationen, Einsichten und Ideen zusammengetragen, die ich vielen Menschen und Forschungszentren verdanke, vor allem Daniel J. Koob, der mich vor 20 Jahren, als ich mit meiner Dissertation begann, als erster auf die Bedeutung internationaler Migration in Westeuropa aufmerksam gemacht hat, und Joseph Nye Jr. vom Harvard Center for International Affairs, der meine Doktorarbeit über Migration als Beispiel transnationaler Beziehungen unterstützte. In neueren Jahren habe ich viel von Forschungsstipendien und Gastprofessuren profitiert, unter anderem am Wissenschaftszentrum Berlin, am Institute für Advanced Studies in Wien, an der Russell Sage Foundation in New York City, dem Seminar Salzburg, der Amerikanischen Akademie in Rom, dem Institut d'Urbanisme der Universität von Paris und dem Summer Institute der Universität Lancaster. Zahlreiche Helfer waren an der Forschung und an der Vorbereitung des Manuskripts beteiligt; ich danke vor allem Todd Kenworth für seine großzügige und intelligente Hilfe.

Danken möchte ich auch meinen niederländischen Eltern, die mich ohne viel Aufhebens in fünf Sprachen erzogen haben und mir an meinem 13. Geburtstag in aller Unschuld erklärten, es wäre für mich an der Zeit, eine Fremdsprache zu erlernen. Nie waren diese Sprachkenntnisse so wichtig wie bei diesem Forschungsprojekt.

Mein Mann, Richard Sennett, hat das Buch gründlich gelesen; sein Rat war für mich unersetzlich. Mein Sohn, Hilary Koob-Sassen, war mir ein engagierter Gesprächspartner bei der heutigen Immigranten- und Flüchtlingsfrage, für die sich die junge Generation immer mehr interessiert.

Für alle Fehler bin ich allein verantwortlich.

# Einleitung

Immigranten werden heute meist als Bedrohung wahrgenommen; als Fremde, die ihre Aufnahme in reicheren Ländern erbitten, erzwingen oder erschleichen. Die reichen Länder sind nach eigener Einschätzung für diese Einwanderung nicht verantwortlich oder ihr zumindest passiv ausgeliefert. Diese Einschätzung aber ist falsch. Internationale Wanderungsbewegungen entstehen durch eine ganze Reihe wirtschaftlicher und geopolitischer Prozesse, nicht einfach durch den Wunsch einzelner Menschen, ihre Lebensbedingungen zu verbessern. Wer das Problem der Einwanderung begreifen will, muß sich damit beschäftigen, wie, wann und aus welchen Gründen die Regierungen, die Wirtschaft, die Medien und die Bevölkerung der hochentwickelten Länder an diesen Prozessen beteiligt sind.

Auch Flüchtlingsströme sind Ergebnis zahlreicher ineinandergreifender Prozesse, und diese Tatsache war bis weit ins 20. Jahrhundert hinein allgemein akzeptiert. Noch bis vor kurzem galten Flüchtlinge als unfreiwillige Migranten, die durch Umstände, auf die sie keinen Einfluß hatten, zum Verlassen der Heimat gezwungen waren. Grundlage politischer Maßnahmen und zwischenstaatlicher Verträge war die Erkenntnis, daß Flüchtlingsströme nicht von den Fliehenden selbst, sondern von anderen Mächten verursacht wurden. Heute allerdings wird diese Erkenntnis zunehmend kritisiert und teilweise revidiert. Langsam, aber sicher gewinnt hier eine Metaphorik an Einfluß, in der Flüchtlinge wie Immigranten nur noch als Individuen auf der Suche nach besseren Chancen in einem reichen Land erscheinen.

Im internationalen Recht, in der Politik und im alltäglichen Diskurs sind die politischen und wirtschaftlichen Realitäten aus dem Blick geraten, die für die Existenz von Immigranten und Flüchtlingen verantwortlich sind. Wenn es zum Beispiel zuträfe, daß Einwanderungs- und Flüchtlingsbewegungen ausschließlich durch den individuellen Wunsch nach besseren Lebensbedingungen motiviert wären, hätte es angesichts des Bevölkerungswachstums und der zunehmenden Verarmung in großen Teilen der Welt längst zu einer Masseninvasion der Armen in die hochentwickelten Länder kommen müssen, zu einer enormen, ungeordneten Völkerwanderung aus der Armut in den Reichtum. Aber das war und ist nicht der Fall. Migrationen sind äußerst selektive Prozesse; nur ganz bestimmte Gruppen von Menschen verlassen ihre Heimat, und sie treiben keinesfalls blind auf irgendein reiches Land zu, das sie aufzunehmen verspricht. Migrationswege haben eine erkennbare Struktur, die mit den Beziehungen und Interaktionen zwischen Herkunfts- und Zielländern zusammenhängt.

Solange Politiker und Öffentlichkeit die Ursache der Migration fälschlich in der Armut oder Drangsalierung in den Herkunftsländern suchen, bleiben die politischen Möglichkeiten, auf das Phänomen zu reagieren, begrenzt. Die scheinbar logische Antwort auf eine Masseninvasion wäre die Schließung der Grenzen. Fremdenfeindlichkeit und Rassismus sind nur die extremsten Ausdrucksformen dieser Option in der politischen Kultur eines Landes; abgeschwächtere Versionen einer solchen »Das Boot ist voll«-Politik gegenüber Immigranten und Flüchtlingen lassen sich in sämtlichen hochentwickelten Staaten erkennen.

Dieses Buch soll die Alternativen für den Umgang mit Immigranten und Flüchtlingen durch eine umfassendere Betrachtung der Migrationsursachen erweitern helfen. Dazu ist es notwendig, zunächst den Blick auf Europa selbst zu richten, auf die Geschichte der europäischen Migrationen und Vertreibungen, denn im Kontext dieser Geschichte hat sich die aktive Beteiligung der reichen Länder an den heutigen Migrationssystemen entwickelt.

Für mich war vor allem die Frage wichtig, ob die europäische Migrations- und Flüchtlingsgeschichte in den letzten 200 Jahren auch eine Interpretation zuläßt, mit deren Hilfe wir uns von der Metaphorik der »Masseninvasion« befreien könnten. Ich möchte zeigen, daß die verschiedenen Migrationen in Vergangenheit und Gegenwart zum einen durch zeitliche und geographische Bedingungen strukturiert und begrenzt waren und sich zum anderen nicht einfach auf Verfolgung, Armut und Überbevölkerung reduzieren lassen. Natürlich geht es nicht darum, den Einfluß solcher Faktoren zu leugnen. Ich sehe sie vielmehr als eine Art Grundzutaten, die erst im Rahmen umfassenderer politischer und wirtschaftlicher Strukturen und Ereignisse zum tatsächlichen Auslöser für Wanderungsbewegungen werden. Wenn aber Verfolgung, Armut und Überbevölkerung allein Migrationsströme nicht mehr hinreichend erklären können, dann verlieren auch die Bilder und Metaphern der Invasion ihre Überzeugungskraft. Eine Einwanderungspolitik, die es mit einem begrenzten Ereignis, einer strukturierten Erfahrung, einem steuerbaren Prozeß zu tun hat, läßt sehr viel mehr Spielraum für Innovationen.

Die Frage nach dem Ort der Migranten in der Entwicklung Europas führt zurück zu den Anfängen der Industrialisierung, insbesondere der Fabrikarbeit und des Ausbaus der Eisenbahn. Vom ausgehenden 18. bis zum ausgehenden 19. Jahrhundert entwickelte sich parallel zu den wirtschaftlichen Veränderungen ein neuer Umgang des Staates mit religiösen und politischen Flüchtlingen. Die Entwicklung der Modernisierung verlief national und regional in sehr unterschiedlichem Tempo, und zwar in einer Epoche, in der es so gut wie keine Grenzkontrollen gab und die einzelnen Staaten die dazu notwendigen administrativen und technischen Kapazitäten gar nicht gehabt hätten. Die Migrationen waren dennoch in Strukturen eingebettet, die Umfang und Dauer der Bewegungen begrenzten und ihre geographische Richtung festlegten. Ich habe untersucht, ob diese Strukturen die individuellen Entscheidungen für oder gegen Auswanderung beeinflußten und dadurch die Zahl der tatsächlichen Migranten in Grenzen hielten, oder allgemeiner gesagt, ob und wie diese Strukturierung die Rolle eines ausgleichenden Mechanismus gespielt haben könnte.

Wir wissen, daß im Zeitalter des Kolonialismus Phasen starken wirtschaftlichen Wachstums die Mobilisierung »ausländischer« Arbeitskräfte nötig gemacht haben. Die Sklaverei war ein extremes Mittel, Arbeitskräfte zu beschaffen. Außerdem wurden Zwangsarbeiter in Massen in die Bergwerke und auf die Plantagen gebracht. Es wurden Millionen indischer Vertragsarbeiter für die Karibik und weißer europäischer Dienstboten für Nordamerika angeworben. Die einheimische Bevölkerung Südamerikas wurde durch Arbeitsverpflichtungssysteme wie Mita und Encomienda zur Arbeit gezwungen. Venezuela, das nach damaligem Wissensstand keine nennenswerten »Schätze« besaß, wurde dennoch überfallen, um Arbeitskräfte für die Plantagen auf den Karibikinseln zu bekommen. Diese Fakten gehören untrennbar zur Wirtschaftsgeschichte Lateinamerikas und der USA, Afrikas und Asiens. In diesem Zusammenhang ist es interessant, daß selbst in Japan, das bis vor kurzem als wohl einziges hochentwickeltes Land trotz massiven Wachstums keine Arbeitskräfte importierte, Landwirtschaft, Fischerei und Industrie heute auf Immigranten angewiesen sind und in Zukunft wohl auch im Dienstleistungsbereich sehr viele niedrig bezahlte Arbeitsplätze mit Einwanderern besetzt werden müssen, wenn die derzeitigen japanischen Arbeiterinnen und Arbeiter ins Rentenalter kommen.

Und in Europa? Hier ist der Migrationsbegriff immer noch von den Millionen Emigranten geprägt, die den Kontinent verlassen haben. Welche Rolle aber hat die Arbeitsmigration in der europäischen Geschichte der letzten beiden Jahrhunderte gespielt? Die westeuropäischen Staaten beteuern unablässig, sie seien keine Einwanderungsländer, Immigration hätte erst in den 60er Jahren begonnen und sei eine einmalige Sondermaßnahme aufgrund der massiven Zerstörungen des Krieges und der Notwendigkeit des Wiederaufbaus gewesen. Doch die historische Realität weicht sehr von dieser Behauptung ab.

Obwohl ich mich überwiegend auf geographisches und statistisches Material stütze, läßt sich diese andere Geschichte nur erzählen, wenn man auch die kulturellen und politischen Repräsentationen der Migranten in den verschiedenen Epochen und Situationen berücksichtigt. Heute wird oft behauptet, es seien die rassischen, kulturellen und häufig auch religiösen Unterschiede, die eine Assimilation der Immigranten so schwierig machten. Ich habe deshalb untersucht, ob Rassismus und negative Einstellungen gegenüber Einwanderern weniger wahrscheinlich werden, wenn sie derselben Rasse und im weiteren Sinne auch derselben westeuropäischen Kultur angehören.

All diese Fragen münden letztendlich in die Frage nach der Bedeutung von Grenzen. Es gibt heute einerseits die Tendenz zur Entwicklung grenzfreier Wirtschaftsräume, andererseits das Bestreben, Grenzkontrollen wiederzubeleben, um die Einreise von Immigranten und Flüchtlingen zu verhindern. Der gegenwärtige Austausch von Kapital, Waren, Informationen und Kultur läßt die heutigen Bemühungen zur Beendigung der Einwanderung als paradox erscheinen. Denn während die Regierungen und die Wirtschaft der hochentwickelten Länder die Rolle der Staatengrenzen verringern und transnationale Räume entwickeln wollen, wächst der Widerspruch zwischen ihrer Einwanderungspolitik und den anderen politischen Rahmenbedingungen des internationalen Systems sowie der zunehmenden weltwirtschaftlichen Integration.

Die Europäische Gemeinschaft und die Regierungen ihrer Mitgliedsstaaten tun sich mit der Bewältigung dieser Gleichzeitigkeit gegensätzlicher Systeme schwer. Die Zahl der legalen und illegalen Einwanderer ist in den letzten zehn Jahren in allen hochentwickelten Ländern stark angestiegen, sämtlichen einwanderungspolitischen Maßnahmen zum Trotz. Gleichzeitig läßt sich in all diesen Ländern eine wachsende Öffnung der Wirtschaft für ausländische Investoren und Märkte und eine Deregulierung der Finanzmärkte beobachten. Die Entwicklung eines neuen Wirtschaftssystems führt zu einem Bedeutungsverlust der nationalen Regierungen und Grenzen hinsichtlich der Kontrolle internationaler Geschäfte. In der Einwanderungspolitik aber spielen die alten Konzepte von Nationalstaat und Staatsgrenzen weiterhin eine entscheidende Rolle. Die Einwanderungspolitik müßte jedoch der raschen Internationalisierung der Wirtschaft und den damit einhergehenden Veränderungen in der Rolle des Staates Rechnung tragen.

Parallelen zu diesem Dilemma zeigen sich in der Flüchtlingspolitik. Seit dem Ersten Weltkrieg haben die westeuropäischen Staaten die technischen und administrativen Kapazitäten zur Grenzkontrolle und zur Regelung von Aktivitäten und Ereignissen auf ihrem Territorium ausgebaut. Die Stärkung des Systems zwischenstaatlicher Beziehungen hat dabei eine wichtige Rolle gespielt. Ohne dieses System ist die sehr enge Definition des Flüchtlings nicht denkbar, wie sie in Genf kurz nach dem Ersten Weltkrieg (1921) festgeschrieben wurde. Sie bezieht sich im Grunde auf Menschen, die aus der gerade gegründeten Sowjetunion flüchteten, und weist dem Staat eine aktive Rolle bei der Identifizierung und Behandlung der Flüchtlinge zu.

Aber in den 20 Jahren vor dem Ersten Weltkrieg und in den 10 Jahren danach waren in Europa Millionen von Flüchtlingen unterwegs. Es begann das Zeitalter der Massenflucht, die ein zutiefst europäisches Phänomen war. Weitere Flüchtlingsströme in Millionenhöhe folgten in den 30er Jahren und nach dem Zweiten Weltkrieg. Ich habe untersucht, wie die europäischen Staaten die Gratwanderung zwischen einer sehr engen Definition des »Flüchtlings«, den realen Flüchtlingsmassen, die nicht unbedingt unter diese Definition fielen, der absoluten Souveränität des Staates in Flüchtlingsfragen und der daraus resultierenden Starrheit des Systems zwischenstaatlicher Beziehungen tatsächlich bewältigt haben.

In den letzten zehn Jahren läßt sich eine Veränderung in der Definition des modernen Flüchtlingsbegriffs erkennen. Drei Gründe sind für diese Umdeutung verantwortlich: die im Wandel begriffene Rolle des Systems zwischenstaatlicher Beziehungen in einer zunehmend globaler werdenden Welt, die Notwendigkeit einer Veränderung der formalen Definition des »Flüchtlings« nach dem Ende des Kalten Krieges und die Verschiebung des Schauplatzes der großen Fluchtbewegungen nach Asien und Afrika. Eine Definition des Flüchtlings wird zusätzlich dadurch erschwert, daß in den westeuropäischen Staaten Flüchtlinge zunehmend als getarnte Wirtschaftsimmigranten wahrgenommen werden. Wer also ist ein Flüchtling? Ist wirtschaftliche Not als Folge von Krieg und allgemeiner Unterdrückung, wie sie zum Beispiel 2,5 Millionen Juden zwischen 1880 und dem Ersten Weltkrieg aus Rußland und Osteuropa vertrieben hat, ein »legitimer« Fluchtgrund? Oder höhlt eine solche Erweiterung der Definition den Status des Flüchtlings aus? Soll angesichts der neuen politischen und wirtschaftlichen Realität im heutigen Westeuropa, die von wachsender Transnationalisierung bestimmt ist, weiterhin der einzelne Staat definieren können, wer Flüchtling ist?

Solche Fragen und die damit verbundenen politischen Probleme bilden den Rahmen für dieses Buch. Auf der Schattenseite der europäischen Geschichte finden sich verschleppte, entwurzelte und umherziehende Menschen, Menschen, die in der Fremde leben, in Ländern, in denen sie als nicht dazugehörig gesehen werden. Aber entsprechen die alten Zugehörigkeitskonzepte noch der gegenwärtigen Realität?

# Migrationen um 1800

In der Zeit der Napoleonischen Kriege, deren Symbole das Schwert und die Kanone waren, ging das Leben hunderttausender Männer, Frauen und Kinder seinen altgewohnten Gang, zu dem regelmäßige Wanderungen von einer Region in die andere gehörten. So zogen während des gesamten 19. Jahrhunderts Wanderarbeiter aus dem südfranzösischen Bergland Jahr für Jahr in die Mittelmeerebenen, um für ein paar Wochen bei der Ernte oder der Weinlese zu helfen. Die sogenannten »Hollandgänger«, Kleinbauern aus Westfalen, zogen jedes Jahr für drei Monate an die Nordsee, um in den Torfgruben zu arbeiten oder bei der Heuernte oder der Trockenlegung der Moore zu helfen. In ganz Europa verließen die Söhne und Töchter der Kleinbauern ihre Elternhäuser und verdingten sich als Landarbeiter oder Dienstboten mit Jahresverträgen bei immer neuen Herren. Aber sie waren bis vor sehr kurzer Zeit Menschen »ohne Geschichte«. In der Vorstellungswelt der napoleonischen Zeit war der Begriff der Migration an Krieg und religiöse Verfolgung gebunden, und bis heute sind Migrationen durch Krieg und Intoleranz in der historischen Erinnerung lebendiger geblieben als die Arbeitsmigration. Ereignisse wie die Vertreibung einer halben Million Hugenotten aus Frankreich nach 1685 und die Vertreibung der Lutheraner aus Salzburg 1732 prägten das Bild der Bevölkerungsbewegungen im 17. und 18. Jahrhundert. Im Ancien Régime erinnerte man sich noch sehr genau an die großen Bevölkerungsverschiebungen im südöstlichen Europa und Kleinasien, zu denen der Krieg zwischen dem Osmanischen Reich, Österreich und Rußland in den 30er Jahren des 18. Jahrhunderts geführt hatte, und die moderne Geschichtswissenschaft hat dieses einseitige Bild frühneuzeitlicher Migration übernommen und fortgeschrieben. Doch auch die Entstehung nationalistisch-ethnischer Bewegungen im Osmanischen Reich, oft unterstützt durch west- und mitteleuropäische Mächte, die dieses Reich schwächen wollten, führte zu massiven Bevölkerungsverschiebungen. Allgemein kam es relativ häufig vor, daß unterworfene ethnische Minderheiten zur Emigration gedrängt wurden; Preußen bemühte sich zum Beispiel, die Polen aus den annektierten Gebieten zu vertreiben, Österreich förderte aktiv die Emigration der Kroaten.

Den militärischen Beratern Napoleons allerdings war trotz alledem klar, daß sie die Arbeitsmigration berücksichtigen mußten. In ganz Europa verstärkten sich im späten 18. Jahrhundert die Zeitwanderungen, womit ein immer größeres mobiles – und deshalb mobilisierbares – Menschenpotential verfügbar wurde. Die französische Armee, die Soldaten für die Eroberungskriege brauchte, gab daher die erste offizielle Untersuchung der Arbeitswanderungen in Auftrag. Sie wurde zwischen 1808 und 1813 durchgeführt und sollte das verfügbare Arbeitskräftepotential im napoleonischen Reich ermitteln, das zu diesem Zeitpunkt aus dem heutigen Frankreich, Belgien, Luxemburg, Holland, dem Westen Deutschlands, Teilen Italiens und der Schweiz bestand. Diese napoleonische Untersuchung ist heute unsere wichtigste Quelle für detaillierte Informationen über die damaligen Arbeitswanderungen; gleichzeitig dokumentiert sie aber auch eine Ironie der Wirtschaftsgeschichte, da die Eroberungskriege und die damit einhergehenden wirtschaftlichen Unruhen viele Migrationswege blockierten.

Zu Beginn der Napoleonischen Kriege gab es mehrere große Routen, auf denen Wanderarbeiter an die Nordsee, in die Mittelmeerebenen, nach Paris, Madrid und London zogen. Sie waren aus den Saisonwanderungen entstanden, die sich seit Ende des Mittelalters entwickelt hatten. Bürgerlisten zeigen, daß es im vorindustriellen Europa in sämtlichen städtischen Regionen, ob klein oder groß, arme und reiche Migranten gab. Nach deutschen Quellen aus dem 18. Jahrhundert zum Beispiel waren in den Handelsstädten etwa die Hälfte der Stadtbürger Migranten.

Wir wissen heute, daß die Städte im Ancien Régime sowohl Ziel- als auch Ausgangspunkte für größere Bevölkerungsbewegungen waren. Migranten spielten eine Schlüsselrolle bei der Stabilisierung bzw. Steigerung der Bevölkerungszahl, da in den meisten Städten die Zahl der Todesfälle höher war als die der Geburten.[1] Bereits zwei Jahrhunderte vor dem Bau der Eisenbahn also zogen

Wanderarbeiter durch ganz Europa; das Leben war in dieser Zeit nicht so seßhaft, wie oft angenommen wird.[2] Clark[3] hat zum Beispiel festgestellt, daß in Südengland zwischen 1660 und 1730 Mobilität die Regel war, und laut Chatelain[4] zirkulierten Migranten effektiver als Waren.

Napoleons Statistiker beschäftigten sich mit Migranten, weil sie potentielles Kanonenfutter waren. Heutigen Historikern verhelfen sie zu einem Verständnis der politischen Ökonomie nach Waterloo. Chatelain, der in den 20er und 30er Jahren bahnbrechende Untersuchungen zur Geschichte der Arbeit im 19. Jahrhundert durchgeführt hat, hält die Saisonwanderungen keineswegs für eine Fußnote der Geschichte, sondern geht davon aus, daß sie das wirtschaftliche und soziale Leben des 19. Jahrhunderts genauso stark geprägt haben wie das ländliche Gewerbe. Da solche Wanderungen auf Zeit im 20. Jahrhundert kaum noch eine Rolle spielen, wurde ihre Bedeutung bisher oft übersehen. Die Geschichtswissenschaft beschäftigt sich meist mit anderen Aspekten der europäischen Arbeitsmigration im 19. Jahrhundert; sie legt den Schwerpunkt eher auf dauerhaftere Migrationen wie die Landflucht oder die Massenemigration nach Übersee nach 1850.

Ich will in diesem Kapitel versuchen, ein ausgewogeneres Bild von Wanderarbeit und dauerhafter Migration bis zur Mitte des 19. Jahrhunderts zu zeichnen. Dabei konzentriere ich mich auf den Raum, den die napoleonischen Forscher vermessen wollten, sowie auf die geographischen, ökonomischen und sozialen Kräfte, die diesen Raum veränderten. Abschließend werde ich eines der von Napoleons Statistikern skizzierten und heute von Jan Lucassen[5] rekonstruierten Migrationssysteme ausführlicher beschreiben: die jährliche Arbeitswanderung der westfälischen Kleinbauern in die Nordseeregion, in deren Mittelpunkt das blühende wirtschaftliche Zentrum Amsterdam stand. Diese Geschichte hat wenig Aufmerksamkeit gefunden, und viele Einzelheiten sind nicht mehr zu rekonstruieren. Aber sie enthält eine Reihe struktureller Merkmale, die ein besseres Verständnis der europäischen Wanderungsbewegungen nach dem Zweiten Weltkrieg ermöglichen, der sich in diesem Zusammenhang durchaus als Äquivalent der napoleonischen Eroberungen und Niederlagen bezeichnen läßt.

# Arbeitswanderungen, Flüchtlingsströme und Staat

Europa hat vor dem 19. Jahrhundert viele verschiedene Formen von Arbeitswanderungen erlebt, deren bekannteste wohl die Gesellenwanderung der Handwerker ist, die es seit dem Mittelalter gab. Nach einer Lehrzeit, die bis zu zehn Jahre dauern konnte, wurde der Geselle vom Meister in ein anderes oder größeres Zentrum des entsprechenden Handwerks geschickt, um seine Fähigkeiten zu üben und zu erweitern. Aus diesen Wanderungen, die von den Zünften vorgeschrieben waren, entstanden allmählich breitere Arbeitswanderungen, bei denen vor allem Handwerker aus den neuen technischen Berufen eine große Rolle spielten, die von einer Baustelle zur anderen zogen. Die »Tour de France« und die »Gesellenwanderung« sind zu Sinnbildern dieses Migrationstyps geworden. Ausgebildete Handwerker wurden in ganz Europa angeworben; italienische Steinmetze und Fliesenleger waren fast überall sehr gefragt, deutsche Möbelschreiner wurden nach Frankreich und Fachkräfte für Milchwirtschaft nach Deutschland geholt.

Eine andere Form waren die Saisonwanderungssysteme über große Entfernungen, die im 17. Jahrhundert in allen prosperierenden Regionen Europas verbreitet waren.[6] Diese ursprünglich kreisförmigen Systeme nahmen allmählich Züge einer Kettenmigration an, da sich manche Wanderarbeiter niederließen und dadurch zur Anlaufstelle für weitere Migranten aus den Heimatgemeinden wurden.

Diese Migrationen wurden von den aufnehmenden Gemeinden im großen und ganzen begrüßt. Die fahrenden Gesellen waren in abgelegenen Gegenden begehrte hochqualifizierte Arbeitskräfte. Wanderarbeiter, die sich an einem neuen Ort niederließen, konnten die Dezimierung der Bevölkerung durch hohe Sterblichkeitsraten, geringe Lebenserwartung, Hungersnöte und Kriege ausgleichen; ein signifikantes Bevölkerungswachstum gab es in Europa erst Mitte des 19. Jahrhunderts.

Am Beispiel Amsterdams, das im 17. Jahrhundert zu den großen Handels- und Finanzzentren zählte, lassen sich diese positiven sozialen Folgen der Migration aufzeigen. Reiche und arme Einwanderer trugen deutlich zum Wachstum der Stadt bei; die Einwohner-zahl stieg zwischen 1600 und 1650 von 60 000 auf 175 000. Unter den Einwanderern gab es zwar französische Religionsflüchtlinge und reiche Händler, die Spanien und das von Spanien beherrschte Antwerpen wegen der dortigen Intoleranz verlassen hatten, aber wirtschaftlich und sozial wurde Amsterdam zunehmend von zuge-wanderten Arbeitskräften abhängig. Fast 60 % der Seeleute waren Ausländer, meist Deutsche und Norweger.[7] Um 1700 zogen jähr-lich rund 15 000 deutsche Wanderarbeiter in die Stadt, 1730 kamen 15 000 bis 20 000, am Ende des Jahrhunderts, vor den Re-volutionskriegen, wahrscheinlich bis zu 30 000 Deutsche jährlich nach Holland.[8] Diese sogenannten »Hollandgänger« waren Teil eines umfassenden Wanderarbeitssystems mit den Schwerpunkten Ziegelbrennerei, Hausieren, Kanalbau, Hafenarbeit und Landwirt-schaft.

Durch die religiöse Verfolgung und die Religionskriege während und nach der Reformation und Gegenreformation waren im 16. und 17. Jahrhundert über eine Million Menschen auf der Flucht,[9] deutlich mehr als im 18. Jahrhundert. Wo der Prozeß der Staaten-bildung auf die Entwicklung einer politisch und kulturell relativ homogenen Nation abzielte, wurde die Religion zum Maßstab der Staatstreue erhoben. Gruppen mit abweichender religiöser Iden-tität waren nicht erwünscht; man zweifelte an ihrer Loyalität und sah in ihnen eine Bedrohung der staatlichen Autorität. In Spanien waren die Juden, in Frankreich und den spanischen Niederlanden die Protestanten und in den mitteleuropäischen Staaten und Für-stentümern während der Reformationszeit je nachdem die Prote-stanten oder die Katholiken betroffen. Serben flohen seit dem 17. Jahrhundert vor der türkischen Herrschaft nach Ungarn, eng-lische, irische und schottische Katholiken folgten nach 1688 ihrem Herrscher ins Exil, Angehörige verschiedener protestantischer Sekten verließen im 18. Jahrhundert Skandinavien und Mittel-europa.

Die verheerenden ökonomischen Folgen der Religionskriege lösten eine weitere, wirtschaftlich bedingte Fluchtwelle aus. Wirt-schaftsmigranten und Religionsflüchtlinge wurden jedoch glei-chermaßen begrüßt. Im Ancien Régime bemühten sich die aufnehmenden Gemeinden nicht um eine Begrenzung der Migrations- und Flüchtlingsströme, wie wir es aus dem 20. Jahrhundert kennen. Für die merkantilistische Politik war die Zuwanderung ein Vorteil, da sie die Ressourcen vermehrte und die Einwohnerzahl erhöhte. In vielen Regionen gehörte es explizit zur Politik, die Bevölkerung der Städte durch Zuwanderer aus dem Hinterland und aus »ausländischen Gebieten« zu vergrößern. Zuwanderer erhielten die Bürgerrechte, wenn ihr Besitz dem der einheimischen Stadtbevölkerung vergleichbar war.

Im 17. und 18. Jahrhundert bemühten sich viele Regierungen aktiv um begabte und wohlhabende Menschen, die ihr Land gezwungenermaßen oder freiwillig verließen.[10] Friedrich Wilhelm I. von Preußen befürwortete 1685 die Ansiedlung der Hugenotten, die nach der Aufhebung des Edikts von Nantes aus Frankreich vertrieben worden waren, eine Politik, die später fortgesetzt wurde. Auch Peter der Große und Katharina die Große bemühten sich um Einwanderer und holten nach und nach zehn Millionen Siedler nach Südrußland und später auch nach Sibirien. Nach 1763 förderten preiswerte Landverkäufe und verschiedene Privilegien für Einwanderer die Ansiedlung im »Neuen Rußland«. Unter Katharina II. ließen sich viele deutsche Siedler in Rußland nieder; als sich herausstellte, daß sie schwer zu integrieren waren, kamen später slawische Siedler hinzu.

Andererseits gab es im späten 17. und 18. Jahrhundert in vielen Staaten Auswanderungsbeschränkungen. In Frankreich verbot Colbert bei Todesstrafe die Ausreise; in Skandinavien war Emigration verboten, und in England gab es Ausreisebeschränkungen für Angehörige bestimmter Handwerksberufe, zum Beispiel Schmiede und Webstuhlbauer. Man wollte vermeiden, daß die Geheimnisse ihrer Kunst ins Ausland drangen, wie es bei Samuel Slater der Fall gewesen war, der die Konstruktion des Arkwright-Webstuhls auswendig gelernt und in Rhode-Island eine Stoffmanufaktur aufgebaut hatte, die den englischen Konkurrenz machte. Vor allem aber waren die Regierungen stark daran interessiert, eine zusätzliche Dezimierung der Bevölkerung durch Auswanderung zu verhindern, da ein großes Menschenpotential für den Krieg gebraucht wurde. In weiten Teilen Europas, von der Nordsee bis zu den Mittelmeerebenen, herrschte ein Mangel an Arbeitskräften. Die Auswanderungspolitik der Regierungen versuchte, diesen Arbeitskräftemangel trotz des Bestrebens, durch die Vertreibung der Abweichler oder Andersdenkenden eine einheitliche Nation zu schaffen, aufzufangen.

Die Auswanderungspolitik spiegelt teilweise auch die Position eines bestimmten Staates in der Weltwirtschaft.[11] Anfang des 19. Jahrhunderts sah sich Großbritannien, das höchstentwickelte Land der damaligen Welt, in der Lage, die Auswanderungsbeschränkungen zwar nicht ganz aufzuheben, aber doch zu lockern und eine liberalere Politik einzuführen. Drei Faktoren spielten dabei eine Rolle: Erstens hatte die Volkszählung von 1811 ein Bevölkerungswachstum von 15 % ergeben, zweitens gab es dank kontinuierlicher interner Migration in den neuen städtischen Zentren ein ausreichendes Angebot an Arbeitskräften, und drittens setzte sich zunehmend eine Volkswirtschaftslehre durch, die sich von Emigration und Niederlassung neue ausländische Märkte für britische Waren erhoffte. In Frankreich, einigen deutschen Staaten und Rußland, wo die wirtschaftliche Entwicklung weniger dynamisch verlief, blieben die Auswanderungsbeschränkungen bis ins 19. Jahrhundert hinein bestehen. Frankreich hatte berechtigte Gründe, die Emigration abzulehnen. In der napoleonischen Zeit lag die Entwicklung der Industrialisierung und damit auch des Arbeitsmarkts hinter der anderer westeuropäischer Staaten zurück. Durch die stark verbreitete Vollerwerbslandwirtschaft auf relativ kleinen Höfen, die meist von nur einer Familie bewirtschaftet wurden, konnte bereits die Auswanderung eines Sohnes die Lebensfähigkeit des Hofs gefährden. Das Bevölkerungswachstum war gering, und der Staat brauchte dringend Soldaten für ein Kolonialreich, das, anders als im englischen Fall, das französische Mutterland durch den Handel nicht wesentlich reicher machte. Die wirtschaftliche Struktur und die Position in der Weltwirtschaft schuf also in Frankreich eine andere Interessenlage als in England.

Natürlich waren selbst innerhalb des gut integrierten nordatlantischen Gebiets, das von England beherrscht wurde, Beschränkungen der Bewegung von Waren und Menschen sehr viel verbreiteter und effektiver, als eine bloße Laisser-faire-Perspektive vermuten ließe.[12] Die Auswanderung wurde weiterhin durch Regulierungsmaßnahmen, staatlich festgelegte Fahrtkosten und Restriktionen kontrolliert. Trotzdem zeigt der Vergleich dieser beiden Staaten genauso wie die Geschichte Amsterdams die Maxime der Volkswirtschaft des Ancien Régime, wonach Emigration für arme Staaten bedrohlicher war als Immigration, von der alle profitierten.

## Der wirtschaftliche Kontext um 1800

Abgesehen von den Jahren der Napoleonischen Kriege 1792 bis 1815 entwickelte sich die neue Wirtschaftsordnung in einem überwiegend friedlichen Europa. Es gab zwar weiterhin Hungersnöte und Armut, aber sie waren strukturell anders als die verheerenden Erschütterungen der Frühen Neuzeit durch Kriege und Seuchen, die auf einen Schlag die gesamte europäische Bevölkerung bedrohten. Seit der zweiten Hälfte des 18. Jahrhunderts gab es in Europa ein ständiges, wenn auch ungleich verteiltes wirtschaftliches und demographisches Wachstum. Die europäische Bevölkerung stieg zwischen 1700 und 1800 von 81 Millionen auf 123 Millionen, wobei der stärkste Zuwachs nach 1740 erfolgte.[13] Das wirtschaftliche und demographische Wachstum bildete den Rahmen für die Entwicklung der Arbeitswanderungen, an denen immer mehr Menschen teilnahmen, zu einem signifikanten, integralen Bestandteil der europäischen Sozial- und Wirtschaftsgeschichte. Kriege und Seuchen verhindern Arbeitsmigration eher, als daß sie sie fördern (während Hungersnöte gelegentlich zum Auslöser von Migration werden können, so zum Beispiel Mitte des 19. Jahrhunderts in Irland und um 1880 in Deutschland). Die Europäer mußten jetzt statt solcher Schicksalsschläge die anscheinend unumgängliche strukturelle Einheit von Elend und Reichtum bewältigen. Beide Seiten dieser strukturellen Einheit manifestierten sich in der Migration.

Im Grunde sind wir heute nicht besser imstande, diese »große Umwälzung« zu skizzieren, als Napoleons Zähler mit ihren sporadischen und willkürlichen Erhebungen. Es gab in dieser Zeit keine allgemeinen Volkszählungen, die Bevölkerungsregister waren von sehr unterschiedlicher Qualität, und die vorhandenen Migrationsstatistiken sind ausgesprochen unzulänglich. Die Forschung über die beginnende Industrialisierung und die Entwicklung der wirtschaftlichen Verbindungen zwischen Stadt und Land liefert oft nur indirekte Informationen über die Arbeitsmigration.[14] Die zeitgenössischen sozialen Bedingungen haben diese statistischen Mängel zusätzlich verstärkt. So lassen sich zum Beispiel die Bewegungen der Landarbeiter ohne Grundbesitz nur schwer verfolgen, da sie in der Regel nur für ein Jahr eingestellt wurden; es wird geschätzt, daß zwei Drittel jedes Jahr den Arbeitsplatz wechselten.[15] Deshalb müssen wir uns auf die wenigen vorhandenen historischen Berichte über einzelne Orte und Regionen verlassen.

Aus solchen Quellen wissen wir, daß Bevölkerungswachstum und der Einzug des Kapitals in die Landwirtschaft zur Proletarisierung der Kleinbauern beitrugen.[16] Durch das Wachstum der Bevölkerung mußten Parzellen, die häufig genug schon vorher zu klein waren, um ihre Bewohner zu ernähren, noch weiter unterteilt werden. Die Einführung von Steuern und anderen finanziellen Abgaben an den Staat oder die Feudalherren zwang viele Kleinbauern, Lohnarbeit anzunehmen. Wanderarbeit war für viele der einzige Weg, zu Bargeld zu kommen. Die Zahl der Lohnarbeitsplätze stieg zwar schnell an, aber da die Löhne extrem niedrig waren, konnte der wirtschaftliche Niedergang einer wachsenden Zahl von Haushalten nicht aufgehalten werden; in ganz Europa entstand eine neue Schicht verarmter Menschen. Die Randgruppen wurden in diesem Jahrhundert immer größer; die durch Armut aus ihren Dörfern vertriebenen Kleinbauern endeten in Armenhäusern; die Zahl der Findelkinder stieg, weil immer mehr Eltern ihre Kinder nicht mehr ernähren konnten; die Grenzen zwischen Wanderarbeitern und Vagabunden verwischten sich.

Die Form dieser Verarmungsprozesse wechselte je nach dem politischen System. In England hatten die Grundeigentümer das Recht, die Kleinbauern zu vertreiben, das Land einzufrieden und die Anbauformen zu bestimmen. Der Anstieg der Produktivität ging zu Lasten der Kleinbauern, deren Überleben von der Lohnarbeit abhängig wurde. In Frankreich verhinderte der absolutistische Staat, der die Rechte des Adels einschränkte, die Vertreibung der Kleinbauern, belastete sie aber gleichzeitig mit sehr hohen Steuern und Abgaben. Dazu verlangten auch die Feudalherren Abgaben von den Kleinbauern, die sie nicht vertreiben durften, und drängten sie so weiter in die Armut.

Der Stand der Produktivität und der technischen Entwicklung war in den großen europäischen Ländern im 18. Jahrhundert insgesamt gesehen relativ gleich. England, Belgien und Frankreich hatten nach Bairoch[17] das höchste Produktionsniveau; dicht dahinter lagen Deutschland und Italien, gefolgt von der Schweiz. Der überwältigende Entwicklungsvorsprung Englands entstand erst im 19. Jahrhundert. Eine genauere Analyse der einzelnen Länder zeigt aber, daß Wachstum und technische Entwicklung im 18. Jahrhundert zu einer starken geographischen Polarisierung prosperierender und verarmender Regionen führte.

Die Zahl der Regionen, in denen sich die Hausindustrie konzentrierte, war begrenzt,[18] wie das Beispiel der Woll- und Leinenmanufaktur zeigt. Diese Manufakturen zählten zu den größten Arbeitgebern im ländlichen Raum. Das Zentrum der englischen Wollmanufaktur lag in der West Riding in Yorkshire, das der Leinenproduktion in Ulster. Auf dem europäischen Festland spielte die Leinenproduktion vor allem in der holländischen Provinz Overijssel, in verschiedenen Teilen Westfalens und des Niederrheins, in Sachsen, Böhmen, Schlesien und Niederösterreich eine wichtige Rolle, das Zentrum lag in Flandern.

Die zunehmende Bedeutung der Leinenweberei schuf blühende Regionen mit einer schnell wachsenden Zahl von Arbeitsplätzen und signifikanter Zuwanderung. In manchen Gebieten war die Mehrzahl der Bevölkerung in diesem Gewerbezweig beschäftigt; Frauen und Kinder spannen, Männer webten an den Handwebstühlen. Die Frauen spielten dabei eine wichtige Rolle, denn pro Webstuhl wurden mindestens vier, oft aber bis zu zehn Spinner benötigt. Ähnlich war es bei der sehr arbeitsintensiven Spitzenherstellung. Metallarbeiten wie die Herstellung von Nägeln waren dagegen ein typisch männlicher Arbeitsbereich.

Das ländliche Gewerbe produzierte Garn, Stoffe, Nägel und

Handwerkszeug für Händler, die oft weit entfernte Märkte belieferten. Dadurch wurden immer mehr Arbeitskräfte im ländlichen Raum von Weltmärkten, internationalen Handelsabkommen und internationaler Politik abhängig. Das Handelsabkommen von 1786 zum Beispiel, das den Import englischer Stoffe nach Frankreich ermöglichte, stürzte in Nordfrankreich Tausende von Menschen in große Armut.[19]

Wanderarbeit wurde zum Schlüsselfaktor für das Überleben in den armen Regionen und lieferte den expandierenden reichen Regionen das notwendige Arbeitskräftepotential. Die Kluft zwischen Wanderarbeitern, die ihren Lebensunterhalt in der Fremde verdienen mußten, und denen, die in den Heimatdörfern überleben konnten, wurde tiefer. Durch das Wachstum des ländlichen Gewerbes wuchs gleichzeitig die Bedeutung der Städte, in denen durch die Weiterverarbeitung und Vermarktung der Produkte der Hausindustrie viele neue Arbeitsplätze entstanden. Während sich das Wachstum im 17. Jahrhundert vor allem auf die großen Haupt- und Hafenstädte konzentrierte, expandierten im 18. besonders die mittelgroßen Städte; ab 1700 hatten Städte mit fünf- bis zehntausend Einwohnern die größten Wachstumschancen. Im 18. Jahrhundert gab es drei- bis viertausend städtische Handels-, Verwaltungs- und Produktionszentren.[20]

Die Dörfler in diesen prosperierenden Regionen fanden Arbeit in Klein- und Großstädten und waren nicht auf großräumige Arbeitswanderungen angewiesen. Eine gründliche Darstellung der Migration in die Städte liefert Poussous Arbeit über Bordeaux.[21] Bordeaux entwickelte sich im 18. Jahrhundert zu einer wichtigen internationalen Hafenstadt. Die Einwohnerzahl stieg zwischen 1700 und 1790 durch regionale und nationale Zuwanderung von 45 000 auf 111 000. Ein Viertel aller jungen Ehefrauen stammte aus den Kantonen des Umlands: Frauen stellten mit zwei Dritteln aller Zuwanderer aus dem Umland die größte Gruppe der lokalen Migranten. Die Saisonwanderung aus dem Bergland dagegen war ausschließlich Männersache; Frauen nahmen daran erst im 19. Jahrhundert teil und spielten dann auch eine Rolle bei der Entwicklung von Kettenmigrationen, wenn sie sich auf Dauer in Bordeaux niederließen. Wanderarbeit scheint in Gebieten mit einem dynamischen ländlichen Gewerbe, zum Beispiel in Ulster, in der nordfranzösischen Tiefebene, den Niederlanden, im Rheinland und dem heutigen Belgien, kein wesentlicher Wirtschaftsfaktor gewesen zu sein; eine stabile Hausindustrie machte Wanderarbeit überflüssig.[22] Lucassen hat in seiner Arbeit über die westfälischen Hollandgänger festgestellt, daß sich nur die sehr Armen an dieser Art der »Subsistenzmigration« beteiligten.[23]

Das regionale Ungleichgewicht bezüglich der Migrationen, das für das Ancien Régime bezeichnend gewesen war, bekam mit Beginn des 19. Jahrhunderts einen neuen, komplizierten Charakter, der sich eher in einzelnen Wirtschaftsregionen als auf der Ebene der Nationalstaaten zeigt. Die Migranten kamen bevorzugt in Regionen, in denen es Niederlassungsfreiheit und nutzbare Gebäude gab, und obwohl die Arbeitsmigration in den prosperierenden Regionen überwiegend auf komplizierte lokale Bewegungsstrukturen begrenzt war, trug ihre Existenz wesentlich zur Entwicklung dieser Regionen bei.[24]

Levine[25] hat festgestellt, daß die Hausindustrie in England in den Dörfern wuchs, in denen es Freigüter gab und der Adel Niederlassung und Parzellierung nicht beschränkte; sie stagnierte überall dort, wo es Niederlassungsbeschränkungen gab. Und wie Kisch[26] zeigt, gab es in Regionen, in denen die Feudalherren die Niederlassungsfreiheit einschränkten, nur dann eine blühende Hausindustrie, wenn Gruppen von Untertanen wie in Schlesien zur Wanderarbeit verpflichtet wurden. Ein weiteres Beispiel für den Zusammenhang von Bewegungsfreiheit und der Produktivität des ländlichen Gewerbes ist die Leinenproduktion im österreichischen Waldviertel. Ansiedlung, Parzellierung und der Neubau von Katen unterlagen dort gesetzlichen Beschränkungen. Die ansässigen Männer konnten nur dann weben, wenn die Feldarbeit ihnen Zeit dazu ließ, und die Leinenherstellung lag daher größtenteils in den Händen von Frauen und Kindern. Dieses System schloß eine Zuwanderung der Arbeitskräfte aus, die die meiste Arbeit hätten tun können: land- und mittellose Menschen, die auf Lohnarbeit angewiesen waren. Mann sieht in dieser Struktur, die auf Wanderarbeit verzichtete, den Grund für die begrenzte Entwicklung des ländlichen Gewerbes in Österreich.[27]

Das Netz der Wanderbewegungen war regional oft sehr begrenzt. Dies wird zum Beispiel anhand von französischen und spanischen Dokumenten deutlich, aus denen sich die Funktion lokaler Subsysteme im Rahmen der Migrationsmuster einer Region ablesen läßt. Eine Liste der französischen Migranten in Cádiz an der Atlantikküste zeigt, daß sie aus rund 18 Dörfern in einem Umkreis von weniger als 20 Meilen kamen; die Migranten in Valencia an der Mittelmeerküste kamen aus rund 17 Dörfern, die nicht mehr als 18 Meilen voneinander entfernt lagen.[28]

Doch nicht nur arme Landarbeiter verließen ihre Heimatorte. Migrationen wurden auch von kapitalkräftigen Familienunternehmen organisiert, wie das Beispiel der Société Chinchon aus der gleichnamigen Stadt südlich von Marseille zeigt. Sämtliche Mitglieder dieser Gesellschaft, die mit Woll- und Leinenstoffen, Broschen, Knöpfen, Nadeln, Bändern usw. handelte, kamen aus der südlichen Auvergne, genauer aus 20 Gemeinden nördlich von Aurillac. Die französischen Mitarbeiter verkauften diese Waren als Hausierer und über die 25 Geschäfte, die die Société Chinchon schließlich in Spanien besaß.[29]

Diese Entwicklungen im ländlichen Raum gehörten zu den Voraussetzungen für den massiven Anstieg der Arbeitsmigration im 19. Jahrhundert. Das produktive Verhältnis zwischen ländlichem Gewerbe und Migration ist ein extrem wichtiger Faktor, dessen Bedeutung für die Entwicklung der modernen Wirtschaftsordnung allerdings nicht allgemein bekannt ist.

Bestimmte Aspekte der Migration im 19. Jahrhundert, zum Beispiel die deutliche Zunahme proletarischer Arbeitskräfte in den Städten und die entsprechend sinkenden Einkünfte aus Landwirtschaft und Hausindustrie, kennen wir aus den dramatischen Schilderungen von Sozialreformern und Revolutionären. Diese Entwicklungen signalisieren, daß die Arbeitsmigration einen radikal anderen Charakter anzunehmen begann.[30] Die zunehmende Verarmung führte nach 1780 zu einem Anstieg der Subsistenzmigration; immer mehr Menschen wurden zu Vaganten. Aber durch die neue Wirtschaftsordnung entstanden allmählich kohärentere, wenn auch noch unvertraute Migrationstrukturen.

Es gab klar umrissene Arbeitsbereiche für Migranten. Wanderarbeiter wurden im Umland von Paris bei der Ernte und in den Weinbergen beschäftigt, in Paris selbst arbeiteten sie als Wasserträger, Hilfsarbeiter, Bauarbeiter und Tagelöhner. Sie kamen überwiegend aus den Bergregionen Mittelfrankreichs. Außerdem wurden bestimmte Tätigkeiten zunehmend zur Domäne bestimmter Gruppen von Migranten.[31] Die Hollandgänger aus den östlichen Teilen Deutschlands arbeiteten traditionell auf den Feldern, beim Deichbau, als Seeleute und Dienstboten,[32] Arbeitsmigranten in London und Umgebung entweder bei der Getreide- und Heuernte oder als Bauarbeiter, Hausierer und Hilfsarbeiter,[33] auf Korsika, in Rom und Mittelitalien wurden sie bei der Getreideernte und Weinlese, auf dem Bau, im Handel und im Haushalt, in der Po-Ebene auf den Reisfeldern, in Turin und Mailand auf dem Bau, im Handel und im Haushalt eingesetzt.[34] Ähnlich waren die Bedingungen in Spanien und den Küstengebieten des Mittelmeers. Auf diese gewachsenen Strukturen der Arbeitswanderung konnte die neue Wirtschaftsordnung zurückgreifen.

## Geschlecht und Arbeitsmigration

Fast alle Familien im 18. und frühen 19. Jahrhundert lebten von einer Vielzahl wirtschaftlicher Aktivitäten. Es kam selten vor, daß ein bestimmtes Gewerbe oder ein einzelner Wirtschaftszweig in einer Region so absolut dominierend war, wie wir es später aus den Industriestädten kennen. Im Rahmen der Familie wurden den Familienmitgliedern je nach Alter und Geschlecht verschiedene wirtschaftliche Aktivitäten zugewiesen.

In vielen Regionen arbeiteten die Familien nicht nur in der Landwirtschaft, sondern auch in der Hausindustrie für den lokalen oder überregionalen Markt. Wanderarbeit war in bestimmten Jahreszeiten ebenfalls üblich. Neben der Haus- und Feldarbeit war für die Frauen die Herstellung von Spitzen und Bändern, für die Männer das Nägelmachen eine zusätzliche Einnahmequelle.

Schon im 17. Jahrhundert war es üblich, daß die Töchter und Söhne Arbeit auf den Höfen oder als Dienstboten annahmen.[35] Die meisten dieser jungen Migranten arbeiteten als Landarbeiter; in

Frankreich hießen sie *valets de ferme*, in Deutschland *Gesinde* und in England *servants in husbandry*. Die Gemeinderegister zeigen, daß es beim Gesinde genauso viele Männer wie Frauen gab. Die Männer gingen in großen Gruppen, die Schutz und Unterstützung boten, auf die Arbeitswanderung, da sie ihre Dörfer meist zur selben Zeit verließen und oft auch als Arbeitsgruppen zusammenblieben.[36] Die Frauen arbeiteten als Dienstboten, als Näherinnen und in Seidenmühlen, wo sie auch untergebracht wurden.[37] Gelegentlich wanderten sie in größeren Gruppen zur Arbeit in die Weinberge.

Die gesellschaftliche Stellung von Frauen im 19. Jahrhundert erschwert die Forschung über weibliche Migration. Frauen wurden beim Militär nicht gebraucht, und deshalb interessierte sich der Staat kaum für ihren Aufenthalt. Und da weibliche Arbeitskräfte meist im privaten häuslichen Rahmen angestellt waren, schlägt sich die Arbeitsmigration von Frauen in historischen Dokumenten oder Regierungsumfragen nicht nieder.[38]

Zumindest wissen wir, daß viele Frauen im Zuge der Entwicklung des ländlichen Gewerbes Lohnarbeit in relativ kurzer Entfernung von ihren Heimatorten annahmen. Zeitwanderungen in weit entfernte Regionen waren anscheinend eher selten. Das kann mit den großen Gefahren und Mühen solcher Wanderungen zusammenhängen. Das Leben in der Fremde war für Migrantinnen nicht ungefährlich; sie hatten keinerlei Rechte und konnten sich ohne den Schutz von Familie und Angehörigen nur schwer verteidigen.

Wir wissen auch einiges über das Verhältnis von Schwangerschaft und Migration. Das Material seit dem 18. Jahrhundert zeigt, daß die meisten ledigen Mütter in Klein- und Großstädten Vater oder Mutter verloren hatten. In Lille zum Beispiel hatte über die Hälfte aller ledigen Mütter keinen Vater und 70 % keine Eltern mehr.[39] Frauen, die ihre Kinder in der Anonymität der Städte zur Welt bringen und anschließend wieder in die Dörfer zurückkehren wollten, scheinen dabei in der Minderheit gewesen zu sein, die meisten ledigen Mütter blieben in den Städten und arbeiteten dort.[40]

# Die wichtigsten Migrationssysteme
# in der napoleonischen Ära

Wir haben gesehen, aus welchen Gründen die Menschen im Ancien Régime auf Wanderschaft gingen und wie unterschiedlich Immigration und Emigration bewertet wurden. Im Zuge der wirtschaftlichen Veränderungen wurden die regionalen Migrationsmuster, aber auch die gesellschaftliche Praxis der Migration komplexer. Die napoleonischen Statistiker mit ihren überkommenen Vorstellungen von Krieg und religiöser Verfolgung hatten für andere Formen der Vertreibung nur wenige klare Kategorien. Eine dieser Kategorien erwuchs aus der europäischen Kolonisationserfahrung, eine andere aus den Saisonwanderungen, die sich Jahr für Jahr auf dem ganzen Kontinent beobachten ließen.

Zunächst gab es mehrere eindeutige Kolonisierungsmigrationen innerhalb Europas. Das zeigt allein schon das deutsche Beispiel: Nach der Niederlage der Türken im 17. Jahrhundert wurden deutsche Siedler für das südöstliche Europa angeworben; zwischen 1748 und 1786 wanderten 60 000 Kolonisten auf offizielle Einladung hin nach Ungarn, gefolgt von 180 000 privaten Siedlern; von 1763 bis 1800 kamen etwa 37 000 Deutsche in die russischen Wolgagebiete und ans Schwarze Meer, rund 300 000 folgten der Aufforderung Friedrich des Großen und zogen nach Osten, um die preußischen Gebiete zu besiedeln.[41] Deutsche warben aber auch selbst ausländische Kolonisten an, vor allem Holländer mit Erfahrung in der Trockenlegung von Mooren und Sümpfen.

In Übersee wurde Nordamerika zu einem wichtigen Ziel für deutsche Kolonisten. Ende des 18. Jahrhunderts hatten sich 125 000 Deutsche in Nordamerika niedergelassen, vor allem in Philadelphia; 17 000 deutsche Söldner, die im amerikanischen Unabhängigkeitskrieg gekämpft hatten, blieben ebenfalls. Amerika, dessen »wilde Eingeborene« kein durchsetzungsfähiges Recht auf ihren eigenen Boden hatten, wurde für alle Europäer zum Inbegriff einer kolonisierbaren Gesellschaft, zur »natürlichen« Heimat für Flüchtlinge und unternehmungslustige Wirtschaftsmigranten.

Nach den englischen und französischen Migrationswellen in die Kolonien, die sich im späten 17. Jahrhundert verstärkten, nahm die Migration zu Beginn des 18. Jahrhunderts ab. Erst das Ende des britisch-französischen Kolonialkrieges 1763, der die britische Vorherrschaft in Nordamerika konsolidiert hatte, führte zu einer neuen, massiven transatlantischen Migration von Siedlern. Im 18. Jahrhundert emigrierten neben Iren, Schweizern und Deutschen allein 1,5 Millionen Engländer; 84 500 afrikanische Sklaven wurden zwischen 1760 und 1775 nach Amerika gebracht.[42] Aufgrund der wirtschaftlichen Verheerungen und Mißernten nach den Napoleonischen Kriegen emigrierten jährlich 30 000 bis 40 000 Europäer nach Nordamerika; und die Hungersnot von 1840, die breite Teile Europas heimsuchte, wurde zum Auslöser einer noch stärkeren Massenemigration.

Der zweite wichtige Migrationstyp, dessen wirtschaftliche Aspekte wir schon betrachtet haben, war die saisonale Arbeitswanderung. Ausgeprägte saisonale Migrationsmuster hatten sich insbesondere bei den Bewohnern der Bergregionen entwickelt, zum Teil aufgrund der klimatischen Bedingungen und der Weidewirtschaft, aber auch durch den notwendigen Handel. Die heutige Geschichtswissenschaft hat die Berichte der napoleonischen Zeit ergänzt.[43] Es gibt detaillierte Beschreibungen über die Wanderungen aus den Pyrenäen nach Spanien, nach Bordeaux und in die Tiefebenen des westlichen Languedoc, aus den Bergregionen Mittelfrankreichs nach Spanien, in die Städte und Ebenen Südfrankreichs und nach Paris. Weitere Saisonwanderungen führten von Südschweden zu der dänischen Insel Seeland, von der Nordseeküste nach Schleswig-Holstein, von der südlichen Lorraine ins Elsaß. Die jährliche Wanderung der Männer aus Westfalen nach Holland war die wohl größte Arbeitswanderung dieser Art im 18. Jahrhundert.

Dennoch brauchen wir auch neue Kategorien für die Arbeitswanderungen der napoleonischen Zeit. Die damalige Volkswirtschaft war weniger an die Grenzen der Nationalstaaten als an Wirtschaftsregionen gebunden. Eine Grundlage für eine entsprechende Neubewertung der Migrationssysteme liefert vor allem die Arbeit von Lucassen.[44] Nach seinen Schätzungen gab es am Ende des 18. Jahrhunderts sieben große innereuropäische Wanderungssysteme, die sich zusammen über ganz Europa erstreckten und für die diversen Herkunfts- und Zielregionen ein wichtiger Wirtschaftsfaktor waren. Rund 300000 Arbeitskräfte jährlich waren im Rahmen dieser Systeme unterwegs. Die Entfernung zwischen den wichtigsten Herkunfts- und Bestimmungsorten betrug nach Lucassens Schätzungen zwischen 300 und 700 km, wobei Strecken über 350 km selten waren; die meisten Wanderarbeiter hatten kürzere Wege.

Lucassen überträgt nicht einfach gegenwärtige Verhältnisse auf die Vergangenheit, sondern stützt seine Beschreibung dieser Migrationssysteme auf Datenmaterial aus der napoleonischen Erhebung. Daraus ergibt sich das folgende Bild:

- Das erste wichtige Migrationsziel lag in Ostengland; es zog rund 20000 Wanderarbeiter jährlich an. Sie arbeiteten in Lincolnshire und East Anglia bei der Ernte, im Umland von London im Gartenbau und in London als Hilfsarbeiter, auch bei öffentlichen Bauprojekten. Die wichtigste Herkunftsregion war der Westen Irlands, vor allem Connaught; Migranten kamen aber auch aus Schottland, Wales und anderen Regionen Englands.

- Die zweite große Zielregion war das Pariser Becken, das rund 60000 Arbeitsmigranten anzog, überwiegend aus dem Massif Central, aber auch aus Westfrankreich und den Alpen. Sie arbeiteten entweder in der Stadt selbst bei öffentlichen Bauprojekten, als Gesinde und im Handel oder im Umland bei der Getreideernte.

- Das Zentrum des dritten Migrationssystems bildeten Madrid und das umliegende Kastilien. Die Region zog mindestens 30000 Wanderarbeiter im Jahr an, überwiegend aus Galizien und in geringerer Zahl aus Asturien. Bis zu den Napoleonischen Kriegen waren auch Wanderarbeiter aus Frankreich daran beteiligt. Arbeitsmöglichkeiten gab es bei der Getreideernte, bei öffentlichen Bauprojekten und als Gesinde. Nach der napoleonischen Invasion wurden die französischen Migranten unbeliebt und schließlich mit Gewalt vertrieben.

- Das vierte Migrationssystem reichte von den Küstengebieten

Kataloniens bis zur Provence. Nach der Unterbrechung durch die Napoleonischen Kriege nahm die Migration wieder zu und erreichte gegen Ende des 19. Jahrhunderts ihren Höhepunkt. In der Frühphase zog die Region rund 20 000 Migranten jährlich an, überwiegend zur Getreideernte. Später, als der Weinbau expandierte, stieg die Zahl der Wanderarbeiter auf das Zehnfache. Die Migranten kamen überwiegend aus den Bergregionen, also aus den Alpen, dem Massif Central und den Pyrenäen.

– Die Po-Ebene bildete das fünfte Migrationszentrum. Aus dem umliegenden Bergland, den Bergamasker Alpen im Norden und dem ligurischen Appenin im Süden, kamen rund 50 000 Wanderarbeiter jährlich zur Landarbeit, vor allem auf den Reisfeldern, oder zur Arbeit bei öffentlichen Bauprojekten und als Gesinde in die großen Städte wie Mailand und Turin.

– Das sechste Zentrum lag in Mittelitalien und umfaßte die südliche Toscana, Latium und die Inseln Korsika und Elba. Rund 100 000 Arbeiter jährlich wurden bei der Getreideernte und anderen landwirtschaftlichen Tätigkeiten eingesetzt; in den Städten, vor allem in Rom, im Baugewerbe, im Handel und als Gesinde.

– Das siebte Migrationssystem schließlich erstreckte sich entlang der Nordseeküste und zog jährlich 30 000 Migranten vor allem aus Ost- und Süddeutschland an.

## Das Nordsee-System: Die Hollandgänger

Der Wirtschaftsraum Nordseeküste, wie er in der napoleonischen Erhebung auftaucht und von Lucassen ausführlicher beschrieben wird, umfaßt den etwa 250 km langen und rund 50 km breiten Küstenstreifen zwischen Calais und Bremen, der sich durch intensive wirtschaftliche Entwicklung und eine hochentwickelte Verkehrsinfrastruktur mit Straßen und Häfen auszeichnete und Migranten aus einer Entfernung bis zu 300 km anzog. Innerhalb dieses Raumes gab es Gebiete, aus denen sehr viele Migranten kamen, aber auch solche, in der saisonale Zu- und Abwanderung überhaupt keine Rolle spielten.

Die wichtigste Quelle für die Bestimmung der einzelnen Merkmale dieser Systeme ist der sogenannte »Fragebogen von 1811« aus der napoleonischen Erhebung zur Wanderarbeit.[45] Er enthielt detaillierte Fragen über Reisen aus und in die einzelnen Départements des französischen Reiches, wobei Herkunfts- und Bestimmungsorte der Arbeiter besonders berücksichtigt wurden. Gefragt wurde auch nach der Art der Arbeit sowie den Daten von Abreise und Ankunft. Diese Informationen sind allerdings ergänzungsbedürftig, da der Fragebogen keine Angaben über die Haushalte der Wanderarbeiter enthält. Wir erfahren nichts über die Arbeitsorganisation, über den Anteil am Gesamteinkommen, der durch Wanderarbeit erwirtschaftet wird, über mögliche Unterschiede in den Haushalten mit und ohne Wanderarbeiter oder über mögliche Gründe für die Tatsache, daß in derselben Region manche Familien auf Wanderarbeit angewiesen waren und andere anscheinend nicht. Selbst in erkennbar wichtigen Herkunftsgebieten war Saisonarbeit einer Minderheit vorbehalten. Im Nordsee-System lag der Anteil der Wanderarbeiter in solchen Gebieten bei 3 % der Bevölkerung; bei detaillierterer geographischer Untersuchung zeigt sich allerdings, daß er in Einzelfällen auch bei 12 und sogar bei 26 % liegen konnte. Der Fragebogen gibt ebenfalls keinen Aufschluß über den Zeitrahmen der Migration; wir erfahren über die Daten der Hochsaison in den Zielorten der Migranten genausowenig wie über den Zeitpunkt ihrer Abreise.

### Wer ging und wer blieb?

Lucassen hat sich unter anderem mit den möglichen Ursachen für die regionalen Unterschiede beim Migrantenpotential beschäftigt und festgestellt, daß aus Regionen mit gut entwickeltem ländlichem Gewerbe, vor allem Weberei und Metallarbeit, selten Wanderarbeiter kamen. Die von ihm als flämischer und Bielefelder Korridor bezeichneten Regionen zum Beispiel waren für ihre Flachsspinnerei und Leinenweberei bekannt; hier kamen rund

50 Webstühle auf 1000 Einwohner, das heißt, es gab etwa in jedem vierten Haushalt einen Webstuhl. Diese relativ dynamischen Wirtschaftsregionen zogen in dem untersuchten Zeitpunkt anscheinend keine Wanderarbeiter an, obwohl es natürlich einen örtlich sehr begrenzten Einsatz von Arbeitsmigranten gegeben haben kann. Auch in ausschließlich landwirtschaftlichen Gebieten gab es anscheinend kaum Wanderarbeit. Im breiteren Herkunftsgebiet der Wanderarbeiter gab es einzelne Regionen, in denen die Weberei ein sehr wichtiger Wirtschaftszweig war; mancherorts wurden 40 bis 60 Webstühle pro 1000 Einwohner gezählt. Da auf einen Webstuhl mindestens vier Spinner kamen, band die Weberei hier einen beträchtlichen Teil des Arbeitskräftepotentials. Mit anderen Worten: Wanderarbeit spielte überall dort keine Rolle, wo der Arbeitskräftebedarf lokal befriedigt werden konnte und das vorhandene Arbeitsangebot ausreichte, um den Lebensunterhalt der meisten Haushalte zu garantieren.

Es spricht einiges dafür, daß Wanderarbeiter aus Regionen mit insgesamt signifikanter Leinenproduktion aus Dörfern kamen, in denen das Weben eine Nebentätigkeit blieb, die überwiegend im Winter betrieben wurde, wenn die Feldarbeit ruhte. In diesen Dörfern konzentrierten sich meist sehr viele kleine Landwirte, die ihr Land gepachtet hatten. In der Regel lag der Anteil dieser sogenannten »Heuerlinge« bei 20 %; sie bewirtschafteten Anfang des 19. Jahrhunderts im Durchschnitt höchstens 1,14 ha. In anderen Dörfern waren die Höfe größer, es gab weniger Heuerlinge, und die Hausweberei war in den Haushalten fest verankert. Diese Faktoren gaben möglicherweise den Ausschlag dafür, daß saisonale Abwanderung in solchen Dörfern kaum eine Rolle spielte. Lucassen hat zudem festgestellt, daß in den Haushalten der Wanderarbeiter häufiger gesponnen als gewebt wurde, was einerseits an der hohen Nachfrage lag, andererseits damit zusammenhing, daß überwiegend im Winter gesponnen wurde, so daß sich diese Tätigkeit nicht mit der Wanderarbeit überschnitt. Spinnen war die typische Heimarbeit der Armen, da es kein Kapital erforderte und sich alle Haushaltsmitglieder daran beteiligen konnten. Hier läßt Lucassens Analyse die Entstehung einer gewissen Segmentierung des Arbeitsmarkts erkennen: Wanderarbeiter kamen tendenziell aus armen Haushalten, hatten ihr Land nur gepachtet und spannen, was schlechter bezahlt wurde als weben. Für Westfalen insgesamt kommt Lucassen zu dem Schluß, daß die Leinenproduktion, vor allem das Weben, mit Wanderarbeit unvereinbar war.

Regionen mit sehr intensiver Hausindustrie exportierten zu Beginn des Jahrhunderts keine Arbeitskräfte. In den Gebieten östlich des Rheins waren Textil- und Metallarbeit ein wichtiger Wirtschaftsfaktor im ländlichen Raum. Das ländliche Gewerbe war zu Beginn des 19. Jahrhunderts vor allem in den preußischen Regierungsbezirken Arnsberg und Düsseldorf sowie im Landkreis Mülheim hoch entwickelt. Um Aachen und Verviers gab es blühende Wollmanufakturen, in Lüttich wurde Bergbau betrieben, und die industrielle Entwicklung im Raum um Lille im Département du Nord hatte ein hohes Niveau erreicht.

Aber es gab auch rein landwirtschaftliche Regionen ohne Zu- oder Abwanderung von Saisonarbeitskräften. Lucassen, der die Wirtschaftsstruktur dieser Regionen untersucht hat, sieht einen Grund in der sehr unterschiedlichen Verteilung des Landes. Die Kleinbauern hatten so wenig Land, daß sie gezwungen waren, sich bei den Großbauern zu verdingen, die so ihren Arbeitskräftebedarf auf lokaler Ebene decken konnten. Zusätzliche Arbeitskräfte wurden frei, sobald die Kinder der Kleinbauern erwachsen waren, für die es im Elternhaus nicht genügend Arbeit gab. Damit ein solches System in einem rein landwirtschaftlichen Raum funktionieren konnte, mußten die kleinen Höfe so bewirtschaftet werden, daß ein anderer Arbeitsrhythmus entstand als auf den großen. Lucassen hat anhand von detaillierten Berichten über landwirtschaftliche Regionen in Belgien, in denen es keine Wanderarbeit gab, nachgewiesen, daß die Kleinbauern in Brabant und anderen Teilen Belgiens überwiegend Gemüse für den Markt und Kartoffeln für den Eigenverbrauch anbauten, während sich der Getreideanbau auf die großen Höfe konzentrierte. Das Material reicht allerdings nicht aus, um diese unterschiedlichen Anbauformen für alle Regionen ohne Wanderarbeit nachzuweisen.[46]

Migrantenhaushalte besaßen in der Regel nur etwa 1,5 ha Land und konzentrierten sich auf den Anbau solcher Produkte, die eine dreimonatige Arbeitswanderung eines oder mehrerer Männer im

Rahmen des Nordsee-Systems erlaubten. Das schloß den Getreideanbau aus, der allerdings in diesem kleinen Maßstab auch nicht
rentabel gewesen wäre. Man kann deshalb annehmen, daß in Mi-
grantenhaushalten überwiegend Kartoffeln für den Eigenbedarf
und Gemüse für den Markt angebaut wurde, da die dabei anfal-
lenden Arbeiten von anderen Haushaltsmitgliedern übernommen
werden konnten. Lucassen hat außerdem einen Zusammenhang
zwischen Wanderarbeit und bestimmten familiären Phasen festgestellt. Wanderarbeit scheint demnach vor allem in den Zeiten üblich gewesen zu sein, in denen zusätzliche Mittel für den Unterhalt
von Kindern nötig wurden oder mehr erwachsene Kinder im Haus
waren, als der Hof ernähren konnte.

Im Nordsee-System waren die Löhne relativ hoch, so daß sich
die dreimonatige Arbeitswanderung in der Regel bezahlt machte.
Dabei muß allerdings berücksichtigt werden, daß Krankheit,
Mißernten oder wirtschaftliche Probleme der Arbeitgeber zu drastischen Einbußen führen konnten und die Lebenshaltungskosten
sehr viel höher waren als zu Hause. Die Wanderarbeiter bemühten
sich deswegen, möglichst viele Vorräte mitzunehmen. Neben
Lebensmitteln und anderen Lebensnotwendigkeiten trugen sie oft
noch einen Ballen Leinen, um ihn günstig zu verkaufen. Es ist
nicht sicher, ob der Stoff im Haushalt der Wanderarbeiter selbst
gewebt wurde; möglicherweise haben sie nur das Garn gesponnen
und dann in einem anderen Haus weben lassen.

Manche Wanderarbeiter legten nur kurze Entfernungen zurück,
andere waren mehrere Tage unterwegs. Sie sammelten sich zu Tau-
senden an den Fähren und kämpften um eine möglichst schnelle
Überfahrt. Zeit war für alle von entscheidender Bedeutung; wer
einen Tag auf die Fähre warten mußte, hatte einen Tageslohn verloren und dazu noch eine Tagesration der mitgebrachten Nahrungsmittel verbraucht.

Die Wanderung verlief in Ost-West- und in gewissem Maße
auch in Süd-Nord-Richtung. Auf den Wegen gab es bestimmte
Markierungspunkte, an denen sich die Arbeiter jedes Jahr sammelten, zum Beispiel die sogenannte »Friesische Eiche« oder einen
als »Breiter Stein« bekannten großen Felsen zwischen Ankum und
Ueffeln, aber auch bestimmte Wirtshäuser.

## Hollandgänger

Lucassen hat eine bestimmte Route der Wanderarbeiter rekonstruiert, die im Münsterland südlich von Oldenburg (1811 Ems Supérieur) begann und in den Torfgruben südlich von Amsterdam endete. Die Arbeiter sammelten sich in den einzelnen Ursprungsregionen und machten sich im März gemeinsam auf den Weg. Es wurde gesungen und musiziert; der Gesang der Wanderburschen war sprichwörtlich. Auf der Wanderung gesellten sich Gruppen aus anderen Orten hinzu; am »Breiten Stein«, dem bekannten Treffpunkt der Wanderarbeiter, waren es meist schon viele Hundert. Die Reisen hatten ihre eigene Geographie und eine spezifische Ikonographie; die Wanderburschen machten jedes Jahr an denselben markanten Bäumen, Felsen oder Gasthäusern Rast.

In Lingen, wo sie mit der Fähre über die Ems setzen mußten (später wurde dort eine Brücke gebaut), zählten sie schon Tausende. Sie zogen über Neuenhaus und Uelsen in der Grafschaft Bentheim zum holländischen Grenzübergang Vennebrugge und von da aus weiter nach Hardenberg in Overijssel. Hier hieß es, so schnell wie möglich das schwere Gepäck aufs Boot zu verladen und dann in kürzester Zeit auf dem sogenannten »Hessenweg«, der nördlich der Städte Dalfsen und Ommen in Vecht und südlich der Torfgruben entlang führte, zur Zuiderzee zu laufen. Auch hier gab es wahrscheinlich wieder Kämpfe um die Plätze auf den Fähren, die bei Hasselt, Zwolle und anderen Städten die Zuiderzee überquerten.[47] Auf dem Weg nach Hasselt gab es eine kleine katholische Kapelle, die für die Katholiken unter den Migranten ein wichtiger Ort gewesen zu sein scheint. Sie stammte aus dem 14. Jahrhundert und besaß die päpstliche Genehmigung für einen hunderttägigen Ablaß, weil es dort ein Wunder gegeben hatte. Viele der Wanderarbeiter machten dort Rast, bevor sie mit ihrem mittlerweile eingetroffenen Gepäck über die Zuiderzee setzten, jeweils 100 Mann in einer Fähre, die normalerweise für den Viehtransport benutzt wurde.

Nach der eintägigen Überfahrt gingen sie in Amsterdam nahe der Oude Brug an Land. Bei der Ankunft erhob die Kommune eine Steuer auf alles mitgebrachte Fleisch; diese Steuer war noch bis

1865 üblich. In diesem Viertel, das auch Moffenbeurs oder Deutschenbörse genannt wurde, konnten sie übernachten, essen und Werkzeug kaufen. Am nächsten Tag zogen sie dann weiter zu ihren Bestimmungsorten: Die Torfgräber fuhren mit Booten zu den Torfgruben; die Grasmäher, die später im Jahr kamen, wanderten weiter nach Norden.

Die Wanderarbeiter durften auf den Höfen der Viehbauern nur Gras mähen und Heu machen. 1811 beschäftigten diese Bauern mindestens 12 000 Wanderarbeiter, für deren Anstellung es zwei Formen gab: Manche Bauern stellten jedes Jahr dieselben Arbeiter ein und ließen sich neue Arbeitskräfte von ihnen empfehlen. Die Bauern ließen in diesem Fall die Mäher wissen, wann das Gras schnittreif war und wann sie erwartet wurden. Die Arbeiter konnten aber auch selbst auf den Höfen oder auf dem Tagelöhnermarkt ihre Dienste anbieten. Weil die Heumahd relativ spät stattfand, arbeiteten viele vorher in den Torfgruben, bei den Deichen oder in anderen landwirtschaftlichen Bereichen.

Migranten, die bei der Getreideernte arbeiteten, kamen in Zehnergruppen nach Südholland und ließen sich als Gruppe von den Bauern anstellen. Später im Jahr arbeiteten sie vielleicht bei der Ernte der rund 50 Zentimeter langen Krappwurzeln, die im Ganzen ausgegraben werden mußten. Bis dahin hatten die Migranten bereits beim Deichbau, in den Torfgruben und bei der Getreideernte gearbeitet.

In der Hochsaison gab es zahlreiche Arbeitsmöglichkeiten in der Landwirtschaft, auch bei der Flachs- und Kartoffelernte. Wanderarbeiter entrindeten Eichen, stachen im Rahmen von Landgewinnungsprojekten Torf, wurden bei Ausschachtungsarbeiten, im Deichbau, beim Trockenlegen von Sümpfen, bei Hafenarbeiten, in Werkstätten, im Transportwesen und im Haus eingesetzt, häufig in Gruppen. Daher gab es wenig Kontakt zu den holländischen Arbeitern und Arbeitgebern.

Die Geschichtswissenschaft zieht schon lange keine starre Grenze mehr zwischen dem Ancien Régime und dem Beginn der modernen Wirtschaftsordnung, aber in der Geschichte der Migration fließen die weitere und die nähere Vergangenheit dennoch nicht

sanft ineinander. Die wirtschaftlich bedingte Migration über-
schnitt sich im Ancien Régime mit der Wanderung der Flüchtlinge;
Wirtschaftsmigranten und Flüchtlinge repräsentierten die zwei
Seiten des Dilemmas, mit dem der Staat bei der Beschränkung oder
Initiierung der Abwanderung seiner Bürger konfrontiert war. Den
Vorteil hatten die Staaten, Regionen oder Städte, an deren Toren
die Migranten und die Flüchtlinge um Aufnahme baten.

Im Ancien Régime hatte Arbeitsmigration einen spezifischen
Charakter: Arbeitswanderungen, ob lokal oder regional, waren im
17. und 18. Jahrhundert tendenziell zyklisch und bildeten ein regel-
mäßiges Muster von Kommen und Gehen. In gewissem Rahmen
läßt sich auch die Entstehung von Migrationsketten beobachten:
Deutsche ließen sich in Amsterdam nieder, Franzosen in Spanien.
Migration um des beruflichen Fortkommens willen war allerdings
auf Menschen beschränkt, die in Staat oder Kirche eine hohe Stellung einnahmen, das heißt, die geographische Mobilität von Arbeitern war nicht in der Weise mit sozialer Mobilität gekoppelt,
wie es im 19. Jahrhundert der Fall war. Die Arbeitswanderer in
Europa waren weder Aufsteiger noch mittellose Vagabunden.
Wirtschaftliche Akteure auf der Suche nach einem neuen ökonomischen Status waren Migranten im Ancien Régime nur im Rahmen der Kolonisation.

Zu den wichtigsten Veränderungen nach 1750 zählen der drastische Bevölkerungsanstieg und das ebenso drastische Wachstum
des ländlichen Gewerbes. Die Folgen waren steigende Migrantenzahlen in Gegenden, in denen die Hausindustrie eine geringe Rolle
spielte und das Bevölkerungswachstum eine weitere Verknappung
der landwirtschaftlich nutzbaren Flächen mit sich brachte, sowie
sinkende Migrationsraten aus Gegenden mit schnell wachsender
Hausindustrie. Der Angelpunkt der Expansion des ländlichen Gewerbes war der Zustrom von Kapital in die ländlichen Regionen,
der allerdings seinerseits die landwirtschaftlichen Subsistenzformen gefährdete. In der zweiten Hälfte des 17. und den ersten Jahren des 18. Jahrhunderts entwickelten sich zwei Muster: zum einen
Gemeinden mit einer hohen Zahl von Einwohnern, die nicht genügend Land besaßen und zunehmend von der Wanderarbeit abhängig wurden, und zum anderen Gemeinden mit einer blühenden

Hausindustrie, raschem Bevölkerungswachstum und dynamischer Wirtschaft, in denen Wanderarbeit nicht die Regel war. Durch diese Bedingungen wuchs nach 1750 die Zahl armer Arbeitsmigranten.

Die schnelle Expansion der Hausindustrie förderte das Wachstum der Städte. Anders als im 19. Jahrhundert waren Stadt und Land im 18. noch Teil eines Wirtschaftssystems. Die Städte wurden zu Zentren für Dienstleistungen, Handwerk und Handel, zu Märkten für die Produkte des ländlichen Gewerbes, die zunehmend für den Export bestimmt waren. Die Hausindustrie band allmählich Arbeitskräfte selbst in den abgelegensten Dörfern in Produktionsketten ein, die mit Märkten auf der ganzen Welt verbunden und damit auch abhängig von deren Fluktuationen waren. Dieser Prozeß beschleunigte sich mit dem zunehmenden Wachstum von Handels- und Industriekapital.

Sowenig die napoleonischen Statistiker diese Veränderungen begreifen konnten, deren Anzeichen sie zum Beispiel beim Nordsee-System durchaus registrierten, sowenig konnten sie die zukünftigen Folgen vorhersehen, die im folgenden Kapitel beschrieben werden sollen.

# Migrationen nach 1848

Es ist zwar problematisch, weitreichende historische Veränderungen an einzelnen Daten festzumachen, aber das Jahr 1848 läßt sich ausnahmsweise zu Recht als Wendepunkt der europäischen Geschichte bezeichnen. In den Revolutionen von 1848 kulminierten die Bemühungen des frühen 19. Jahrhunderts, einheitliche Nationalstaaten aufzubauen und die Herrschaft der Familiendynastien abzuschaffen. Viele der Revolutionäre von 1848 mußten ins Exil gehen. Von ihnen erzählt der erste Teil dieses Kapitels. Das Jahr 1848 markiert dabei den Anfang einer Entwicklung, in deren Verlauf politische Flüchtlinge, in der Regel hochgebildete und wohlhabende Patrioten und Patriotinnen, sich in einer Masse mittelloser Flüchtlinge und Vertriebener verloren, Opfer der neuen Wirtschaftsordnung, die sich nach dem Scheitern der Revolutionen von 1848 sehr schnell durchsetzte.

Für Karl Marx festigte das Scheitern der 1848er Revolutionen die Herrschaft des Kapitals über die Arbeit im Verlauf der Entwicklung des industriellen Kapitalismus; Europa, so sagte er, erwachte aus den Träumen St. Simons und Fourriers, die eine Kooperation dieser beiden großen Kräfte für möglich gehalten hatten. Über die Richtigkeit dieser Beobachtung läßt sich streiten, nicht aber über die Tatsache, daß die allgemeinen Entwicklungen in der Wirtschaft nach 1848 zu einer Veränderung in der Mobilität der Arbeitskräfte führten, die im zweiten Teil dieses Kapitels zur Sprache kommt. Durch das Wachstum der Städte, den Bau der Eisenbahn und die zunehmende Bedeutung der Fabrikarbeit entstand ein ungeheurer Bedarf an Arbeitskräften. Aber dieses Wachstum hatte auch Einbußen und Verarmung zur Folge, vor allem im Endstadium der Proletarisierung der Kleinbauern. Die Aufhebung der Leibeigenschaft, die im Anschluß an frühere preußische Reformen jetzt auch in Rußland und Österreich erfolgte, ließ eine wachsende Schicht besitzloser, elender und umherziehender Arbeitskräfte entstehen.

Durch die Veränderungen auf dem Kontinent verlor die Kolonisation ihren bisherigen Eroberungscharakter und wurde zur Massenflucht vor der Not. Die Migration nach Übersee war häufig
genug eine Überlebensfrage, etwa im Fall der Hungersnot, die
Mitte des 19. Jahrhunderts in Irland eine Million Opfer forderte
und eine weitere Million zur Emigration zwang. Und das ist nur
das bekannteste Beispiel. Möglich wurde die Massenauswanderung unter anderem, weil die neuen Dampfschiffe die Reisekosten
nach Übersee um das Fünffache senkten, so daß sich auch die Millionen der Armen die Überfahrt leisten konnten.

In der neuen Wirtschaftsordnung hing der Profit der Produktion
vor allem von effizienten Transportmöglichkeiten für Waren und
Rohstoffe ab. Das Jahr 1848 (in diesem Fall präziser 1849) ist auch
in diesem Punkt ein wichtiger Meilenstein, da wichtige technische
Fortschritte in der Entwicklung der Fahrgestelle und im Gleisbau
den Bahntransport schwerer Güter über immer größere Entfernungen ermöglichten. Diese Fortschritte verstärkten die Mobilität
der Arbeitskräfte, vor allem bei der Saisonarbeit, der ältesten
Form der europäischen Arbeitsmigration. Mit dem Ausbau des
Eisenbahnnetzes sanken die Fahrtkosten, Saisonarbeiter konnten
immer größere Entfernungen zurücklegen, und Massen von zunehmend proletarisierten Migranten reisten in schnellem Wechsel
von Stadt zu Stadt, von Fabrik zu Fabrik, von Baustelle zu Baustelle.

In letzter Zeit ist gelegentlich versucht worden, die Geschichte
der Industrialisierung durch die Betonung der Bewegungen von
Kapital und Arbeit und die Kritik an der Überbewertung der technischen Entwicklung als Triebkraft des Industrialisierungsprozes-
ses neu zu interpretieren.[48] Aber die Migranten im Zeitalter des
Hochkapitalismus wußten, wie eng ihre Entwurzelungserfahrung
an die technische Entwicklung gekoppelt war. Die Industrialisierung hatte die alten Subsistenzformen auf Bauernhöfen und in
Handwerksbetrieben zerstört, stellte aber zugleich die Transport-
mittel für den Weg zu neuen, besseren Verdienstmöglichkeiten zur
Verfügung.

Die Routen der Saisonarbeiter waren bis Mitte des 19. Jahrhunderts im großen und ganzen stabil geblieben: Wanderarbeiter

zogen Jahr für Jahr aus denselben Orten zu denselben Zielen. Doch in der zweiten Hälfte des 19. Jahrhunderts gab es auch hier wichtige Veränderungen, die im dritten Abschnitt dieses Kapitels dargestellt sind. Durch den Bau neuer Städte, neuer Fabriken, neuer Eisenbahnlinien und Tunnels wechselten die Zielorte der Wanderarbeiter ständig; dasselbe galt für die Herkunftsorte, da die Migranten durch die wachsende Proletarisierung in der Landwirtschaft keinen Hof und keine Kate mehr hatten, in die sie zurückkehren konnten. Im Leben dieser Arbeiter spielte jetzt das Geld eine ganz neue Rolle. Durch die wachsende Bedeutung der industriellen Produktion und den entsprechenden Bedeutungsverlust von Heimarbeit und ländlichem Gewerbe nach 1848 verloren immer mehr Kleinbauern und Katenbesitzer ihre Lebensgrundlage und wurden überwiegend von dem Geld abhängig, das sie anderswo verdienten. Wie die neuen Kolonisten waren auch die Saisonarbeiter zur Wanderung gezwungen, um in einer vom Geld beherrschten Welt überleben zu können.

Im Ancien Régime galten Religionsflüchtlinge und Wanderarbeiter aus der Perspektive des Staates als zwei völlig verschiedene Gruppen; das Dilemma der Herrschenden bestand darin, daß sie die einen zum Gehen zwingen und die anderen daran hindern wollten. Aber in der neuen Wirtschaftsordnung nach 1848, als Mobilität zunehmend zu einem Akt der Verzweiflung wurde, verwischten sich diese Unterschiede.

Daß die Geschichte dennoch keine eindeutigen, starren Grenzlinien zieht zwischen dem, was war, und dem, was ist, zeigt zum Beispiel die am Ende dieses Kapitels beschriebene Arbeitswanderung in die europäischen Weinberge, ein Migrationsstrom, der im 17. Jahrhundert begann und trotz vieler Krisen bis ins 20. Jahrhundert anhielt. Doch selbst ein so konstantes Migrationssystem spiegelt natürlich viele der charakteristischen Veränderungen des 19. Jahrhunderts: die wirtschaftliche Expansion, den Einfluß der technischen Entwicklung und der neuen Besitzstrukturen oder die abnehmenden Bindungen der Menschen an die ländliche Ökonomie.

## Verbannte und Flüchtlinge

Nach 1848 veränderte sich die Etymologie der Vertreibung in Europa. Der Begriff »Verbannung« ist so alt wie die westliche Zivilisation, aber das Wort »Flüchtling« bezog sich bis zum 19. Jahrhundert überwiegend auf die Protestanten, die Frankreich Ende des 17. Jahrhunderts verlassen mußten; in französischen und englischen Wörterbüchern wurde der Begriff explizit für die Opfer der Aufhebung des Edikts von Nantes verwendet. Die erste Veränderung zeichnete sich in der dritten Auflage der Encyclopedia Britannica von 1796 ab, in der über die Gruppe der Protestanten hinaus alle Menschen unter den Begriff *refugee* fallen, die ihr Land in Notzeiten verlassen müssen, auch spezifische Gruppen wie zum Beispiel die *émigrés*, das heißt die Adeligen, die Frankreich während der Revolution verließen. Laut Marrus[49] gibt es allerdings wenig Anzeichen dafür, daß diese Bedeutungsveränderung sofort breit akzeptiert wurde.

In Deutschland gab es bis Mitte des 19. Jahrhunderts kein Wort für Flüchtlinge. Nach 1870 wurden bestimmte Kategorien staatenloser Flüchtlinge als »heimatlos« oder »staatenlos« bezeichnet, der Begriff »Flüchtlinge« setzte sich erst nach dem Ersten Weltkrieg durch. Das Jahr 1848 ist aber insofern ein Wendepunkt in der Etymologie der Vertreibung, als sich die Genealogie der Vertriebenen verändert.

Die prototypischen Flüchtlinge des 19. Jahrhunderts waren gebildete, kultivierte Menschen, die ihr Heimatland aus politischen Gründen verlassen mußten. Polnische Nationalisten, die nach 1831 geflohen waren, sowie politische Exilanten aus Spanien, Portugal, Italien und Deutschland sammelten sich in London, Genf und Paris, wo sie überwiegend freundlich aufgenommen wurden. 1848, als ein Aufstand nach dem anderen scheiterte, kamen neue Wellen deutscher, österreichischer, tschechischer, ungarischer und italienischer Flüchtlinge. Die Schweiz nahm wahrscheinlich die meisten auf; nach 1848 lebten dort etwa 15 000 Flüchtlinge, überwiegend Deutsche und Italiener. In den 50er Jahren wurde dann London zum Sammelbecken europäischer politischer Flüchtlinge, die über Generationen auf Rückkehr und Rache sannen.

Heute überrascht die freundliche Aufnahme, die diese Flüchtlinge fanden, vor allem, weil die Regierungen der Aufnahmeländer keineswegs mit revolutionären Bestrebungen sympathisierten, jedenfalls nicht im eigenen Land. Als Mazzini 1831 in Marseille das »Junge Italien« gründete und damit offen für die italienische Republik sowie die republikanische Bewegung in ganz Europa eintrat, war in Frankreich gerade Louis Philippe zum König gekrönt worden. Aber die Behörden ließen Mazzini trotzdem relativ unbehelligt, obwohl die Gründung des »Jungen Europa« 1834 Anlaß zur Besorgnis gab.

Die wenigen Gesetze, die Anfang des 19. Jahrhunderts in einigen europäischen Ländern in Hinblick auf die Flüchtlinge verabschiedet wurden, zielten meist auf die Eliten. In Frankreich zum Beispiel wurde 1832 unter Louis Philippe der Status der mehrheitlich adeligen polnischen Flüchtlinge und der Verbannten aus Spanien, Italien, Portugal und Deutschland gesetzlich geregelt. Danach besaß der französische Staat auf dem Papier zwar das Recht, Flüchtlinge auszuweisen und in gewissem Rahmen auch zu überwachen, wandte es aber nur selten an, sondern wies den Flüchtlingen entsprechend ihrem Rang Gehälter und andere staatliche Unterstützungen zu.

Abgesehen von einer Solidarität der Eliten läßt sich diese Duldung auch damit erklären, daß die politischen Flüchtlinge von 1830 bis 1848 nicht ernst genommen wurden. Es handelte sich schließlich nur um wenige Idealisten, die keine ernsthafte Bedrohung der zwischenstaatlichen Beziehungen darstellten. In den 50er und 60er Jahren, als viele politische Emigranten amnestiert wurden und in ihre Heimatländer zurückkehren konnten, spielten die Emigrantenkolonien schließlich kaum noch eine Rolle.

Die Flüchtlinge von 1848 waren allerdings die letzten, die im Ausland so gut aufgenommen wurden, denn im letzten Drittel des 19. Jahrhunderts änderte sich die Situation. Die Kriege von 1864 bis 1871 trieben ganz andere und weit größere Gruppen von Menschen in die Flucht. Die Zerstörung der Dörfer und Städte im deutsch-französischen Krieg, in dem allein auf Seiten des Norddeutschen Bundes zwei Millionen Soldaten kämpften (doppelt so viele, wie Napoleon 1812 in Rußland zur Verfügung hatte), führte zu Flüchtlingsströmen, deren Ausmaß die Erfahrungen des 20. Jahrhunderts vorwegnahm.

Der wachsende Nationalismus in der zweiten Hälfte des 19. Jahrhunderts wurde ebenfalls zum Auslöser größerer Flüchtlingsbewegungen; die Menschen waren nicht mehr bereit, unter »fremder« Herrschaft zu leben. Zwischen 1867 und 1871 zum Beispiel verließen sehr viele Menschen die von Preußen annektierten Provinzen in Mitteleuropa. Auch die Herrschaft über »Fremde« wurde problematischer: Nach der Annektion Elsaß-Lothringens durch das neugegründete Deutsche Reich wies Frankreich rund 80 000 Deutsche aus, 130 000 Franzosen aus den annektierten Gebieten gingen nach Frankreich. Viele Polen flohen aus den deutschen Ostgebieten, deren Behörden sich durch die anhaltenden politischen Bemühungen zur Gründung eines unabhängigen Polens bedroht fühlten. Die Grenze zwischen unfreiwilliger Vertreibung und freiwilliger Emigration wurde ebenfalls unklarer, etwa bei der Flucht der Deutschen aus Rußland, wo sie seit der Zeit Zar Peters des Großen gelebt hatten. Zwischen 1900 und 1914 gingen rund 50 000 Wolhyniendeutsche zurück nach Deutschland, weitere Flüchtlinge aus dem Baltikum kamen dazu.

Diese überwiegend armen Flüchtlinge lebten in den Aufnahmeländern meist mit der einheimischen Arbeiterklasse. Viele waren in Gewerkschaften und sozialistischen Gruppen politisch aktiv. Aus dem zaristischen Rußland kam ein Strom radikaler politischer Flüchtlinge, die ihr Exil zum Aufbau der Parteien der späteren Revolution nutzten. Die oft tödlichen Attentate der Anarchisten in den 90er Jahren lassen ebenfalls erkennen, wie sehr sich diese Generation politischer Flüchtlinge von den idealistischen, romantischen Emigranten der 30er Jahre und der 48er Revolutionen unterschieden.

Für die Städte des Ancien Régime mit ihrer merkantilistischen Politik war Einwanderung ein positiver Faktor, ein Zuwachs an Ressourcen. In dieses Bild paßten Terroristen und Anarchisten offensichtlich nicht, und entsprechend gab es im späten 19. Jahrhundert Ausweisungen, gelegentlich sogar in Abstimmung mit den

Herkunftsländern. Entgegen seiner traditionell liberalen Politik wies Frankreich zum Beispiel zwischen 1894 und 1906 mehr als 1600 Ausländer aus, die des Anarchismus beschuldigt wurden. Andere europäische Länder ließen sich auf solche Maßnahmen nicht ein; England, Belgien und die Schweiz lehnten die Zusammenarbeit mit den Herkunftsländern der Flüchtlinge ab und hielten an ihrer liberalen Politik fest, die den Schutz der Rechte von Emigranten einschloß.

Allgemeiner betrachtet ging es damals aber vor allem um die Frage nach dem Ort politischer Flüchtlinge, die sich von ihren Lebensumständen und ihrer Zahl her nicht mehr einfach im merkantilistischen Sinne als zusätzliche menschliche Aktivposten für die aufnehmende Gesellschaft betrachten ließen. In der Zeit des Hochkapitalismus, als Menschenmangel nicht mehr automatisch zur dankbaren Aufnahme zusätzlicher Arbeitskräfte führte, wurden die Lebensbedingungen der politischen Flüchtlinge und der Wanderarbeiter immer ähnlicher.

## Die zwei Seiten des Wirtschaftswachstums

In den 20er Jahren des 19. Jahrhunderts setzte in Europa ein extrem starkes Bevölkerungswachstum ein. Der Bevölkerungsanstieg im 19. Jahrhundert insgesamt übertraf selbst den 34 %igen Anstieg, den einige Länder in der zweiten Hälfte des 18. Jahrhunderts verzeichneten. 1800 lebten 187 Millionen Menschen in Europa, 1850 266 Millionen und 1913 468 Millionen, also fast doppelt soviel. In Dänemark, Finnland und Großbritannien wuchs die Bevölkerung um mehr als das Dreifache, in Belgien, Holland, Österreich-Ungarn und Italien um mehr als das Doppelte. Verglichen damit war der 50 %ige Anstieg in Frankreich gering.

Durch den Anbau neuer Feldfrüchte wie Rüben und Kartoffeln und die Erschließung neuer Anbauflächen erhöhte sich die landwirtschaftliche Produktion. In England zum Beispiel stieg sie zwischen 1700 und 1870 um das Dreifache, wobei die größte Wachstumsphase zwischen 1840 und 1870 lag. Weniger Kriege, Hungersnöte und Seuchen und mehr Nahrungsmittel führten zu sinkenden Sterblichkeitsziffern. Während laut Anderson zum Beispiel Anfang des 18. Jahrhunderts 62 % der Frauen das 20. Lebensjahr erreichten, waren es Anfang des 19. Jahrhunderts schon 75 %.

Paradoxerweise erschwerte aber das schnelle Wachstum der Bevölkerung und der landwirtschaftlichen Produktion das Überleben auf dem Lande, da sich gleichzeitig die bisherigen landwirtschaftlichen Strukturen auflösten, deren Säulen die Kleinbauernschaft und die Hausindustrie waren. Der Einzug des Kapitals in die Landwirtschaft und das ländliche Gewerbe in Verbindung mit der sprunghaften Zunahme der Fabrikproduktion in den Städten entzogen den kleinbäuerlichen Produktionsformen den Boden. Die Kleinbauern, die im 16. Jahrhundert den höchsten Anteil der ländlichen Bevölkerung in Europa gestellt hatten, machten Mitte des 19. Jahrhunderts nur noch ein Fünftel der Bevölkerung auf dem Lande aus; die meisten besaßen kein Land mehr, sondern bestenfalls noch Haus und Garten.[51]

Man könnte annehmen, daß die steigende landwirtschaftliche Produktion die Existenz der Menschen auf dem Land gesichert hätte. Aber die Ursachen dieses Produktionsanstiegs, das heißt der Einzug des Kapitals in die Landwirtschaft und der zunehmende Anbau für den Verkauf, führten im Gegenteil zu einer weit größeren Konzentration von Land und Produkten in einigen wenigen landwirtschaftlichen Großbetrieben als in den Zeiten, in denen die kleinen Höfe überwogen. Die Regierungen förderten diese Entwicklung durch eine Politik der Zusammenlegung, Einhegung und Privatisierung von bisher als Weide genutzten Allmenden. Die landwirtschaftlichen Regionen waren jetzt sehr viel produktiver als im Ancien Régime, konnten aber ihre Bewohner sehr viel schlechter ernähren.

Dasselbe galt für das ländliche Gewerbe. Die Entwicklung neuer Werkzeuge und Maschinen trieb viele Haushalte in den Ruin. Mit dem Ausbau der Fabrikarbeit schrumpften oder verschwanden die Märkte für die Produkte der Heimarbeit, die den Lebensunterhalt Hunderttausender Dorfbewohner garantiert hatten. Darüber hinaus verlagerte sich die industrielle Produktion zunehmend in die großen Städte, so daß es in vielen Regionen kaum noch nennenswerte Produktionsstätten gab. Durch die fehlenden Märkte für ihre Erzeugnisse und die rapide sinkenden Löhne konnte die Hausindustrie die lokalen Arbeitskräfte nicht mehr ernähren.[52] Die Einwohnerzahl der Dörfer sank; die verbleibenden Bewohner beschränkten sich fast ausschließlich auf die Landwirtschaft.[53]

Der Auflösungsprozeß der agrarischen Wirtschaftsstruktur hatte auch Konsequenzen für die Beziehungen zwischen den Geschlechtern. Gullickson[54] hat diese Konsequenzen am Beispiel des französischen Dorfes Auffay dargestellt. Die immer geringer werdenden Arbeitsmöglichkeiten für Weber führten dazu, daß die Männer das Dorf verließen. Die geringere Mobilität der Frauen erschwerte die Brautwerbung: Die jungen Männer wollten das Dorf verlassen, den Eltern der jungen Frauen dagegen war daran gelegen, ihre Töchter von den Städten, vor allem von der Provinzhauptstadt Rouen, fernzuhalten. Entsprechend sank die Zahl der Eheschließungen, während die Zahl der unehelichen Geburten stieg. In anderen Dörfern hatte die Krise im Agrarbereich ähnliche Auswirkungen.[55]

Der Zeitpunkt dieser Veränderungen war regional sehr verschieden; in Deutschland wuchsen manche Zweige des ländlichen Gewerbes noch Ende des 19. Jahrhunderts, in England zeichnete sich bereits Ende des 18. Jahrhunderts ein Auflösungsprozeß ab. Aber die Konsequenzen für die Dauer der Arbeitsverhältnisse waren in ganz Europa dieselben: Langfristige Arbeitsverhältnisse wurden tendenziell durch kurzfristige ersetzt. Der Niedergang des ländlichen Gewerbes ließ vielen als einzige Einnahmequelle die landwirtschaftliche Arbeit, in der zunehmend kurzfristige Arbeitsverhältnisse auf der Basis oft extrem niedriger Stundenlöhne üblich wurden, zum Beispiel beim Reben- und Blumenschneiden, beim Jäten, bei der Heumahd und der Kartoffelernte. Durch die Einführung neuer Feldfrüchte und die Entwicklung neuer Maschinen konzentrierte sich der jährliche Bedarf an Arbeitskräften auf die Sommermonate,[56] so daß die Masse der Arbeiter den größten Teil des Jahres keine Arbeit hatte.

Die Auflösung der Wirtschaftsstrukturen auf dem Lande zwang immer mehr Menschen zur Arbeitsmigration. Durch das Ende der

Jahresverträge entstanden ganzjährige Ströme von Migranten, die jede Arbeit annahmen, die sie finden konnten, auch kurzfristige, gefährliche und schlecht bezahlte.

## Arbeitsmigration und der Aufbau Europas

In der zweiten Hälfte des 19. Jahrhunderts entstanden neue und sehr viel großräumigere Migrationssysteme mit einer Vielzahl von Zielen. Die neuen Städte an der Ruhr wurden zum Sammelbecken für Migranten aus Ostdeutschland und für frühere Hollandgänger. Iren wanderten in Massen in die englischen Städte. Die Krise von 1840 zwang Männer und Frauen aus Flandern, in Frankreich Arbeit zu suchen. Österreichische und russische Polen wanderten nach 1861 nach Deutschland und Frankreich. Weitere Migrationswellen entstanden im Gefolge der Aufhebung der Leibeigenschaft 1848 in Österreich und 1861 in Rußland.

Viele dieser heimatlos gewordenen Landbewohner wanderten in Regionen, in denen landwirtschaftliche Saisonarbeitskräfte gebraucht wurden. 1841 gab es in England 50 000 irische Saisonarbeiter, sie kamen im Februar, wenn sie ihre Kartoffeln gepflanzt hatten, und reisten im November zur Kartoffelernte wieder zurück.[57] In Frankreich gab es Mitte des 19. Jahrhunderts über 350 000 landwirtschaftliche Saisonarbeitskräfte, mehr als ein Viertel davon waren Frauen. Dazu kamen fast eine Million Saisonarbeitskräfte bei der Weinlese.[58] Bei diesen Zahlen, die von den Arbeitgebern stammen, müssen allerdings Überschneidungen berücksichtigt werden, da manche Saisonarbeiter nach der Getreideernte auch bei der Weinlese arbeiteten.

Die zahlreichen Bauprojekte in den Städten und beim Ausbau des nord- und westeuropäischen Eisenbahnnetzes im späten 19. Jahrhundert ließen ebenfalls neue, umfangreiche Arbeitswanderungen entstehen. Der ungeheure Bedarf an Arbeitskräften für den Bau von Tunnels, Brücken und Gleisanlagen beim Ausbau der Eisenbahn in den 30er und 40er Jahren in Großbritannien und danach in Belgien, Frankreich und Deutschland, wo zwischen 1850 und dem Ersten Weltkrieg über 100 000 km Schienen verlegt wurden, wurde überwiegend durch Wanderarbeiter gedeckt. Die vorhandenen Quellen zeigen, daß Arbeitsmigranten die harte, schmutzige, gefährliche Arbeit und das extrem beschwerliche Leben in den Camps sehr viel bereitwilliger akzeptierten als die einheimischen Arbeiter.[59]

Die Arbeit der Migranten beim Bau der Eisenbahn ist ausführlich beschrieben worden.[60] Auf der 51 km langen Bergstrecke nördlich der Kohlenbergwerke von Alès in Südfrankreich zum Beispiel bauten Arbeiter aus dem zentralen Bergland Mittelfrankreichs und aus dem Piemont 47 Tunnels von insgesamt 16 km Länge. Beim Bau des 13 km langen Tunnels von Fréjus in den Seealpen an der französisch-italienischen Grenze, der 1857 begonnen und 1871 fertiggestellt wurde, waren bis zu 2000 Männer am Tag beschäftigt. Der Bau des Gotthard-Tunnels dauerte neun Jahre. Laut Rosoli,[61] der sich mit der Geschichte der italienischen Wanderarbeiter beim Eisenbahn- und Straßenbau in den Alpen beschäftigt hat, waren 1900 allein in der Schweiz 44 000 Italiener beim Eisenbahnbau beschäftigt. In ganz Europa stellten Italiener die Mehrzahl der Saisonarbeitskräfte beim Bau der Eisenbahn.

Der Ausbau der Eisenbahn erschloß neue, weit entfernte Märkte für landwirtschaftliche Produkte, von Blumen bis zu frischem Gemüse, und dadurch auch neue Arbeitsfelder für Saisonarbeitskräfte. In den Mittelmeerebenen arbeiteten Wanderarbeiter jetzt nicht nur wie früher bei der Getreideernte, sondern außerdem bei der Ernte von Obst, Gemüse und Blumen, die mit der Bahn weitertransportiert wurden. Es gab vielfältige saisonabhängige Migrationskreise mit spezifischen Zielgebieten und Anbauprodukten: Den Frauen, die im Mai und Juni im Rhônetal Erdbeeren pflückten, folgten ein paar Monate später die Männer, die Tomaten ernteten; Migranten aus den Bergen kamen zur Weinlese in die Mittelmeerebenen; 15 000 italienische Arbeitskräfte jährlich zogen in die Provence, östlich der Rhône, die Frauen zum Pflanzen und Ernten von Blumen, Gemüse und Oliven, die Männer zur Arbeit in den Weinbergen und Gärten; bretonische Migranten pflückten Erdbeeren und grüne Bohnen für die Region von Paris und ernteten neue Kartoffeln für den Londoner Markt.[62] Die Umstellung auf den sehr arbeitsintensiven Zuckerrübenanbau war ebenfalls ein Auslöser für Arbeitswanderungen. Mit wachsender Nachfrage stieg der Bedarf an Saisonarbeitskräften. In Deutschland begann die »Sachsengängerei« zu den Zuckerrübenfeldern schon zwischen 1840 und 1859. 1914 waren rund 140 000 ausländische Saisonarbeitskräfte auf den Rübenfeldern beschäftigt, neben russischen und österreichischen Polen auch Wanderarbeiter aus Italien, Skandinavien, Weißrußland und der Ukraine.

Die entferntesten Migrationsziele lagen natürlich in Übersee. Die Expansion der Kolonialreiche und die neuen Dampfschiffe ermöglichten jetzt nicht nur einzelnen, sondern großen Massen den Zugang zu den überseeischen Migrationssystemen in Lateinamerika, Australien und Neuseeland.[63] Über 50 Millionen Menschen verließen im 19. Jahrhundert und bis zum Ersten Weltkrieg Europa: Um 1840 emigrierten jährlich zwischen 200 000 und 300 000, zwischen 1840 und 1900 geht man von insgesamt 26 Millionen und von 1900 bis 1914 von weiteren 24 Millionen aus. 37 Millionen (72 %) gingen nach Nordamerika, 11 Millionen (21 %) nach Südamerika und 3,5 Millionen nach Australien und Neuseeland.

Aber nicht alle weit entfernten Migrationsziele lagen in Übersee; auch Südrußland und später Sibirien zogen Siedler an. Über ihre Zahl ist nichts genaues bekannt, eine der zuverlässigeren Schätzungen geht von 10 Millionen Migranten zwischen 1815 und 1921 aus.[64] Diese Zahlen sind zwar bei weitem nicht so hoch wie die der europäischen Siedler in Nordamerika, aber sie sind signifikant, weil es billiges Land nicht nur in den USA und Kanada, sondern auch im südlichen und asiatischen Teil Rußlands gab.[65]

Das also waren die Umstände der Migration. Aber was haben sie für die Migranten bedeutet?

Bei der Beantwortung dieser Frage kann ein erneuter Blick auf die Dörfler von Auffay helfen. Hier wie überall haben die Dorfbewohner zwar versucht, den Wegzug der jungen Frauen zu verhindern, aber die wirtschaftlichen Zwänge sprachen oft genug dagegen. Die jungen Frauen gingen weiterhin in die Städte und arbeiteten dort mehr oder weniger lange im Haushalt, in den

Mühlen oder als Näherinnen. Aber bei einigen hatte der Wegzug ganz andere Gründe; sie verließen ihr bisheriges Umfeld um des sozialen Aufstiegs willen, sie waren »Karriereemigrantinnen«, die weit entfernt von ihren Heimatorten Ausbildungs- und Arbeitsplätze fanden, in der Regel als Lehrerinnen.[66]

Die Entwicklung des modernen Nationalstaats und der Kolonialreiche in Übersee sowie die Bildung neuer Staaten (Gründung des Deutschen Reiches 1871 und nationale Einigung Italiens 1870) bot auch den Männern ganz neue Aufstiegsmöglichkeiten durch Migration, zum Beispiel bei Behörden, bei der Post oder bei der Kolonialpolizei. Für Max Weber ist die berufliche Mobilität untrennbar mit der Entwicklung der modernen, rationalen Bürokratie verbunden, in der Ämter nicht mehr wie früher weitervererbt werden, sondern prinzipiell jeder qualifizierten Person offenstehen und allen dieselben Aufstiegschancen bieten. Weber ging davon aus, daß die Bürokratie im Zuge der Konsolidierung der Nationalstaaten zwangsläufig die berufliche Mobilität verstärken und die Chancen für Positionsveränderungen vergrößern würde.

In den großen Romanen des 19. Jahrhunderts wird das Drama der Migration in der expandierenden Wirtschaft fast immer anhand der »Karriereemigration« beschrieben, wenn auch natürlich nicht in solch bürokratischen Begriffen. Die Protagonistinnen und Protagonisten dieser Mobilität, von denen Lucien Rembrempre in Balzacs »Verlorene Illusionen«, Julien Sorel in Stendhals »Rot und Schwarz« und Becky Sharp in Thackerays »Jahrmarkt der Eitelkeiten« wohl die bekanntesten sind, zeichnen sich durch ihre Sehnsucht nach dem Stadtleben, ihren Ehrgeiz und den Haß auf alles Bestehende aus. Die Literatur des 19. Jahrhunderts ist voll von solchen Figuren, während Arbeiter, die aus wirtschaftlicher Verzweiflung zur Arbeit in Fabriken oder auf dem Bau in die Städte kamen, nur selten zu Helden literarischer Werke wurden.

Aber trotz solcher soziologischer Schwächen vermitteln diese Romane ein Gefühl für die Chancen in einer Welt, in der durch wirtschaftliche Expansion und den Ausbau der staatlichen Bürokratie ein beruflicher Aufstieg durch Mobilität möglich wurde, und auch die Metaphorik der Großstadt mit ihren lockenden Lichtern ist in einer Realität verankert, in der Chancen, wenn überhaupt, nur in den Städten zu finden sind, nicht auf dem Land. Was in den Romanen über die »Berufsmigranten« wirklich fehlt, ist zum einen die Wechselbeziehung von Stadt und Land, zum anderen aber, und das ist wichtiger, die Tatsache, daß eine bestimmte Stadt oder ein bestimmtes fremdes Land nicht zwangsläufig zum Endziel der Migranten wurde.

Viele wollten oder konnten nicht einmal in den großen Zentren wie London, Paris oder Berlin bleiben; es gab sowohl auf regionaler, innereuropäischer als auch transatlantischer Ebene beträchtliche Rückwanderungen.[67] Die Rückkehrraten sind besonders bei der transatlantischen Migration signifikant, weil sie im Widerspruch zu der verbreiteten Auffassung stehen, nach der Migranten, die im Ausland Arbeit suchten, dort auch blieben. Neuere Daten zeigen, daß zwischen 1899 und 1924 etwa ein Drittel aller Migranten aus den USA in ihre Heimatländer zurückkehrten.[68] Bei deutschen und britischen Migranten war die Rückkehrrate ebenfalls höher als allgemein angenommen. Die Schicksale der Migranten im 19. Jahrhundert waren wechselhaft: Deutsche Siedler in Rußland gingen nach dem Verlust ihrer Privilegien in die USA, finnische Migranten verließen die USA und gingen ins russische Karelien, wo sie sich bessere Arbeitsbedingungen erhofften.[69] Und wie neuere Forschungen nachgewiesen haben, war auch die Migration vom Land in die Städte nicht zwangsläufig eine Einbahnstraße.

Als Balzac seine mobilen Protagonisten entwarf, gab er ihnen als Motiv den Wunsch nach einem neuen Leben mit. Aber die Realität war prosaischer: Die meisten Migranten gingen nach Übersee oder in die europäischen Städte, um das Einkommen ihrer Familien zu verbessern, Geld für den Erwerb von Land zu verdienen oder die Einkünfte aus Landwirtschaft und ländlichem Gewerbe zu ergänzen.

Die Frage nach den Beziehungen zwischen Fiktion und Realität läßt sich am schwersten beantworten, wenn es darum geht, wie viele »Karriereemigranten« Erfolg hatten und wie viele von ihnen wie Julien Sorel oder Becky Sharp am Ende scheiterten. Die Romanciers des 19. Jahrhunderts führen das Scheitern ihrer Figuren auf die Maßlosigkeit ihrer Aufstiegswünsche zurück. In der Realität war dieser maßlose Ehrgeiz selten; wie Sennett gezeigt hat, beschränkte sich das Streben der meisten Migranten auf den Erwerb oder die Sicherung einer neuen Behausung.[70] Und wir wissen mittlerweile, daß selbst in den USA sozialer Aufstieg durch Mobilität sehr viel seltener war als vermutet, wenn auch immer noch häufiger als in Europa.[71] Man kann mit einiger Berechtigung annehmen, daß sich das Phänomen der »Karrieremigration« zum größten Teil auf Lehrerinnen und Lehrer, Kolonialbeamte und andere Berufsgruppen im Staatsdienst beschränkte. Die geographische Mobilität im Gefolge der Industrialisierung führte bei den meisten Migranten nicht zu einem entsprechend signifikanten Aufstieg.

In diesem Punkt nähern sich die Lebensbedingungen der neuen Migranten wieder denen der politischen Flüchtlinge an. Waren sie erst einmal unterwegs, dann war es nicht die kohärente Umsetzung ihres Ehrgeizes, sondern der Kampf ums Überleben, der ihre gesamten Kräfte in Anspruch nahm. Für die neuen Massen von Migranten und Flüchtlingen bedeutete die geographische Mobilität eine Veränderung mit ungewissem Ausgang. Sie waren nicht damit beschäftigt, ihr Glück zu machen, sondern hilflos ihrem Schicksal ausgeliefert.

## Saisonwanderungen in die Weinberge

Wie bereits gesagt, gibt es in der Geschichte keine starren Abgrenzungen zwischen dem, was ist, und dem, was war. Ich möchte deshalb meine Skizze über die Migranten nach 1848 mit der genaueren Darstellung eines einzelnen Migrationssystems abschließen, das die Verbindung zwischen Vergangenheit und Gegenwart deutlich macht: die Arbeitswanderungen in die französischen Weinanbaugebiete, die Chatelain erforscht hat.

In Frankreich wurde bereits zu Beginn des 19. Jahrhunderts viel Wein angebaut, in den meisten Regionen überwiegend für den Eigenbedarf, in einigen auch schon in größeren Mengen für den Export. Von 1850 bis Anfang des 20. Jahrhunderts expandierte der Weinbau sehr stark. 1873, vor der verheerenden Reblausplage, betrug die Gesamtanbaufläche 2,5 Millionen ha; 1879 stieg die Produktion auf 70 Millionen hl, sank dann aber auf 50 Millionen um die Jahrhundertwende. Diese massive Expansion war nur mit einem riesigen Heer von Saisonarbeitskräften möglich.

Die Geschichte der Entwicklung der Weinbaugebiete mit all ihren Krisen und Blütezeiten ist gleichzeitig eine Geschichte der Saisonwanderung. Zunächst konzentrierten sich die Wanderungen in die Weinbaugebiete auf Frühjahr und Herbst. Die Arbeiten, die ursprünglich nur im Frühjahr angefallen waren, nahmen mit steigender Qualität der angebauten Weine immer mehr Zeit in Anspruch und verteilten sich schließlich auf das ganze Jahr, während die Weinlese im Herbst eine Domäne der Saisonwanderer blieb.

Chatelain hat errechnet, daß 1870, am Ende des Zweiten Kaiserreichs, 500 000 Saisonarbeitskräfte zur Arbeit in die Weinbaugebiete unterwegs waren. Diese Spitzenzahlen wurden nach 1870 und nach der erfolgreichen Bekämpfung der Reblausplage nicht mehr erreicht. Die landwirtschaftliche Erhebung von 1929 ergab etwas weniger als 108 000 Saisonarbeitskräfte in den Weinbaugebieten der vier Départements im Mittelmeerraum. Auch bei den Herkunftsregionen der Arbeitskräfte lassen sich im Laufe des 19. Jahrhunderts bedeutende Veränderungen beobachten: Aus dem Massif Central kamen weiterhin Wanderarbeiter, aber die Migranten aus den Alpen und den Pyrenäen blieben allmählich aus und wurden durch Saisonarbeitskräfte aus den Städten ersetzt, die von Agenten angeworben wurden. Diese Veränderungen betrafen natürlich nur die großen Weinberge; kleine Weinbauern waren wie früher auf die Hilfe von Familienmitgliedern und Nachbarn angewiesen.

In der ersten Hälfte des 19. Jahrhunderts boten die Weinregionen am Südatlantik, die durch ihre Häfen gute Transportverbindungen nach Nordfrankreich und ins Ausland besaßen, mehr Arbeitsplätze für Migranten als die Mittelmeergebiete. Im Winter kamen überwiegend männliche Arbeitskräfte, die sogenannten *montagnols* oder *défricheurs*, vor allem aus den Pyrenäen. Sie pflanzten die Reben, bearbeiteten den Boden und übernahmen das Düngen. Bei der Lese im September und Oktober arbeiteten auch Frauen mit.

Aus dem Département Lot-et-Garonne zum Beispiel machten sich 400 Männer, Frauen und Kinder zu Fuß auf den dreitägigen Weg in die Weinbaugebiete der Gironde. Werkzeug, Lebensmittel und Bettzeug brachten sie mit. 850 Migranten, überwiegend Jugendliche zwischen 15 und 20 Jahren, kamen aus der Charente-Inférieure. Bei der Rückkehr hatten sie insgesamt 85 000 Francs verdient, rund 100 Francs pro Kopf. In der Gironde wurden auch in den restlichen Monaten des Jahres Wanderarbeitskräfte benötigt.

Die zweite große Weinbauregion, Roussillon, Bas-Languedoc und Basse Provence, lag am Mittelmeer. Nach einer Erhebung von 1808 kamen jedes Jahr Saisonarbeitskräfte aus den Départements Aude und Ariège in den östlichen Pyrenäen in Gruppen zur Weinlese. 1000 Männer und Frauen arbeiteten etwa 15 Tage für einen bescheidenen Lohn: Männer verdienten 1,80 Franc pro Tag, Frauen 1,20 Franc, Verpflegung wurde nicht gestellt. Damit waren die Verdienstmöglichkeiten hier wie in der Gironde im Verhältnis zur Schwere der Arbeit äußerst mager, selbst für die damaligen Verhältnisse. Nach dem Bericht eines Dr. Morelot wurden die Arbeitskräfte in extremem Maße ausgebeutet und überwacht. Die Ernährung war schlecht, die Unterbringung miserabel und die Bezahlung extrem niedrig.

Die Weinbergbesitzer hielten die Saisonarbeitskräfte für unzuverlässig und glaubten, sie würden ohne ständige Beaufsichtigung nicht genug arbeiten und zu viele Trauben essen. Von Dr. Morelot wissen wir, daß manche Weinbergbesitzer ihre Frauen anwiesen, die Saisonarbeiter zu kontrollieren, übersehene Trauben zu ernten und dafür zu sorgen, daß nicht zu viele gegessen wurden. Die Verpflegung bestand aus zwei Mahlzeiten täglich; vor Arbeitsbeginn am Morgen gab es meist einen Teller Kartoffeln oder Bohnen, angereichert mit etwas Milch, dazu ein Stück schlechtes Brot, gegen ein oder zwei Uhr dann Knoblauchbrot.

Die schlecht bezahlten, oft verachteten, aber dennoch unentbehrlichen Saisonarbeiter wußten genau, was ihre Arbeitgeber von ihnen hielten. Das zeigt sich in ihren Liedern, zum Beispiel dem folgenden, das auf der Wanderung nach Burgund gesungen wurde:

»Allons en vendange pour gagner cinq sous
Coucher sur la paille, ramasser des poux
Manger du fromage qui pue comme la rage
Boire du vin doux qui fait aller partout.«[72]

In der zweiten Hälfte des 19. Jahrhunderts konkurrierten benachbarte Départements immer stärker um die Saisonarbeitskräfte. Weinbergbesitzer warben Arbeitskräfte in Départements an, aus denen bisher noch keine Migranten gekommen waren. Der Arbeitskräftebedarf wurde so groß, daß die im Ancien Régime entstandenen Forderungen nach einem Verbot der Auswanderung von Arbeitsmigranten wieder vernehmlich wurden. Ein Bericht aus dem späteren 19. Jahrhundert klagt, bis zu 6000 Arbeiter seien, »getäuscht von dem Versprechen großer Reichtümer«, von Anwerbern nach Amerika gelockt worden. Die steigende Produktion führte in allen Weinbauregionen zu einer Verknappung der Arbeitskräfte, auch in Burgund mit seinen Départements Saône et Loire und Côte d'Or und Loire-Inférieure.

Den Grund für diese moderne Variante eines alten Problems sahen manche Weinbauern in der neuen industriellen Welt, die in den Städten mit Hilfe der Eisenbahn aufgebaut wurde, aber auch in den zahlreichen öffentlichen Bauprojekten, die immer mehr Wanderarbeiter beschäftigten. Die von ihnen selbst verschuldeten miserablen Arbeitsbedingungen im Weinbau waren bei diesen Schuldzuweisungen kein Thema. In manchen Gegenden setzte sich allerdings allmählich die Erkenntnis durch, daß die Wanderarbeiter besser behandelt und bezahlt werden müßten.

Eine weitere Folge der neuen Wirtschaftsordnung war um 1870 die Teilmechanisierung bestimmter Bereiche der Bodenbearbeitung, durch die der Bedarf an Arbeitskräften im Frühjahr stark sank. Bei der Weinlese im Herbst war die Nachfrage nach Saisonarbeitern aber weiterhin sehr groß und stieg mit zunehmender Produktion sogar noch an.

Die rapide Entwicklung im Weinbau, die etwa 20 Jahre anhielt und vor allem auf die rasche Erweiterung der Absatzmärkte durch den Ausbau der Eisenbahn zurückzuführen ist, erreichte ihren Höhepunkt zwischen dem Ende des Zweiten Kaiserreichs 1870 und der verheerenden Reblausplage 1872,[73] bei der die Weinstöcke durch Wurzelfraß abstarben. Durch die Reblausplage bekam die Arbeitsmigration eine neue Dynamik, weil einerseits immer mehr Saisonarbeiter auf ihren Wanderungen einen Bogen um die zerstörten Weinberge machten, andererseits aber auch viele einheimische Arbeiter und kleine Weinbauern jetzt selbst zu Wanderarbeitern wurden. Einheimische Arbeitskräfte aus dem Languedoc zum Beispiel gingen nach Algerien, wo der Weinbau expandierte. Das führte jedoch später, als die Produktion nach der Erholung der Weinbaugebiete im Languedoc wieder stieg, zu einem erneuten drastischen Arbeitskräftemangel. Wieder wurden französische Wanderarbeiter angeworben, vor allem in den Bergregionen, doch sie reichten nicht aus.

Arbeitskräfte aus dem Ausland, überwiegend aus Spanien und Italien, mußten angeworben werden. Spanische Migranten hatten bereits beim Eisenbahnbau in den Mittelmeerebenen gearbeitet; die italienischen Arbeitskräfte wurden von den provençalischen Weinbauern angeworben. In vielen Gegenden zogen die Weinbauern die ausländischen Saisonarbeitskräfte vor, da sie niedrigere Löhne akzeptierten als die einheimischen, was die fremden »Lohndrücker« bei den französischen Arbeitskräften natürlich nicht beliebt machte. Vor dem Ersten Weltkrieg arbeiteten 18 000 spanische Saisonarbeitskräfte im Weinbau; nach dem Krieg stiegen die Migrantenzahlen wieder an und erreichten 1922 mit 24 755 ihren Höhepunkt, darunter fast 11 000 Frauen. Die spanischen Arbeitskräfte wurden in Sonderzügen nach Frankreich gebracht; wenn sie ankamen, waren alle Straßen voll von den Karren, mit denen sie in die Weinberge gefahren wurden.

Dieser kurze Abriß zeigt, daß Wanderarbeiter Anfang des 20. Jahrhunderts nicht mehr in Migrationssysteme mit einem festen Ausgangspunkt eingebunden waren, an den sie jedes Jahr mit ihren Ersparnissen zurückkehrten. Viele der neuen Wanderarbeiter hatten kein festes Zuhause mehr und waren ständig auf Arbeitssuche. Dieses unstete Leben war für die spanischen und italienischen Neuankömmlinge genauso bezeichnend wie für die französischen Arbeitsmigranten; der vertraute Rhythmus von Abreise und Heimkehr war verschwunden. Aber die Geschichte der Saisonarbeit im

Weinbau zeigt auch, daß diese Entwicklung nicht allein auf die Eisenbahn, die öffentlichen Bauprojekte oder die Durchsetzung kurzfristiger Arbeitsverhältnisse in der Landwirtschaft zurückgeführt werden kann, sondern Risse im ländlichen Leben verstärkt hat, die ihren Ursprung bereits in früheren Generationen haben.

# Migration und Nationalstaat

Deutschland, Frankreich und Italien repräsentieren im 19. Jahrhundert drei verschiedene staatliche Haltungen zur Migration: Deutschland bevorzugte die zeitlich begrenzte Einwanderung, Frankreich befürwortete die dauerhafte Immigration nach dem Motto: Wer kommen will, soll kommen und Franzose werden. Italien, am Ende des 19. Jahrhunderts noch ein sehr viel amorpheres Staatsgebilde als Frankreich und Deutschland, entwickelte sich zu einem der größten Emigrationsländer Europas. Die Rolle des Staates war dabei immerhin groß genug, um Italien 1951 in der Genfer Flüchtlingskonvention aufgrund seiner Geschichte als Emigrationsland von der Verpflichtung zur Aufnahme von Flüchtlingen zu befreien.

Obwohl die Rolle des Nationalstaats im 19. Jahrhundert bei der Identifizierung und Kategorisierung »ausländischer« Populationen, bei der Kontrolle der Ein- und Ausreise und der Aufenthaltsbedingungen noch sehr viel geringer war als nach dem Ersten Weltkrieg, läßt sich im 19. Jahrhundert beobachten, wie tief die heutigen Probleme der Einwanderungspolitik nicht nur in wirtschaftlichen und geographischen Entwicklungen, sondern auch in der Nation und ihrer politischen Kultur verwurzelt sind. Dazu können wir aus dem 19. Jahrhundert auch lernen, daß selbst in Ländern mit permanentem Export von Arbeitskräften der Emigrationsprozeß zeitlich und räumlich stark strukturiert ist.

Wirtschaftlich und geographisch bilden die drei Länder einen scharfen Kontrast. Die deutsche Migrationsgeschichte im 19. Jahrhundert war von zwei widersprüchlichen Faktoren geprägt. Auf der einen Seite stand die mangelnde Integration von Migranten, auf der anderen Seite der stetig steigende Bedarf an »fremden« Arbeitern aufgrund des industriellen Wachstums. Die Expansion der Industrie und die gleichzeitige Auflösung älterer Subsistenzformen in Landwirtschaft und ländlichem Gewerbe führten zu einer zunehmenden Proletarisierung der Bevölkerung. Immer mehr Menschen wanderten aus. Um 1890 emigrierten eine Million Menschen aus Deutschland nach Übersee, überwiegend in die USA. Als der Erste Weltkrieg begann, lebten mehr als 3 Millionen Deutsche in Übersee. Da jedoch die Industrialisierung den Bedarf an niedrig bezahlten Migranten erhöht hatte, arbeiteten in Deutschland selbst eine Million ausländische Arbeitskräfte.

Frankreich hat eine längere und kontinuierlichere Migrationsgeschichte als die anderen großen europäischen Staaten. Im 19. Jahrhundert spielte Einwanderung dort eine wichtigere Rolle als Auswanderung; anders als Deutschland war Frankreich von der Massenemigration nach Nordamerika nicht betroffen. Die Landwirtschaft, die bis weit ins 20. Jahrhundert ein bedeutender Wirtschaftssektor blieb, sicherte das Auskommen der Landbewohner und steigerte den Bedarf an Zuwanderern. Das schnelle Wachstum der Städte erhöhte zudem den Bedarf an Arbeitskräften, wenngleich das Ausmaß der Urbanisierung in Frankreich bis nach dem Ersten Weltkrieg weit geringer war als in England.

Italien verdankt seinen Ruf als klassisches europäisches Auswanderungsland überwiegend der Überseemigration. Doch im 19. Jahrhundert waren die europäischen Länder ebenfalls wichtige Zielpunkte für italienische Migranten; seit Anfang des Jahrhunderts zunächst Frankreich und die Schweiz, später auch Deutschland und Schweden. Von außen betrachtet mochte dieser innereuropäischen Wanderung der endgültige Charakter der überseeischen Migration fehlen, doch auch sie verlief innerhalb bestimmter Strukturen und war für die Betroffenen selbst ein ebenso einschneidendes lebensveränderndes Erlebnis.

# Deutschland:
## Das Modell der zeitlich begrenzten Einwanderung

In Deutschland spielte die Auswanderung bis zum Ende des 19. Jahrhunderts eine wichtige Rolle, wozu einerseits die Massenemigration nach Übersee, andererseits aber auch die bereits beschriebenen Arbeitswanderungen von Westfalen an die Nordsee und weitere nach Frankreich und in die Schweiz beigetragen haben. Gegen Ende des 19. Jahrhunderts kamen schließlich aufgrund der Entwicklung der Fabriken und Bergwerke sowie des Eisenbahn- und Städtebaus sehr viele ausländische Arbeiter aus Süd- und Osteuropa. Durch die wachsende Proletarisierung der ländlichen Bevölkerung nach der Aufhebung der Leibeigenschaft kam es zu weiteren internen Arbeitswanderungen und Abwanderungen nach Übersee.[74]

Der Nordosten Deutschlands wurde im späten 19. Jahrhundert zu einem wichtigen Sammelbecken für diese verschiedenen Migrantenströme. Erstens gab es hier die intensivste Anwerbung für die Migration nach Übersee, zweitens kamen die meisten Migranten aus Osteuropa hier an, und drittens war diese Region der wichtigste Ausgangspunkt für die Binnenwanderung nach Westdeutschland, vor allem nach der Aufhebung der Leibeigenschaft. Die westlichen Landesteile, insbesondere das Ruhrgebiet und das Rheinland, wurden zu einer der Hauptzielregionen in- und ausländischer Arbeitsmigranten.

Die Emigration nach Nordamerika verlief im 19. Jahrhundert in drei großen Wellen, und zwar von 1846 bis 1857, von 1864 bis 1873 und von 1880 bis 1893, wobei die letzte bei weitem die größte war. Nach 1893 ist Deutschland kein Emigrationsland mehr.[75] Die meisten deutschen Emigranten gingen in die USA; 1890 waren 30 % der Migranten in den Vereinigten Staaten Deutsche, danach sank ihr Anteil auf 18,5 % im Jahre 1910 und auf 11,3 % im Jahr 1930. Bei den beiden ersten Wellen überwogen Emigranten aus dem Südwesten, bei der letzten aus den landwirtschaftlichen Regionen im Nordosten; dort stiegen die Emigrantenzahlen 1880 sprunghaft an.

In beiden Regionen gab es charakteristische Besitz- und Erbrechtsmuster, die das Überleben auf dem Lande für einen großen Teil der Bevölkerung erschwerten. Im Südwesten wurden die Höfe durch Erbteilung immer kleiner und damit unrentabler, im Nordosten ging das ganze Land auf den ältesten Sohn über, während die jüngeren Kinder keinen Landbesitz erbten. Verschärft wurde die Situation durch die niedrigen Löhne für Saison- und Wanderarbeiter und durch die zunehmende Verbreitung des Rübenanbaus, der überwiegend in den Sommermonaten Arbeitskräfte erforderte, so daß im Winter kaum Geld zu verdienen war. Die Entstehung einer wachsenden Schicht armer Arbeiter ohne Landbesitz begünstigte die Abwanderung nach Übersee und, im Falle der Ärmsten, nach Westdeutschland. Die meisten Menschen verließen ihre Heimatorte in der Hoffnung, mit genügend Geld für den Kauf eines Stücks Land zurückkehren zu können. Auch Besitzer von kleinen Gütern, die neben der Bewirtschaftung des eigenen Hofes bei anderen Bauern als Tagelöhner arbeiteten, hatten Schwierigkeiten, den Betrieb zu halten, da die niedrigen Löhne auf den großen Gütern den Ertrag der Höfe nicht im nötigen Umfang ergänzen konnten.

Die deutsche Emigrationspolitik war liberaler als in anderen europäischen Ländern der Zeit (im Gegensatz zur Immigrationspolitik). Das Emigrationsgesetz, das nach lebhaften Debatten in den 30er Jahren 1849 verabschiedet wurde, sah sogar eine Auswanderungsbehörde vor. Ein einheitliches Auswanderungsgesetz für das Deutsche Reich gab es allerdings erst 1897, als die Massenemigration keine Rolle mehr spielte. Auch dieses Gesetz war mit Ausnahme gewisser Einschränkungen für wehrpflichtige junge Männer liberal.

Für das plötzliche Ende der Massenemigration nach 1893 gibt es mehrere Erklärungen. Eine davon greift Turners berühmt gewordene »Grenzthese« auf, nach der die Westwanderung in den Vereinigten Staaten nachließ, als die Möglichkeit schwand, unbewohntes, billiges und vor allem »freies« Land zu erwerben. Der Wunsch nach solch »freiem« Land war für die frühen Emigranten aus Ostpreußen mit Sicherheit ein wichtiges Motiv gewesen. Die deutschen Emigranten des späten 19. Jahrhunderts landeten allerdings überwiegend in den Städten der USA. Eine Volkszählung hat gezeigt, daß 51 % der Deutsch-Amerikaner in Städten mit 25 000 und mehr Einwohnern lebten. Ein weiterer wichtiger Grund für den Rückgang der Auswanderung war sicher die wirtschaftliche Depression in den USA zu Anfang der 90er Jahre, während die deutsche Wirtschaft Mitte der 90er Jahre boomte und trotz Vollbeschäftigung zusätzliche ausländische Arbeitskräfte anwerben mußte.

Nach 1893 trat die Binnenwanderung in die rasch wachsenden westlichen Industriegebiete an die Stelle der Emigration nach Übersee. In den 80er und 90er Jahren entstanden weiträumige interne Migrationsbewegungen, vor allem ins Ruhrgebiet. Bis dahin waren hauptsächlich Berlin und Ende der 70er Jahre auch die mitteldeutschen Industriegebiete die Ziele der Migranten aus dem Nordosten gewesen, die in manchen Fällen ihren ländlichen Haushalt in der Heimat noch behielten. In manchen Regionen, zum Beispiel in Mecklenburg, hatten sowohl die Emigration nach Übersee als auch die Binnenwanderung eine lange Tradition. Zahlenmäßig war jedoch die Binnenwanderung bereits in den 80er Jahren stärker als die überseeische.

In Ostpreußen, wo es die ärmsten Bauern und die niedrigsten Tagelöhne gab, spielte die Emigration nach Übersee überhaupt keine Rolle. Den Ärmsten der Armen stand diese Möglichkeit nicht offen; sie besaßen weder das Geld für die Überfahrt, noch konnten sie sich auf transatlantische Netzwerke stützen, die eine Kettenmigration ermöglicht hätten. In dieser Region erreichte daher die interne Migration nach Westdeutschland ein sehr hohes Niveau; 1910 lebten fast eine halbe Million Deutsche aus Ostpreußen, Westpreußen und Posen in den westlichen Landesteilen.[76]

An der innerdeutschen Westwanderung waren viele ethnische Gruppen beteiligt,[77] zu denen auch die Polen aus den von Preußen annektierten Gebieten gehörten, die als sogenannte »Ruhrpolen« eine eigenständige Gruppe bildeten.[78] Ab 1870 kamen diese fremdsprachigen Bauern zur Arbeit im Kohlebergbau und damit in eine für sie ganz neue, industrielle Welt. Viele wollten ursprünglich nur genügend Geld für ein Stück Land im Osten verdienen, aber am Ende blieben die meisten doch. Hier zeigen sich Parallelen zu den

Emigranten in die USA, die oft ebenfalls nur begrenzte Zeit bleiben wollten, sich aber dann auf Dauer in der Fremde niederließen.

Wie die überseeischen Auswanderer stellten auch diese Migranten fest, daß sie an der westlichen »Wirtschaftsgrenze« Deutschlands ein fremdes Land erwartete. Sie waren mit Entfremdung und Integrationsproblemen, mit der extremen Abhängigkeit von Familien- und Freundeskreisen und wechselseitiger Hilfe konfrontiert. Anhand dieser innerdeutschen Westwanderung läßt sich die deutsche Idealvorstellung der zeitlich begrenzten Einwanderung am Ende des 19. Jahrhunderts nachvollziehen.

Zwischen 1880 und dem Ersten Weltkrieg gab es im Nordosten große Abwanderungsbewegungen unterschiedlichster Art. In Regionen wie Brandenburg oder Oberschlesien, in denen relativ nahegelegene Städte und Industriegebiete Arbeitsplätze für die Landbewohner boten, entstand eine Art »beruflicher Landflucht«,[79] das heißt, landwirtschaftliche Arbeitsplätze wurden zugunsten der Industriearbeit aufgegeben, aber die Arbeiter wohnten weiterhin in ihren Dörfern. Die Chancen in anderen Landesteilen, die Entwicklung im Bergbau und in der Industrie, beim Eisenbahn- und Städtebau führten aber ebenso zur Abwanderung vieler deutscher Bewohner des Nordostens.

Gleichzeitig war auf dem Land durch die Expansion des sehr arbeitsintensiven Zuckerrübenanbaus der Bedarf an Saisonarbeitskräften in bisher ungekanntem Ausmaß gestiegen, weit stärker als in anderen Teilen Deutschlands. Der dadurch bedingte Arbeitskräftemangel wurde durch Zuwanderung aus dem osteuropäischen Ausland ausgeglichen.[80] Zu Anfang des 20. Jahrhunderts kamen jährlich 250 000 Männer, Frauen und Kinder aus dem damals russischen Mittelpolen und dem österreichischen Galizien.[81] Bei den Arbeitgebern galten diese verzweifelt armen Migranten, die gezwungenermaßen auch Niedriglöhne akzeptierten, als »willig und billig«. Mehr als die Hälfte der polnischen Saisonarbeitskräfte waren Frauen. Sie standen im Ruf, geschickter und weniger aufsässig als die Männer zu sein; außerdem waren die Stundenlöhne für Frauen niedriger.[82] Die Aufhebung der Leibeigenschaft in Rußland und Österreich hatte diese Menschen aus ihren traditionellen Lebenszusammenhängen herausgelöst, ohne daß ihnen die Möglichkeit eines neuen Existenzaufbaus gegeben wurde;[83] durch die Aufteilung Polens unter Preußen, Rußland und Österreich waren sie zudem in ihrem eigenen Land zur »Minderheit« geworden.

An dieser Ost-West-Wanderung beteiligten sich viele Juden. Deutschland war von 1880 bis zum Ersten Weltkrieg für sie die erste Zwischenstation auf ihrem Weg in die USA. Allein zwischen 1905 und 1914 kamen rund 700 000 Juden aus dem Osten in Deutschland an. Die deutschen assimilierten Juden, die meist dem Bildungsbürgertum angehörten, waren angesichts dieser armen, vormodernen Ostjuden oft schockiert und abgestoßen; unter der nichtjüdischen deutschen Bevölkerung nahm die Ablehnung dieser jüdischen Migranten ungeheuer scharfe Züge an. Dennoch schloß die deutsche Regierung nicht die Grenzen zu Rußland, sondern förderte den Transit mittelloser und die Einreise wohlhabender Juden. Es kam zwar gelegentlich zu Ausweisungen armer Juden nach Rußland, aber die meisten wurden nach Amerika geschickt. Die transatlantischen Schiffahrtslinien arbeiteten mit der Regierung und mit jüdischen Hilfsorganisationen bei der Verschiffung der jüdischen Emigranten in die USA zusammen. 1910 lebten nur noch rund 70 000 Ostjuden in Deutschland. Doch diese Migranten, die von Ost nach West zogen, waren nicht die einzigen, die nach Deutschland kamen. 1914 kamen legal fast eine halbe Million landwirtschaftliche Saisonarbeiter in das Deutsche Reich; neben den zahlenmäßig dominierenden Polen aus den damals österreichischen russischen Gebieten waren unter ihnen auch Migranten aus Italien, Skandinavien und Weißrußland.

Fragt man nach den staatlichen Reaktionen auf diese Zuwanderung, kann man zunächst feststellen, daß die Bedeutung der Arbeitsmigranten für die Landwirtschaft in Ostpreußen, die Bergwerke in Oberschlesien und die Industrie im Ruhrgebiet unbestritten war. Das zeigen Dokumente lokaler Behörden und Arbeitgeberorganisationen. Die preußische Verwaltung räumte etwa ein, daß ein Ausbleiben der ausländischen Arbeitskräfte für die Landwirtschaft verheerende Folgen hätte, und die Bergbauindustrie in Oberschlesien gab zu, ohne ausländische Arbeitskräfte nicht funktionsfähig zu sein.[84] Solche Eingeständnisse brachten den Immigranten aber weder die finanzielle noch die rechtliche Gleichstellung mit den einheimischen Arbeitskräften und führten auch nicht zu Integrationsbemühungen auf seiten der Arbeitgeber oder der Behörden. Die osteuropäischen Arbeitsmigranten waren die »Gastarbeiter« der Nation, lange bevor der erste türkische Arbeiter auf deutschem Boden eintraf.

Die deutsche Einwanderungspolitik tendierte zur Einschränkung einer dauerhaften Niederlassung und zur Förderung eines zeitlich begrenzten Aufenthalts. Im Unterschied zu anderen europäischen Ländern gab es in Deutschland bereits vor dem Ersten Weltkrieg eine systematische, strenge Kontrolle von Ausländern. In fast allen deutschen Ländern waren Arbeitsgenehmigungen, die sogenannten Legitimationskarten, Vorschrift, die bei jedem Arbeitsplatzwechsel erneuert werden mußten. Ausländische Arbeitskräfte, die ohne diese Karte angetroffen wurden oder Arbeit suchten, ohne den Entlassungsstempel des früheren Arbeitgebers vorweisen zu können, wurden ausgewiesen. Dieses System war ursprünglich für Landarbeiter entwickelt worden, wurde aber allmählich auf sämtliche Arbeitsbereiche ausgedehnt. Jeder Einwanderer mußte sich jederzeit ausweisen können (»Legitimationszwang«), was die staatliche Überwachung der Immigranten erleichterte und besonders streng bei den polnischen Arbeitern gehandhabt wurde, die mit 50 % den höchsten Anteil der Arbeitsmigranten stellten.

Deutschland besaß also ein hochmobiles Potential ausländischer Arbeitskräfte, deren Wohnsitz und Arbeitserlaubnis streng kontrolliert wurde. Um die Jahrhundertwende verdreifachte sich die Zahl der ausländischen Arbeitskräfte von 430000 1890 auf 1,26 Millionen 1910; davon waren rund 200000 in Deutschland geboren. Diese Zahlen reichen zwar nicht an die 3,5 Millionen deutscher Emigranten um die Jahrhundertwende heran, sind aber doch signifikant, vor allem, wenn man berücksichtigt, daß darin die illegalen Einwanderer noch nicht erfaßt sind, die sich gegen den Willen des Staates oft auf Dauer niederließen.

Der Sozialphilosoph Michel Foucault hat in »Überwachen und Strafen« darauf hingewiesen, daß sich die Macht des modernen Staates unter anderem auf die Identifizierung von Minderheiten oder abweichenden Bevölkerungsgruppen stützt. Die Migranten waren eine solche Minderheit, deren Integration in die deutsche Gesellschaft durch die staatliche Kontrolle nicht gerade gefördert wurde. Am sichtbarsten wurde die Kluft zwischen Staat und Gesellschaft wohl im Diskurs über die »Polonisierung des Westens«.[85] Der Staatsapparat unterschied zwischen »ethnischen Polen« aus den von Deutschland und »Auslandspolen« aus den von Rußland und Österreich annektierten Gebieten. Auslandspolen durften nur in den östlichen Provinzen Deutschlands arbeiten, und das auch nur für eine bestimmte Zeit; sie mußten ab dem 20. Dezember das Land verlassen und durften erst ab dem 1. Februar wieder einreisen. Für den Staat waren diese Migranten unwiderruflich Ausländer, die dazu durch ihre Bestrebungen zum Aufbau eines neuen Polen die deutschen Ostgrenzen bedrohten. Die Bereitschaft zur Integration der polnischen Migranten mit preußischer Staatsbürgerschaft war allerdings keineswegs höher. Ihre Kultur wurde unterdrückt, ihre Zeitungen und Organisationen zensiert und überwacht, nationale Symbole waren verboten.[86] Dadurch war sichergestellt, daß nicht einmal dauerhaft niedergelassene Migranten ihre Geschichte in ihr gegenwärtiges Leben integrieren konnten; die Kultur der Herkunftsregion wurde durch das erzwungene Schweigen zur nicht assimilierbaren Erinnerung an einen fernen Ort. In diesem Umgang spiegelt sich die Überzeugung von der unwiderruflichen »Fremdheit« der ausländischen Arbeitskräfte, die jede Möglichkeit einer dauerhaften Integration in die deutsche Gesellschaft ausschloß und nur temporäre Bindungen zuließ.

Gerade weil die Polenfrage aber eine so entscheidende Rolle in der deutschen Staatsangehörigkeits- und Staatsbürgerpolitik spielte, ließ sich diese Haltung nicht einfach automatisch in die Praxis übertragen. Die staatliche Kontrolle und mangelnde soziale Integration, der Versuch, den polnischen Arbeitern während ihres Aufenthalts in Deutschland faktisch ein Leben »auf Sparflamme« aufzuzwingen, wurde zum Bumerang. Die polnische Bevölkerung im Deutschen Reich besaß ein starkes Nationalgefühl und einflußreiche nationale Führer. Das vermeintliche Scheitern der anfänglichen Bemühungen des deutschen Staates um die »Loyalität« der Polen führte schließlich zu den Massenausweisungen von

1885, einer Aktion, die ursprünglich gegen nationalistische Agitatoren gerichtet war, bei der aber zwischen 1885 und 1887 wahllos mehr als 30000 Auslandspolen und osteuropäische Juden ausgewiesen wurden.[87]

Die Regierung versuchte jetzt, mit Hilfe eines neuen Siedlungsgesetzes die polnischen Einwohner in den deutschen Ostgebieten durch deutsche zu ersetzen. Dieses Programm der inneren Kolonisation trat 1886 in Kraft und führte zur Ansiedlung von 20000 deutschen Familien bzw. 120000 Personen. Aber der gewünschte Erfolg blieb aus, einmal wegen des starken kulturellen und nationalen Zusammenhalts unter den Polen, der eine Art Antikolonisationsblock darstellte, zum anderen wegen der anhaltenden Abwanderung nach Westen, die durch die Neuansiedlung nicht kompensiert werden konnte. Das Scheitern des Kolonisierungsprogramms führte zu weiteren Verschärfungen: 1898 schrieb ein Gesetz die Förderung des Deutschtums durch die Behörden verbindlich fest, 1904 folgte ein weiteres Gesetz, das bei sämtlichen Neuansiedlungen die Zustimmung der örtlichen Behörden verlangte, so daß die Polen bei der Niederlassung eindeutig benachteiligt waren. 1908 wurden sogar Enteignungen für zulässig erklärt, um das Deutschtum in Westpreußen und Posen zu stärken. Dieses Gesetz stieß aber im In- und Ausland auf so große Empörung, daß es nur einmal angewandt wurde.

Die Regulierungsbemühungen des Staates wurden durch die wirtschaftlichen Bedürfnisse von Landwirtschaft und Industrie aufgeweicht. Durch die Ausweisungen von 1885 und das anschließende Einwanderungsverbot für Auslandspolen sowie durch die anhaltende Massenemigration nach Übersee und die Abwanderung nach Westdeutschland verschärfte sich der Arbeitskräftemangel. Der Rübenanbau, der arbeitsintensiver war als der Anbau von Getreide, erforderte überdies zusätzliche Arbeitskräfte. Die Interessenvertreter der Landwirtschaft drängten auf die Wiederaufnahme der polnischen Arbeitsmigration.

1890, nach dem Sturz Bismarcks, wurde ein Kompromiß gefunden, nach dem Auslandspolen wieder einreisen durften, jedoch unter Bedingungen, die eine dauerhafte Niederlassung verhindern sollten: Sie mußten unverheiratet sein, durften nur in der Landwirtschaft und nur in den grenznahen Gebieten arbeiten und mußten im Winter in ihre Heimat zurückkehren.[88] Die Opposition gegen die Einwanderung der Auslandspolen hielt ungeachtet der strengen Auflagen an, aber die Zahl der polnischen Saisonarbeiter stieg weiter. Am Vorabend des Ersten Weltkriegs arbeiteten zwischen 75 und 80 % aller ausländischen Arbeitskräfte des Deutschen Reiches in Preußen, 40 % davon in der Landwirtschaft; rund zwei Drittel unter ihnen waren Polen. 1913 waren etwa 240 000 polnische Saisonarbeiter in der preußischen Landwirtschaft beschäftigt.[89] Bei der sehr viel höheren Zahl der Arbeitsmigranten in der Industrie, im Bergbau und in anderen Wirtschaftssektoren lag der Anteil der Polen bei nur 5 bis 10 %. Insgesamt war ein Drittel der ausländischen Arbeitskräfte in Deutschland Polen, und ihr Anteil an der niedergelassenen ausländischen Population lag sogar noch niedriger, da die meisten nur als Saisonarbeitskräfte kamen. Trotzdem beherrschte das Bild des »Auslandspolen« und, allgemeiner, die Vorstellung einer slawischen und jüdischen Invasion aus dem Osten die öffentliche Einwanderungsdebatte.[90]

Es wäre allerdings ein großer Irrtum, wollte man das Deutschland der 1880er und 1890er Jahre zum direkten Vorläufer der Xenophobie und des Rassismus in der Zeit nach 1930 erklären. Die ablehnende Reaktion von Staat und Gesellschaft im Kaiserreich war auf Polen und die Migration aus dem Osten insgesamt beschränkt, davon abgesehen stieß das Thema der Einwanderung, etwa aus Italien oder Skandinavien, in der Öffentlichkeit kaum auf Interesse. Außerdem war »der Staat« am Ende des 19. Jahrhunderts keineswegs ein einheitliches Gebilde. Die Einbürgerungspolitik der einzelnen Länder war unterschiedlich und nach Bayern und Sachsen in Preußen am restriktivsten. So verbot Bismarck 1885 in Preußen die Einbürgerung russischer Staatsbürger (überwiegend Polen und Juden), bevor die Massenausweisungen in anderen Teilen Deutschlands begannen.

Die Angst vor der Invasion aus dem Osten stieß in Teilen der deutschen Gesellschaft durchaus auf Ablehnung, die allerdings nicht immer ohne Ambivalenzen war. Der politische Internationalismus der Gewerkschaften zum Beispiel geriet häufig in Konflikt mit den konkreten Interessen am Arbeitsplatz. Die deutschen Ge werkschaften versuchten, die Migranten zu organisieren, konnten aber keine gleichen Rechte und Leistungen für sie durchsetzen. Gleichzeitig führte die Bereitschaft der ausländischen Arbeiter, niedrigere Löhne und längere Arbeitszeiten zu akzeptieren, zu Auseinandersetzungen, Kritik und Beschimpfungen als »Streikbrecher«, »Lohndrücker« usw.

Mit dem Ersten Weltkrieg fanden all diese Konflikte, Debatten und Ambivalenzen ihr Ende. Gesellschaft und Regierung versuchten, die anwesenden Migranten im Land zu halten, vor allem im Bereich der Landwirtschaft. Bei Kriegsende gab es hier noch 374 000 ausländische Arbeitskräfte; ohne sie wäre der Arbeitskräftemangel im Krieg noch kritischer geworden, als er ohnehin schon war. In der Landwirtschaft wurden überdies Kriegsgefangene eingesetzt; 1918 waren es rund 900 000.

An der Polenfrage wird der spezifisch deutsche Begriff der Nation deutlich, der auf dem *jus sanguinis* (Abstammungsrecht) basiert: Zugehörigkeit zur Nation hängt vom »Blut«, von der Abstammung ab, das heißt, Nation wird nicht auf Kultur, sondern auf Biologie zurückgeführt. Im 19. Jahrhundert war dieses Konzept keineswegs auf Deutschland beschränkt. Darwin griff es auf, als er im »Ursprung der Arten« Lamarcks Vorstellung einer kulturellen und biologischen Anpassung widerlegte; Abraham Lincoln beschwor es mehrfach im amerikanischen Bürgerkrieg mit Äußerungen, in denen er die Unteilbarkeit der Nord- und Südstaaten mit dem gemeinsamen Blut begründete; und für manche Panslawisten war »Blut« das mystische Band, das Menschen einte, die in unterschiedlichen, willkürlich geteilten Regionen lebten.

Spezifisch für Deutschland war aber die Form, in der dieses weit verbreitete Konzept des *jus sanguinis* umgesetzt wurde. Das Gesetz von 1913, das einen sehr engen Begriff von Staatsbürgerschaft und Nation auf der Basis des *jus sanguinis* festschrieb, erlaubte es Deutschen, die im Ausland lebten (den sogenannten Auslandsdeutschen), ihre Staatsbürgerschaft zu behalten und an ihre Nachkommen weiterzugeben. Bis dahin hatten Deutsche die Staatsbürgerschaft nach zehn Jahren im Ausland verloren, falls sie sich nicht den komplizierten Registrierungsverfahren bei den Konsulaten unterzogen. Das Gesetz von 1913 schloß aber auch Regelungen aus, die mit dem *jus soli* (Bodenrecht) in Zusammenhang stehen, das die Staatsbürgerschaft von Geburtsort und Wohnsitz abhängig macht. Vor der Verabschiedung dieses Gesetzes wechselte das deutsche Staatsbürgerschaftsrecht zwischen alten Varianten des *jus soli*, die den dynastischen Herrschaftsformen des Ancien Régime entsprachen, und Varianten des *jus sanguinis*, die im 19. Jahrhundert entwickelt wurden und den Schwerpunkt auf die Qualität gewachsener sozialer Bindungen in einer Gemeinschaft legten, die sich auf Abstammung stützte, unabhängig von den Ehen, Verträgen und Erbschaftsregelungen der Fürsten.

Ein Gesetz von 1870 hatte im Zuge der nationalen Einigung das *jus sanguinis* zum Prinzip erhoben, ohne das *jus soli* in Frage zu stellen. Das war in der damaligen wirtschaftlichen Situation kein Problem gewesen; 1871 hatte Deutschland bei einer Gesamtbevölkerung von 40 Millionen nur 200 000 ausländische Einwohner, es gab ein hohes demographisches Wachstum, und größere Einwanderungswellen schienen unwahrscheinlich. Aber 1913 war die Vorstellung einer Vereinbarkeit dieser beiden Prinzipien angesichts der beschriebenen demographischen und wirtschaftlichen Veränderungen kaum noch zu vermitteln.[91] Das Gesetz von 1913 räumte nicht nur dem Kriterium der Abstammung Vorrang vor dem des Wohnorts ein, es schrieb auch zwei neue Kriterien fest, die zum Verlust der Staatsbürgerschaft führten: Annahme einer anderen Staatsangehörigkeit und Nichterfüllung der Wehrpflicht. Trotz der vielen Ausnahmen und Einschränkungen[92] erschwerten es diese beiden Vorschriften vielen Emigranten, die deutsche Staatsbürgerschaft beizubehalten. Und schließlich machte das neue Gesetz mit der erleichterten Wiedereinbürgerung von Emigranten und ihren Nachkommen deutlich, wie sehr das neue Deutschland auf Deutsche angewiesen war.

Dieses Staatsbürgerschaftsrecht ist ein ausgezeichnetes Beispiel für das, was Max Weber als Durchsetzung der bürokratischen Rationalisierung im modernen Staat bezeichnet hat, zeigt aber gleichzeitig auch die Grenzen staatlicher Macht bei einer Einbürgerungsgesetzgebung auf, die nur auf einem einzigen Prinzip beruht. Denn so leicht ließ sich das *jus soli* nicht beseitigen. Die deutschen Sozialdemokraten brachten mehrere Gesetzesvorschläge zur Liberalisierung der Einbürgerung ein, die das *jus soli* für einen bestimmten Personenkreis wieder einführen sollten, vor allem für Menschen, die in Deutschland geboren und aufgewachsen waren. Diese Vorschläge wurden unter anderem von Polen unterstützt. Dem Vorwurf einer Verwässerung der deutschen Nation hielten die Sozialdemokraten entgegen, daß Elemente des *jus soli* im Staatsbürgerschaftsrecht fast aller großen Staaten, vor allem in Frankreich, zu finden wären.

Aber dieser Appell an die Realitäten des zeitgenössischen internationalen Rechts lief gewissen deutschen Erinnerungen entgegen. Die ethnische Grenze zwischen Deutschen und Slawen, die so wichtig für das Konzept der deutschen Nation war, hatte sich aus den deutschen Ostwanderungen des Hochmittelalters und des 16. Jahrhunderts entwickelt, in deren Verlauf zahlreiche deutsche Niederlassungen in Osteuropa und Rußland entstanden waren.[93] Trotz einer gewissen Assimiliation hatten sich die deutschen Siedler weiter als Deutsche betrachtet und an ihrer Sprache und ihren Ritualen in der Fremde auch dann noch festgehalten, als sich dort andere, eigene Bilder der einheimischen Kultur durchzusetzen begannen, vor allem in Polen und Rußland. Ein Gesetz, das auf Blut und Abstammung beruhte, verlieh diesem Geflecht getrennter Kulturen scheinbar einen Sinn; die Kulturgeschichte wurde in die Biologie verlagert, die Biologie vom Staat zum Maßstab für die Unterscheidung zwischen dauerhafter Zugehörigkeit und zeitlich begrenzter Koexistenz erhoben.

## Frankreich:
## Förderung von Einwanderung und Einbürgerung

In Frankreich spielen politische Werte für die Zugehörigkeit zur Nation traditionell eine wichtigere Rolle als die Abstammung. Nation und Staatsbürgerschaft sind durch den institutionellen, imperialen und territorialen Rahmen des Staates definiert. Diese politische Definition der Nation galt bereits im Ancien Régime.

Die gemeinsame Kultur war das Medium, über das die Nation konstituiert und assimiliert wurde.

Die Assimilation wurde durch die zentralistische Struktur gefördert; der Staat drang durch Schulen, öffentliche Verwaltung, Militär und Kommunikationsinfrastruktur bis in den letzten Winkel des Staatsgebiets vor. In der *mission civilisatrice* (Bildungskampagne) der Dritten Republik, an der Ende des 19. Jahrhunderts ein ganzes Heer von Lehrern und Lehrerinnen beteiligt war, schlug sich dieses assimilatorische Konzept der Nation besonders deutlich nieder.[94] Bei der *mission civilisatrice* und der damit verbundenen Förderung der Bedeutung Frankreichs gab es keine Meinungsverschiedenheiten zwischen den Rechten und den Liberalen, auch nicht in den Fällen, in denen sie auf das gesamte überseeische und europäische französische Territorium ausgedehnt wurde. Für die regionalen Kulturen Frankreichs hatte diese assimilatorische Politik daher häufig nahezu kolonialistische Auswirkungen.[95]

Das Projekt der Assimilation durch eine gemeinsame Kultur betraf regionale Unterschiede genauso wie die Einwanderungsfrage und prägte auch den spezifischen Charakter des französischen Kolonialismus, der die rechtliche und politische Assimilation der einheimischen und überseeischen Territorien mit seiner *mission libératrice et civilisatrice* sehr viel stärker institutionalisierte als England oder Deutschland. Die Bemühungen um die innere Assimilation durch Reformen im Grundschulwesen und beim Militärdienst in den 80er Jahren bildeten den Rahmen für eine umfassende Reform des Staatsbürgerschaftsrechts, das im wesentlichen bis heute gültig ist. Trotz wiederholter Ausbrüche von Fremdenfeindlichkeit, zu denen auch der verbreitete Antisemitismus Ende des 19. Jahrhunderts zählt, hat sich in Frankreich ein überwiegend politisches Konzept der Nation gehalten, das sich über Fragen von Rasse und Sprache hinwegsetzt.[96]

Nach Meinung einiger Wissenschaftler[97] war die Einführung des *jus soli* nicht so funktional wie oft behauptet wird; sie sehen über die Steigerung des Bevölkerungswachstums und damit des Reservoirs an möglichen Soldaten hinaus breitere politische und ideologische Faktoren am Werk. Nach Brubaker kann die Liberalisierung der Einbürgerung von 1851 schon deshalb keine Reaktion auf militärische oder demographische Notwendigkeiten gewesen sein, weil diese damals gar nicht auf der Tagesordnung standen.

Aber die ökonomische Erfahrung der Migration bildete eine Ergänzung dieser französischen politischen Kultur, und ihre interessantesten und signifikantesten Muster werden erst erkennbar, wenn man Frankreich als Einwanderungsland betrachtet. Frankreich war im 19. und noch bis weit ins 20. Jahrhundert hinein das wichtigste Einwanderungsland Europas. Politik und Praxis der Einwanderung hingen aber nicht nur mit der Sorge um das stagnierende Bevölkerungswachstum und den potentiellen Mangel an Soldaten zusammen, sondern hatten eine breitere politische Basis. Das rationale, staatszentrierte und assimilatorische Konzept der Nation, das sich im wesentlichen in der Französischen Revolution entwickelt hatte, auch wenn Ansätze dazu bereits im Ancien Régime vorhanden waren, hatte eine Haltung entstehen lassen, die im Land wohnende Fremde ein- und nicht ausschloß. In dieser Hinsicht unterschied sich Frankreich sehr stark von Deutschland.

Die sinkende Geburtenrate spielte bei der französischen Einwanderungspolitik eine wichtige Rolle. Zwischen 1860 und 1914, als die Geburtenrate in vielen europäischen Ländern stark anstieg, stagnierten die Zahlen in Frankreich.[98] Aber daneben waren noch mindestens zwei weitere Faktoren dafür verantwortlich, daß die Immigration in Frankreich eine wichtigere Rolle spielte als die Emigration.[99] Erstens konnte das wachsende Angebot an Arbeitsplätzen in den Städten, vor allem in Paris, das im Zweiten Kaiserreich sehr rasch wuchs, die durch die periodischen Krisen in der Landwirtschaft bedingte Landflucht weitgehend auffangen, so daß es in den Städten eine relativ niedrige Arbeitslosigkeit gab. Zweitens blieb Frankreich von den katastrophalen Situationen verschont, die um 1850 in Irland und nach 1870 in Deutschland die Landbewohner zur Auswanderung zwangen; die Menschen blieben durch das ländliche Gewerbe und die Tradition an den ländlichen Raum gebunden.

Aber obwohl das französische Emigrationsniveau bedeutend niedriger lag als in den anderen europäischen Ländern, wanderten natürlich auch aus Frankreich Menschen aus. Im 19. Jahrhundert war das latente Emigrationspotential relativ hoch; die periodischen Krisen und auch Hungersnöte im ländlichen Raum hätten durchaus zu einer Massenemigration führen können.[100] Entsprechend kamen Emigranten weniger aus dem Einzugsbereich der großen Hafenstädte, sondern aus den Regionen im Landesinneren, die von solchen Krisen betroffen waren.

Dem verfügbaren Zahlenmaterial, das allerdings nicht sehr zuverlässig ist, läßt sich mit einiger Gewißheit entnehmen, daß die Zahl der französischen Staatsbürger, die außerhalb Frankreichs und der französischen Kolonien lebten, zwischen 1851 und 1911 von rund 310 000 auf 600 000 stieg. Eine Zunahme der Emigration läßt sich zwischen 1880 und 1890 und in den zehn Jahren vor dem Ersten Weltkrieg feststellen: Von 1881 bis 1886 wurden 426 000, 1901 495 000 und 1911 600 000 Emigranten gezählt. Bis 1890 gingen 40 bis 45 % der französischen Emigranten nach Übersee, etwa 20 % in die französischen Kolonien und der Rest in andere europäische Länder. Nach 1890 nahm die Zahl der Übersee-Emigranten deutlich ab, die Migration in die französischen Kolonien schwankte zwischen 30 und 10 %, während die gesamteuropäische Migration immer stärker wurde; zwischen 1901 und 1910 gingen 54 % aller französischen Emigranten in europäische Länder.

Fouché hat aus Reiseberichten und anderen Quellen aus der Zeit von 1816 bis 1889 das Bild des typischen französischen Emigranten entwickelt: Danach handelte es sich um einen jungen Mann aus dem Südwesten Frankreichs, der vom Land kam, aber in Bordeaux gelebt, im Handel, im Hafen oder bei der Küstenschiffahrt gearbeitet hatte und dessen Ziel eher in Südamerika und der Karibik als in den USA lag.[101] Auch Roudie[102] ist in seiner Untersuchung von Quellen aus den Jahren 1865 bis 1920 zu dem Ergebnis gekommen, daß Lateinamerika als Emigrationsziel beliebter war als die Vereinigten Staaten. Guey[103] beschreibt eine Kettenwanderung um 1830, die aus dem armen, abgeschiedenen Barcelonette-Tal in den Alpen nach Mexiko führte.

Ende des 19. Jahrhunderts bestand zwischen der Förderung des Bevölkerungswachstums und der Kolonisation insoweit eine Verbindung, als Kolonien französischer Siedler künftigen Generationen von Franzosen Land und Chancen bieten konnten. Zwischen 1850 und 1925 gingen aber nur ein Fünftel aller Emigranten in die Kolonien, was deutlich unter dem Anteil in England und den Niederlanden liegt.

Die Kolonisierung Nordafrikas begann vor allem nach 1848. Nach der Einrichtung von 42 Siedlungen in drei algerischen Provinzen wurde die Auswanderung organisatorisch geregelt; die jährliche Emigrantenquote aus Paris wurde auf 12 000 festgelegt.[104] Während von diesen Pariser Emigranten viele wieder zurückkamen, entwickelte sich die Migration aus Südfrankreich kontinuierlich weiter, zum Teil wegen der regionalen Krisen in der Landwirtschaft und im Handel, zum Teil wegen der Förderung durch die französische Regierung. Die Anlage neuer Weinberge in Algerien während der französischen Reblausplage führte zwischen 1875 und 1890 zu Rekordzahlen bei der Emigration nach Nordafrika. 1851 lebten 66 050 Franzosen in Algerien, 1872 129 601, 1881 233 937 und 1891 271 101.[105] In den späten 80er Jahren war die Emigration nach Lateinamerika zurückgegangen, und die Migration in die nordafrikanischen Kolonien hatte zugenommen. Dabei wurde jedoch nie das Ausmaß der Migration in die europäischen Länder, vor allem nach Belgien, in die Schweiz und nach Spanien, erreicht.

Aber Frankreich war, wie gesagt, vor allem ein Einwanderungsland. Die Einwanderung spielte in diesem Zeitraum für das Bevölkerungswachstum eine wichtige Rolle; zwischen 1851 und 1886 war sie für ein Drittel des Wachstums verantwortlich, 1886 und 1891 sogar für 80 %.[106] Volkszählungen zeigen, daß der ausländische Bevölkerungsanteil ständig stieg: 1800 lebten 100 000 Ausländer in Frankreich, 1857 waren es 380 000, 1881 mehr als 1 Million, 1911 1,2 Millionen und 1931, auf dem Höhepunkt, 2,7 Millionen.

Wie in vielen anderen Ländern differenzierte sich auch in Frankreich die eingewanderte Bevölkerung immer stärker aus, obwohl die Zahl der Herkunftsländer begrenzt war. Bei der Volkszählung von 1896, der letzten im 19. Jahrhundert, standen Italiener und Belgier an der Spitze, mit großem Abstand gefolgt von Deutschen, Spaniern und Schweizern. Die Italiener waren die größte Gruppe: 1896 lebten 292 000 italienische Immigranten in Frankreich, 1911 419 000. Andere große Gruppen kamen ebenfalls aus angrenzenden Ländern: aus Belgien, der Schweiz, Deutschland, Spanien und England. Sie ließen sich meist in den Grenzregionen oder in der Umgebung von Paris nieder, die 1907 mit 153 600 die zweithöchste Ausländerdichte hatte, hinter dem Norden mit 191 700 Einwanderern.[107]

Die Region, in der sich die Immigranten niederließen, bestimmte auch ihre Arbeitsmöglichkeiten. In Südfrankreich arbeiteten Spanier und Italiener in der Landwirtschaft, in Nord- und Ostfrankreich Belgier, Deutsche und Italiener in der Industrie. In der Industrie gab es eine sehr starke Konzentration ausländischer Arbeitskräfte; 1891 waren 50 % und 1911 43 % aller Immigranten in der Industrie beschäftigt, verglichen mit 26 bzw. 30 % der französischen Arbeitskräfte. In der Landwirtschaft war das Verhältnis eher umgekehrt; hier arbeiteten 45 % aller französischen und nur 19 bzw. 12 % aller eingewanderten Arbeitskräfte.[108]

Das ausschlaggebende Moment für die Liberalisierung des Staatsbürgerschaftsrechts von 1889 war die Tatsache, daß Ausländer nicht zum Militärdienst eingezogen wurden, selbst wenn sie schon lange im Land lebten. Das führte zu wachsendem Unmut, vor allem in den 1870er Jahren, als die Zahl der Einberufungen stieg, war aber auch in den 1880ern ein wichtiges Thema, als sich die republikanische Doktrin eines allgemeinen und für alle gleichen Militärdienstes durchsetzte. Den Kontext, in dem dieses Thema seine Bedeutung erhielt, bildete einerseits das hohe Ansehen der Armee als Symbol und Instrument der nationalen Größe und andererseits das staatszentrierte und assimilatorische Konzept der Nation, dem zufolge eingebürgerte Immigranten Franzosen und Französinnen waren.

Die Meinungen in der französischen Öffentlichkeit waren gespalten: Immigranten waren für die einen wirtschaftlich notwendig und sollten eingebürgert werden, für die anderen eine Gefahr für die französische Kultur, Wirtschaft und Gesellschaft, eine Auffassung, die bis heute in allen Ländern anzutreffen ist, in denen es Einwanderung gibt.[109] Rassismus war in Frankreich keineswegs unbekannt. Zwischen 1883 und 1914 wurden rund 50 Gesetzesvorschläge eingebracht, die auf eine Besteuerung der Einwanderer oder ihrer Arbeitgeber und auf Zuwanderungsbeschränkungen abzielten. Immigranten, so war zu hören, verdrängten die französischen Arbeitskräfte vom Arbeitsmarkt, seien arm und dazu potentiell kriminell. Ein Gesetz von 1899 schrieb vor, daß bei öffentlichen Arbeiten nur ein begrenzter Anteil ausländischer Arbeitskräfte beschäftigt werden durfte. Alle anderen Gesetzesvorschläge wurden jedoch abgelehnt. In der Praxis setzten sich die Interessen der Wirtschaft durch; die Einwanderung ausländischer Arbeitskräfte wurde vor dem Ersten Weltkrieg mehr oder weniger aktiv gefördert.

Selbstverständlich wurden die Arbeitsmigranten nicht nur aus demographischen Gründen ins Land geholt; sie wurden angeworben, um schwere und unattraktive Tätigkeiten zu verrichten. Ein Beispiel dafür ist die Geschichte von Longwy, die Noiriel beschrieben hat.[110] 1905 begann das »Comité des Forges de l'Est« mit der gezielten Anwerbung italienischer und später auch polnischer Arbeiter für die Bergwerke und Stahlwerke von Longwy, wobei die Arbeitswanderung in diese Region bereits um 1880 begonnen hatte. Zu Beginn des Zweiten Weltkriegs gab es hier schließlich die höchste Einwanderungsdichte Frankreichs. Für die Immigranten war Longwy in vieler Hinsicht eine Grenzregion, der »Wilde Westen« Europas, mit einem geringen Frauenanteil, hohen Sterblichkeits- und Krankheitsziffern sowie schlechten Wohnverhältnissen und mangelnder Versorgung. In anderen europäischen Bergwerkstädten waren die Lebensbedingungen kaum besser.

Eine internationale Konferenz über staatliche Interventionen bei Emigration und Immigration (International Conference on Governmental Intervention), die 1889 anläßlich der Pariser Weltausstellung unter Beteiligung von Delegierten aus der alten und der neuen Welt stattfand, gibt einen Einblick in die damalige Haltung zur Einwanderung: Nach intensiven Debatten über Kosten und Nutzen von Immigration und Emigration, über staatliche Maßnahmen, Migrationssteuerung usw. einigten sich die Delegierten schließlich doch wieder auf den freien Markt als bestes Regulierungsinstrument für staatliche und individuelle Interessen, mit anderen Worten: auf eine Laisser-faire-Politik.

# Italien:
## Export von Arbeitskräften für den Aufbau Europas

Die wichtigsten Zielorte der italienischen Emigranten zwischen 1876 und 1976 lagen innerhalb Europas.[111] Fast 12,6 Millionen Italiener emigrierten in europäische Länder, eine Million mehr als nach Übersee. Die Vereinigten Staaten waren zwar mit 5,7 Millionen italienischer Immigranten das größte Aufnahmeland, aber Frankreich lag mit 4,1 Millionen nicht weit dahinter zurück, vor allem, wenn man die sehr viel geringere Größes des Landes berücksichtigt. Fast 4 Millionen Italiener emigrierten in die Schweiz, 2,4 Millionen nach Deutschland und fast 1,2 Millionen nach Österreich. Unter den überseeischen Zielen lag Argentinien nach den USA mit 2,97 Millionen an zweiter Stelle, gefolgt von Brasilien mit 1,46 Millionen, Kanada mit 650 000, Australien mit rund 428 000. Kleinere Gruppen von Emigranten reisten in andere Länder. Insgesamt emigrierten in diesem Zeitraum rund 20 Millionen Italiener in die europäischen und überseeischen Staaten.

Die großen Emigrationsströme nach Übersee entstanden erst um die Jahrhundertwende. In den ersten Jahrzehnten nach der Einigung Italiens 1861 und abermals nach 1920, als die USA die Einwanderung verbot, konzentrierte sich die italienische Migration auf Europa.

Bei der überseeischen und der europäischen Migration lassen sich klare Herkunftsmuster feststellen. In Norditalien hatten Saison- und Zeitwanderungen nach Frankreich und in die Schweiz eine lange Tradition, die sich auch in der Phase der Massenemigration durchsetzte. Die Emigration nach Übersee ging vor allem von Süditalien aus. Diese Muster verlängerten sich durch Kettenmigration: Die Angehörigen der süditalienischen Emigranten folgten ihnen nach Übersee, die der norditalienischen in die europäischen Länder. Daneben haben aber wohl noch weitere Faktoren eine Rolle bei den unterschiedlichen Mustern gespielt, zum Beispiel das starke Nord-Süd-Gefälle, das durch die wirtschaftliche Entwicklung im Norden, vor allem in Piemont, Ligurien und der Lombardei, entstand, möglicherweise auch die Reisekosten, denn die Fahrt von Süditalien nach New York war im Durchschnitt billiger als die nach Norddeutschland. Und die Anwerbungspraktiken der einzelnen Länder, die zur Entstehung dieser Muster mit beigetragen haben, haben sie wahrscheinlich auch verlängert. Nach 1920 gingen italienische Emigranten verstärkt in andere europäische Länder, ein Trend, der sich bis heute gehalten hat.

Das Jahrhundert der italienischen Massenauswanderung war geprägt von starkem, aber sehr ungleich verteiltem industriellem und wirtschaftlichem Wachstum. Ausschlaggebend für das Nebeneinander von industriellem Wachstum und Emigration war einerseits die Umstrukturierung in der Landwirtschaft mit der damit einhergehenden Proletarisierung der Landbevölkerung, andererseits die radikale Veränderung der Wirtschaftsstruktur durch die Industrialisierung, die dem ländlichen Gewerbe den Boden entzog. Sieht man von gewissen zeitlichen Verschiebungen ab, unterscheidet sich Italien in dieser Hinsicht nicht von den nordeuropäischen Ländern. Die landwirtschaftliche Krise von 1880 sorgte in Italien wie im Nordosten Deutschlands für einen Anstieg der Emigrantenzahlen. Die Einführung der Freihandelspolitik hatte allerdings für die süditalienische Wirtschaft besonders negative Folgen, da sie durch den bislang herrschenden Protektionismus relativ rückständig geblieben war. Finanzielle Verpflichtungen zwangen Kleinbauern, die Subsistenzwirtschaft betrieben, zur Lohnarbeit. Und schließlich begünstigte auch die Entwicklung eines Internationalen Arbeitsmarkts die Migrantenströme.[112] Der Bedarf der Arbeitgeber an flexiblen und billigen Arbeitskräften führt auch angesichts der wachsenden Gewerkschaftsbewegung zum Einsatz von Arbeitsvermittlern und Agenturen; Arbeitsmigranten wurden gern eingestellt.

Zwischen 1876 und 1915 verließen insgesamt rund 14 Millionen Italiener ihre Heimat. Die Emigrationszahlen stiegen von Jahrzehnt zu Jahrzehnt und erreichten schließlich zwischen 1906 und 1915 mit fast 6 Millionen Emigranten ihren Höhepunkt. Die europäischen Länder nahmen in diesen 40 Jahren insgesamt 44 % der Emigranten auf, überwiegend aus Norditalien: Frankreich rund 818 000, Österreich-Ungarn 600 400, Deutschland rund 354 000 und die Schweiz 327 000. In den wichtigsten italienischen Herkunftsregionen stiegen die Emigrationsraten stark an. In Venetien zum Beispiel wurden zwischen 1888 und 1891 Spitzenwerte von 40 Auswanderern pro 1000 Einwohnern erreicht. Männer waren stark in der Überzahl; in den Anfangsjahren lag der Frauenanteil bei 17 %, am Ende des Jahrhunderts bei 25 %. Etwa 40 % der Auswandernden kamen aus der Landwirtschaft.

Die Massenemigration erreichte zwischen 1901 und 1915 einen Höhepunkt, der destabilisierende und teilweise destruktive Konsequenzen für die sozialen und wirtschaftlichen Strukturen hatte.[113] Rund 8,8 Millionen Menschen verließen in diesen 15 Jahren Italien, 20 % davon waren Frauen. Dabei sank der Anteil der landwirtschaftlichen Arbeitskräfte durch die wachsende Proletarisierung der italienischen und der europäischen Bevölkerung insgesamt von 35 auf 26 %. Fünf Millionen emigrierten nach Übersee, überwiegend in die Vereinigten Staaten. Das wichtigste europäische Ziel war die Schweiz, gefolgt von Frankreich, Deutschland und Österreich. Sizilien stellte mit über 1,1 Millionen die meisten Emigranten; 1913 lag die Rate bei 40 von 1000 Einwohnern.

Daten über die Rückwanderung gibt es erst ab 1905, allerdings lediglich für die Rückwanderung aus Übersee. Von 1905 bis 1915 kehrten rund 2 Millionen Italiener zurück, überwiegend nach Süditalien; 1,2 Millionen allein aus den USA. Material über die Rückwanderung aus den europäischen Ländern gibt es erst ab 1921.

Am Ende des 19. Jahrhunderts bildeten die Italiener die größte Immigrantengruppe in Frankreich.[114] 1851 lebten 63 300 Italiener in Frankreich, ein Sechstel aller dortigen Ausländer, 1886 mehr als 264 600, ein Viertel aller Ausländer, am Ende des Jahrhunderts mehr als 414 200, das heißt mehr als ein Viertel aller Ausländer. Bei der Volkszählung von 1906 betrug der Anteil der Italiener an der Gesamtzahl der ausländischen Arbeitskräfte in der Land- und Forstwirtschaft und in der Industrie je 40 %; im Transportwesen zwei Drittel und im Handel ein Drittel. In der chemischen Industrie waren 8 %, in den Steinbrüchen 7 % aller Arbeitskräfte, einschließlich der einheimischen, Italiener. Man kann annehmen, daß die tatsächliche Zahl der Italiener in Frankreich um einiges höher lag, da in diesen Zahlen die in den vorigen Kapiteln beschriebenen Wanderarbeiter noch nicht berücksichtigt sind.[115]

Zu den italienischen Migranten zählten auch Frauen und Minderjährige; die italienische Gemeinde in Lyon zum Beispiel bestand überwiegend aus Frauen und Kindern.[116] Frauen arbeiteten oft in der Seidenindustrie, die Jugendlichen in den Glashütten, in denen bis zu 4000 italienische Minderjährige zu Arbeiten eingesetzt wurden, die einheimischen Minderjährigen verboten waren. Die italienischen Jugendlichen wurden in Italien angeworben; anfangs kamen sie zu Fuß nach Frankreich, später wurden sie per Schiff von Neapel nach Marseille gebracht.[117] In Marseille gab es eine der größten italienischen Gemeinden, deren Mitglieder vor allem bei den härtesten und am schlechtesten bezahlten Arbeiten im Hafen eingesetzt wurden. Viele waren Fischer, andere arbeiteten bei der Salzgewinnung, der Seifenherstellung und beim Straßenbau.

In der Regel wurden die Italiener von Firmen oder Agenten in Italien angeworben. In Frankreich übernahmen sie die schwersten Arbeiten, lebten unter elenden Bedingungen, bekamen weniger Lohn und galten als williger als einheimische Arbeitskräfte. Für die Entwicklung des Bergbaus, des Straßen- und Eisenbahnbaus und der Industrie waren sie unentbehrlich. Die einheimischen Arbeiter und Gewerkschafter standen ihnen trotz gelegentlicher Zusammenarbeit mißtrauisch gegenüber,[118] gelegentlich kam es sogar zu Gewalttätigkeiten. 1893 zum Beispiel gab es bei einer Auseinandersetzung zwischen französischen und italienischen Arbeitern 50 Tote und 150 Schwerverletzte.[119]

Der Bau der Eisenbahn am Brenner und St. Gotthard sorgte nach 1860 für einen signifikanten Zustrom italienischer Migranten nach Deutschland.[120] Volkszählungen liefern keine zuverlässigen Zahlen über die italienischen Migranten, da sie im Dezember stattfanden, wenn viele Saisonarbeiter nach Hause zurückgekehrt waren, aber Schätzungen gehen für die Zeit vor dem Ersten Weltkrieg von rund 175 000 italienischen Arbeitskräften in den Sommermonaten aus. Außer beim Eisenbahnbau wurden sie vor allem in der Industrie, in Bergwerken und im Baugewerbe eingesetzt. Bereits 1860 arbeiteten mehrere hundert Italiener in den westfälischen Bergwerken. In Süddeutschland wurden Italiener als Metallarbeiter und Stuhlflechter beschäftigt, in Bayern, Württemberg und Rheinland-Pfalz arbeiteten sie in den Ziegeleien. Dazu kamen die fliegenden Händler aus Norditalien und die Hausierer aus Lucca, die Marmor- und Alabasterfiguren verkauften.[121] Bei der Volkszählung von 1906 waren fast die Hälfte aller ausländischen Arbeitskräfte im Baugewerbe Italiener, in der Industrie waren sie die drittgrößte Immigrantengruppe. Aber im Unterschied zu Frankreich ließen sich die Italiener damals in Deutschland nicht nieder und arbeiteten nicht in der Landwirtschaft.

Auch in Deutschland übernahmen die italienischen Migranten schwere Arbeiten zu niedrigen Löhnen. In den bayrischen Ziegeleien zum Beispiel arbeiteten sie mit 11 bis 12 Stunden täglich länger als die Einheimischen. Die Frauen und Kinder reinigten, bestückten und entluden die Brennöfen und schoben die schweren Karren, auch in Nachtschicht. Die Textilindustrie beschäftigte ebenfalls Frauen und Kinder.

Die italienischen Arbeitskräfte wurden von deutschen Agenten oder Firmen angeworben und in Sonderzügen zu ihren Bestimmungsorten gebracht, vor allem in die westlichen Zentren der Schwerindustrie, also ins Ruhr- und Saargebiet und nach Lothringen.

Die Italiener stießen in der deutschen Gesellschaft auf hartnäckige Vorurteile und wurden kaum integriert. Sie bekamen wenig Lohn und hatten kaum Aufstiegschancen. Die extrem ungesunden Arbeitsbedingungen führten in Verbindung mit einer täglichen Arbeitszeit von bis zu 16 Stunden und den beengten und unhygienischen Wohnverhältnissen zu einer sehr hohen Krankheitsrate. Bei den einheimischen Arbeitern und Gewerkschaften galten die Italiener wegen der niedrigen Löhne, die sie akzeptierten, als ineffektive Arbeiter und wenig schlagkräftige Gewerkschafter. Trotzdem waren es die deutschen Gewerkschaften, die sich am stärksten um die Organisation der Italiener bemühten. Bereits im 19. Jahrhundert brachten die Gewerkschaften eine italienische Zeitung unter dem Titel »L'Operaio italiano« heraus. Die Gewerkschaftsvertreter bemühten sich sogar, die Arbeiter im Winter schon in Italien zu organisieren.

Die italienische Immigration in die Schweiz erreichte erst mit dem Bau des Gotthard-Tunnels in den 70er Jahren bedeutende Ausmaße.[122] 1880 waren es 41 500 und kurz vor der Jahrhundertwende 95 000. Bei der Volkszählung von 1910 lebten 500 000 Ausländer in der Schweiz, das sind 15 % der Gesamtbevölkerung, aber in einzelnen Kantonen lag der Ausländeranteil bei bis zu 40 %. Der Anteil der Deutschen und Italiener war in etwa gleich; zusammen repräsentierten sie vier Fünftel der ausländischen Bevölkerung. Mit 6 % der Gesamtbevölkerung lag der Anteil der Italiener höher als in allen anderen europäischen Ländern, wobei die hohe Zahl italienischer Saisonarbeiter noch nicht berücksichtigt ist.

Auch in der Schweiz wurden die gefährlichsten und schwersten Arbeiten von Italienern übernommen. Beim Straßen-, Tunnel- und Eisenbahnbau waren sie unentbehrlich. Sie arbeiteten am Bau der Bahnstrecken vom Mont Cenis (1857 bis 1871) und St. Gotthard mit, aber auch an den Alpenstrecken Rigi, Pilatus, Albula sowie der Brig-Furka-Disentis-Bahn, die 1914 begonnen wurde, beim Simplon-Tunnel und später bei der Loetschbergbahn. 1914 stellten sie ein Drittel der Bauarbeiter, daneben waren sie in den Ziegeleien, in der Seiden-, Baumwoll-, Schokoladen-, Schuh- und Tabakindustrie beschäftigt.

Wie in den anderen Ländern galten die Italiener auch in der Schweiz bei einheimischen Arbeitern und Gewerkschaften als Lohndrücker und damit als Gefahr für die gewerkschaftlichen Bemühungen, und es kam zu gewalttätigen Auseinandersetzungen, zum Beispiel im Juli 1896 in Zürich. Allerdings hatten die Migranten eigene Arbeitervereine und Gewerkschaften, etwa die »Federazione Muraria Italiana« für die Maurer. Die Schweizer Gesellschaft hatte kein Interesse an einer Integration der Italiener; nicht selten stießen sie auf offene Verachtung. Die schwere Arbeit und die elenden Unterkünfte sorgten für einen schlechten Gesundheitszustand und hohe Krankheitsraten.

# Staat und »Ausländer«

Um 1880 begann ein neues Kapitel der Migrationsgeschichte: die Geschichte der großen Flüchtlingsströme des 20. Jahrhunderts. Flucht und Migration überschnitten und vermischten sich im folgenden immer häufiger. Auffallend ist dabei erstens, wie wenig sich die europäischen Staaten um die Regulierung und Kontrolle der Flüchtlingsströme bemühten, und zweitens, wie gering der Einfluß dieser massiven Flüchtlingsbewegungen, deren Schwerpunkt vor allem im Osten lag, auf die zwischenstaatlichen Beziehungen in Westeuropa vor dem Ersten Weltkrieg war.

Zwischen 1880 und dem Ersten Weltkrieg gab es mehrere große Flüchtlingsströme: 2,5 Millionen Juden flohen aus Osteuropa; der Zerfall des Osmanischen Reiches und die damit einhergehenden Kriege und blutigen nationalistischen Kämpfe machten um die Jahrhundertwende Hunderttausende zu Flüchtlingen. Die Ereignisse auf dem Balkan symbolisierten und transportierten eine ganz andere Bedeutung der Begriffe »Fremder« oder »Ausländer«, als damit in den vorangegangenen Jahrhunderten der westeuropäischen Geschichte verbunden worden war. In den neuen Staaten, die um ihre Unabhängigkeit und nationale Identität kämpften, wurde die Ethnie zum Merkmal der Zugehörigkeit.

Die Emigration der osteuropäischen und russischen Juden im 19. Jahrhundert hatte von seiten der europäischen Staaten noch keine Veränderung der Einwanderungspolitik erfordert, da dieser Emigrantenstrom von Amerika aufgefangen wurde, und auch die Flüchtlingsströme auf dem Balkan hatten noch nicht dazu geführt, daß der Flüchtlingsbegriff des 19. Jahrhunderts in Frage gestellt wurde.

Erst mit dem Ersten Weltkrieg und der Entstehung eines neuen Staatensystems veränderte sich die Rolle des Staates bei Bevölkerungsbewegungen; in dieser Zeit entstand der Begriff der »Flüchtlingskrise«, wie wir ihn heute verstehen. Die wachsende

Bedeutung des Systems zwischenstaatlicher Beziehungen, der staatlichen Souveränität und der Staatsgrenzen in Westeuropa, der Sieg der Kommunisten in Rußland und die Begrenzung der Einwanderung durch die Vereinigten Staaten zwangen die europäischen Staaten schließlich, die Frage der osteuropäischen Flüchtlinge auf die Tagesordnung zu setzen, die jetzt nicht mehr nach Amerika weitertransportiert werden konnten. Zwischenstaatliche Verhandlungen in der Flüchtlingsfrage ließen sich auch deshalb nicht mehr umgehen, weil Flüchtlinge durch die neue Bedeutung der Grenzen fortan als solche klassifiziert und identifiziert wurden.

Der Begriff »Fremder« erhielt eine vollkommen neue Bedeutung. Durch die Verbindung von staatlicher Souveränität und Nationalismus wurde der »Fremde« zum Außenseiter; der Staat konnte Flüchtlinge als nicht zur Staatsgesellschaft gehörig definieren, indem er ihnen die Bürgerrechte verweigerte. In der Vergangenheit waren Flüchtlinge Außenseiter im Sinne von Durchreisenden oder Vagabunden gewesen, aber im 20. Jahrhundert wurden sie als eigene, »andere« Gruppe definiert. Der Staat besaß jetzt die Macht und die institutionelle Legitimation, Flüchtlinge aus der bürgerlichen Gesellschaft auszuschließen.[123] Für das erste Viertel des 20. Jahrhunderts in Europa ist also einerseits die Entstehung von Flüchtlingsmassen und andererseits die Beteiligung des Staates an der Definition und Kontrolle der Flüchtlinge kennzeichnend.

Die neue Rolle des Staates und des Staatensystems führte zudem häufig zu einer Verlängerung des Flüchtlingsstatus, in manchen Fällen bis in die nachfolgende Generation. Das lag (und liegt) zum einen daran, daß der Flüchtlingsstatus in den Rang einer eigenen Kategorie erhoben wurde, zu deren Merkmalen das Fehlen einer klaren Staatsangehörigkeit bzw. die Staatenlosigkeit zählten. Zum anderen spielten die oft langwierigen Einbürgerungsprozeduren und die große Zahl der Betroffenen eine Rolle. Die bis dahin unbekannte Internierung von Zivilisten in riesige Flüchtlingslager ist eine Folge dieser Bedingungen. Im Ersten Weltkrieg und in der Zwischenkriegszeit gab es Flüchtlingsströme von bislang unbekanntem Ausmaß, die sich nach dem Zweiten Weltkrieg verzehnfachten, als geschätzte 60 Millionen europäischer Zivilisten auf der Flucht waren.[124] Das trug Europa den Beinamen des »Kontinents der Flüchtlinge« ein, ein Titel, der inzwischen an Afrika und Asien weitergegeben wurde.

## Die Flucht der Juden nach Westen

Die Massenemigration von 2,5 der um 1870 insgesamt 5,6 Millionen zählenden Juden aus Osteuropa und Rußland zwischen 1880 und dem Ersten Weltkrieg bildet in mancher Hinsicht den Beginn der modernen großen Flüchtlingsströme. Der Großteil der jüdischen Emigranten kam aus dem zaristischen Rußland, vor allem aus den polnischen Provinzen, ein kleinerer Anteil aus dem österreichischen Galizien und Rumänien.[125] Es gab in Rußland ab 1863 einen wachsenden offiziellen Antisemitismus; 1881 begann eine Reihe von Pogromen, kollektiven Angriffen der lokalen Bevölkerung gegen die Juden, meist mit Unterstützung durch Polizei, Militär und Politik, mit dem Ergebnis, daß im Durchschnitt 20 000 Juden im Jahr nach Amerika emigrierten. Nach der Revolution von 1905 stieg die Zahl der jährlichen Emigranten bis 1910 auf durchschnittlich 82 000. Rund die Hälfte aller russischen Auswanderer in die USA waren Juden.

Dennoch läßt sich bei der Bevölkerungspolitik auch ein merkantilistischer Ansatz erkennen. Die Emigration aus Rußland unterlag so strengen Einschränkungen, daß die meisten Juden das Land illegal verlassen mußten, selbst nach 1891, als manche Ausreisehindernisse aufgehoben worden waren. Trotz der Verfolgung gab es keine geplanten Versuche, die Juden zum Verlassen des Landes zu zwingen.[126] Die antisemitischen Ausschreitungen waren nur eine von mehreren Ursachen für die jüdische Emigration. Vor allem die rapide Verarmung der jüdischen Gemeinden, deren Ende sich, vor allem unter den Bedingungen der Verfolgung, nicht absehen ließ, machte die Reise nach Amerika attraktiv.

Jüdische Emigranten konnten ohne gesetzliche Beschränkungen in andere europäische Länder einwandern, ob in das Habsburgische Reich oder nach Frankreich, Belgien, Holland und Großbritannien, und sie lebten in ganz Westeuropa. Bedeutende Zentren waren Paris, Wien, Amsterdam, die Hafenviertel von Hamburg und Bremen, bestimmte Eisenbahnknotenpunkte und Grenzstädte. Am Ende des 19. Jahrhunderts waren zwar Antisemitismus, Xenophobie und Vorurteile gegen die jüdischen Emigranten weit verbreitet, doch hat zum Beispiel Deutschland, das wichtigste Transitland auf dem Weg der Ostjuden nach Amerika, seine Grenzen zu Rußland nie geschlossen. Die Regierung regulierte die Einwanderung, indem sie den Transit der Armen förderte und die Wohlhabenderen zum Bleiben ermutigte. Schiffahrtsgesellschaften arbeiteten mit der Regierung beim Transport der jüdischen Emigranten zusammen. Gelegentlich gab es Ausweisungen nach Rußland, doch die meisten Emigranten wurden nach Amerika geschickt. 1910 lebten nur noch rund 70 000 osteuropäische Juden in Deutschland.

Anders als die anderen europäischen Länder war England für alle mittellosen Ausländer offen;[127] russische Revolutionäre konnten genauso ungehindert einreisen wie jüdische Emigranten. Formal wurde diese Politik der offenen Tür durch ein Gesetz von 1905 beendet, den sogenannten Alien Act, der unerwünschter Einwanderung Grenzen setzte. Dieses Gesetz unterschied zwischen Flüchtlingen und Immigranten, wobei unter Flüchtlingen nicht Massen verfolgter armer Menschen, sondern politische Aktivisten oder verfolgte Revolutionäre verstanden wurden; Juden waren demnach keine Flüchtlinge. In der Praxis fanden die neuen Regelungen allerdings nur sporadisch Anwendung und führten nicht zu großen Änderungen. Juden konnten nach wie vor einreisen.

Die jüdischen Gemeinden im Westen Europas, die einerseits ihren Glaubensbrüdern aus dem Osten helfen wollten, andererseits aber auch um ihren eigenen neu erworbenen Status im Westen fürchteten, gründeten verschiedene Hilfsorganisationen zur Unterstützung der Auswanderung in die USA, der Rückkehr nach Rußland oder der in Rußland Zurückgebliebenen.[128] Anders als bei den Flüchtlingsströmen des 20. Jahrhunderts gab es bei der jüdischen Emigration eine hohe Rückkehrrate, die in den 80er und 90er Jahren nach neueren Forschungen nicht, wie lange angenommen, bei maximal 5, sondern zwischen 15 und 20 % lag.[129]

Die Ströme der jüdischen Emigranten am Ende des 19. Jahrhunderts unterschieden sich also in gewisser Hinsicht von den Flüchtlingsmassen des 20. Jahrhunderts, die nicht mehr auf eine Rückkehr hoffen konnten; in diesem Sinne handelt es sich um einen vormodernen Flüchtlingsstrom.[130] Für Marrus weist der Strom der jüdischen Auswanderer aus Osteuropa lediglich einige Elemente einer Massenflüchtlingsbewegung auf. Es gab keine »Flüchtlingskrise«, welche die europäischen Staaten dazu gezwungen hätte, ihre Einwanderungspolitik zu ändern und die Frage der Ansiedlung der Flüchtlinge in Angriff zunehmen; der Emigrantenstrom wurde von Amerika aufgefangen, und Amerika scheint für die meisten das Wunschziel gewesen zu sein. Die Migration der osteuropäischen Juden führte also noch nicht zu einer Revision des im 19. Jahrhundert dominierenden Flüchtlingsbegriffs.

## Die Balkanländer und die Frühformen ethnischer »Säuberung«

Die Ereignisse auf dem Balkan trugen wesentlich zum modernen Bild der Flüchtlingsströme bei. Das Osmanische Reich, das in seinen Glanzzeiten von Wien bis zum Mittelmeer und zu den russischen Steppen im Osten reichte, hatte bereits im 18. Jahrhundert viele seiner europäischen Gebiete verloren. Neben dem russischen und dem Habsburger Reich erhoben im 19. Jahrhundert auch zahlreiche nationalistische Gruppen Anspruch auf das Land. Die vielfältigen Volksgruppen mit ihren jeweils eigenen Sprachen und Religionen, die im Osmanischen Reich zusammengefaßt waren, hatten oft eine relativ weitreichende, lokale administrative Autonomie besessen. Der Verfall der türkischen Herrschaft stärkte die Hoffnungen auf Autonomie und die Ansprüche auf Unabhängigkeit.[131]

Der Anspruch auf Unabhängigkeit gründete sich auf spezifische »nationale« Identitäten. Im Rahmen kriegerischer Auseinandersetzungen nahmen solche »nationalen« Identitäten schnell einen absoluten, ausschließenden Charakter an und führten, in den Worten Lord Curzons, zu einer »Entmischung« der Völker. Solche Bedingungen begünstigen die Entstehung von Flüchtlingsströmen, und das galt auch für den Balkan: Christen flohen aus der Türkei nach Norden, Moslems suchten in der Türkei Zuflucht. Neben diesen beiden großen Strömen gab es mit fortschreitender »Entmischung« zahllose lokale Fluchtbewegungen. Die verzweifelten Flüchtlinge suchten vor der Grausamkeit der Kämpfe und der Massaker Zuflucht in den Regionen, die von Personen mit derselben »nationalen« Identität wie ihrer eigenen regiert wurden, oder baten bei befreundeten Gemeinden um Asyl. Es gab für die Opfer der türkischen Verfolgung keine Zufluchtsstätten, sondern lediglich Enklaven für vermeintlich »reine« Ethnien – eine Folge des brutalen Nationalismus, der die Unabhängigkeitskämpfe auszeichnete. Die Auseinandersetzungen beim Zerfall des Osmanischen Reiches trieben sehr viele Menschen in die Flucht, aber ihre Zahl verblaßt gegenüber den Flüchtlingsströmen der Balkankriege von 1912 und 1913, die auf nationalistische Ansprüche, Antagonismen in der Region und Interessen der Habsburger Monarchie und des russischen Reiches zurückgingen. Die Barbarei und Grausamkeit in diesen Kriegen, die auf die physische Vernichtung des Feindes abzielten, erreichte ungeahnte Ausmaße, wenngleich der Völkermord an den Armeniern durch die Türken dem nur wenig nachstand.

Eine vollständige »Entmischung« der Völker war letztlich nicht möglich, denn die Balkanregionen waren durch zahlreiche Kontakte und familiäre Verbindungen zwischen den verschiedenen ethnischen Gruppen historisch zusammengewachsen. Damit mußte die Gründung von Nationalstaaten auf der Basis einer eindeutigen ethnischen Identität wahrscheinlich unvermeidlich zu anhaltenden bewaffneten Konflikten und nicht tragfähigen Lösungen führen. Eine friedliche Koexistenz war in dieser Region vielleicht wirklich nur im Rahmen einer übergreifenden Autorität möglich, wie sie das Osmanische Reich in seiner Blütezeit oder das föderale Jugoslawien unter Tito dargestellt hatten. Jede Lösung, die auf dem Ausschluß aller Außenseiter oder »Fremden« basierte, erwies sich als undurchführbar. Darin offenbart sich deutlich der mythische Charakter der »nationalen« Identität, die den Unabhängigkeitsansprüchen zugrunde lag.[132]

Die Flüchtlingsströme auf dem Balkan waren eine Folge des Staatenbildungsprozesses. Nach Zolberg[133] waren »Integrationskrisen« im Rahmen neuer Staatenbildungen maßgeblich für die Entstehung von Flüchtlingsströmen in der Moderne verantwortlich, vor allem dort, wo die nationale Identität über die ethnische Zugehörigkeit definiert wurde. Zeitgenössische Beobachter sahen darin den Grund für die charakteristische Brutalität der Balkankriege. So sprach etwa Toynbee von den »chaotischen, nicht nachbarschaftlichen Rassen im südöstlichen Europa«, und er stand mit dieser Auffassung nicht allein. In Westeuropa wurde die gesamte Region als barbarisch abgetan, als nicht wirklich europäisch und als unfähig zur Einhaltung der Normen staatlichen Verhaltens, wie sie von westlichen Staaten erwartet wurde.

Diese Haltung führte dazu, daß die großen Ströme verzweifelter Flüchtlinge auf die damalige westeuropäische Politik kaum einen Einfluß hatten. Für die westlichen Staaten gab es Flüchtlingsmassen, ob Juden aus Osteuropa oder Flüchtlinge aus der Balkanregion, weiterhin nur außerhalb des westeuropäischen Staatensystems, ja sogar außerhalb Europas. Das änderte sich erst durch die beiden Weltkriege.


## Der Erste Weltkrieg und seine Folgen


Mit dem Ersten Weltkrieg begann eine Epoche, in der der moderne europäische Staat und seine politisch-militärischen Ziele die Voraussetzung für Flüchtlingsströme in bisher ungekanntem Ausmaß schufen. Verantwortlich dafür waren die Prozesse der Staatenbildung, die in diesem Zeitraum eine neue Dynamik annahmen, und die damit korrespondierende neue Rolle des Systems zwischenstaatlicher Beziehungen, die in der Gründung des Völkerbundes kulminierte. Massenflucht und Massenvertreibung gehören zum Prozeß der Staatenbildung, während die Entstehung der Kategorie der Staatenlosigkeit, die Kategorisierung von Menschen als Flüchtlinge und ihre Regulierung oder Kontrolle mit dem neuen System zwischenstaatlicher Beziehungen zusammenhängt.

Im Ersten Weltkrieg wurde der Staat zur mächtigsten und bestorganisierten Maschinerie des Todes und der Zerstörung. Insgesamt mobilisierten die europäischen Staaten 74 Millionen Soldaten, 10 bis 13 Millionen von ihnen wurden getötet und 20 Millionen verwundet; Städte, Industrieanlagen und landwirtschaftliche Gebiete wurden in nie dagewesenem Umfang zerstört.[134] Alle staatlichen und administrativen Mittel wurden zur möglichst vollständigen Vernichtung des Feindes eingesetzt.

Ein Ergebnis waren schätzungsweise 9,5 Millionen Flüchtlinge in den zehn Jahren nach dem Ersten Weltkrieg. Darunter waren Menschen, die vor Revolution und politischer Verfolgung geflohen waren, aber auch solche, die von den noch ungefestigten neuen Nationalstaaten, die sich durch eine nationale Identität stabilisieren wollten, wegen ihrer »falschen« nationalen oder ethnischen Zugehörigkeit vertrieben wurden. Diese Flüchtlingsmassen waren weitgehend sich selbst überlassen. Die Friedenskonferenz in Paris stellte von Zeit zu Zeit Mittel zur Verfügung, mit denen extreme Verfolgung und Vertreibung aufgefangen werden sollten. Der Völkerbund richtete das Amt des Hohen Flüchtlingskommissars ein und berief den hochangesehenen Wissenschaftler und Forschungsreisenden Fridtjof Nansen, der sich sehr stark für die Belange der Flüchtlinge einsetzte. Dennoch waren die Flüchtlinge dieser Zeit »Menschen, die aus den Regelungen von 1919 ausgeschlossen blieben, die in den Verträgen nicht ausreichend berücksichtigt wurden und für die Großmächte, wenn überhaupt, nur von sekundärem Interesse waren.«[135]

Die neuen Staaten entstanden vor allem im Osten, bedingt durch den Zusammenbruch der vier großen Dynastien: Osmanen, Romanows, Habsburger und Hohenzollern,[136] und hier formierten sich vor und nach dem Krieg auch die Flüchtlingsströme. Der charakteristische Nationalismus dieses Krieges führte in seinem Verlauf zur Verfolgung der Bevölkerungsgruppen, deren Identität die nötige Loyalität vermeintlich ausschloß. Dazu zählten neben Polen und Juden, die bereits seit langem das »Fremde« repräsentierten, jetzt auch die ethnischen Deutschen. Diese drei Gruppen wurden aus großen Teilen Osteuropas und Rußlands vertrieben. Daneben gab es die zahlreichen Vertreibungen von Menschen mit »falscher« Nationalität aus den Balkanstaaten. Eine der tragischsten Massenfluchten war der berüchtigte Treck von 500 000 serbischen Zivilisten und Soldaten zur Adria nach dem Angriff der Mittelmächte 1915 (Österreich-Ungarn, Deutschland und Bulgarien). Schätzungsweise 10 % der serbischen Bevölkerung wurden zusammengetrieben und in ungarische und bulgarische Lager gebracht, wo sie häufig zur Zwangsarbeit eingesetzt wurden.

Rußland vergrößerte das Heer der Flüchtlinge ebenfalls entscheidend. Mitte 1915 wurden durch die Politik der verbrannten Erde, die den Rückzug der russischen Armee begleitete, ganze Dörfer zerstört und die Einwohner in die Flucht getrieben. Ethnische Deutsche wurden in versiegelten Viehwaggons nach Sibirien und Zentralasien deportiert.[137] Im Dezember 1915 wurden in Rußland 2,7 Millionen Flüchtlinge gezählt,[138] danach stiegen die Zahlen kontinuierlich weiter, ohne daß die zaristische Regierung etwas unternommen hätte. Die Ankunft der erschöpften und hungernden Flüchtlingsmassen in Städten und Dörfern führte oft zu Zusammenstößen und Unruhen. Nach einer Schätzung gab es Anfang 1916 5 Millionen Flüchtlinge in Rußland. Reiche und adelige Frauen gründeten Vereine, die mit Regierungskomitees und städtischen Behörden bei der Flüchtlingshilfe zusammenarbeiteten.[139] Das Leben der Flüchtlinge war ständig durch Kälte und Hunger bedroht; viele waren bei der Revolution 1917 immer noch nicht untergebracht. Die Anfänge der Revolution lösten eine neue Emigrationswelle unter den ehemaligen Eliten aus, die zum Teil ins Ausland, zum Teil in die Grenzgebiete des neuen Rußlands flohen; eine weitere Fluchtwelle setzte ein, als sich das neue Regime mit Terror und Unterdrückungsmaßnahmen etablierte. Die Flucht ging nach Finnland und in die früheren baltischen Länder, nach Polen und in die Ukraine. Im anschließenden Bürgerkrieg mit seinen zahllosen Schlachtfeldern bewegten sich die Flüchtlingsströme in zwei entgegengesetzten Richtungen; die einen flohen vor den Roten, die anderen vor den Weißen.

Ein weiteres Konfliktgebiet mit zahlreichen Flüchtlingsströmen war Polen. Nach der Aufhebung der polnischen Teilung durch den Zerfall der Monarchien in Rußland, Deutschland und Österreich 1917/18 kämpfte Polen mit den Nachbarländern um seine Grenzen, die erst 1921 im Vertrag von Riga festgelegt wurden. Jetzt konnte die Rückkehr der Vertriebenen aus den verschiedenen Ländern organisiert werden. Die heimkehrenden Polen, die überwiegend aus dem Osten stammten, fanden vor allem in den östlichen Landesteilen ein völlig zerstörtes Land vor. In manchen Regionen lebten kaum noch Menschen, die Landwirtschaft lag völlig darnieder. Ganze Hügel waren mit den Skeletten russischer Soldaten übersät, die schon vor Jahren gefallen und nie begraben worden waren.[140] Nach Angaben der polnischen Behörden waren 1920 mehr als 1,25 Millionen Polen zurückgekehrt.[141] Zahlreiche Berichte beschreiben die Tragödien der Rückkehrer. So war etwa ein Bahntransport auf der 1700 km langen Strecke von Kazan an der Wolga nach Polen insgesamt drei Monate ohne ausreichende Lebensmittelversorgung unterwegs. Von den ursprünglich 1948 Reisenden kamen nur 649 lebend in Polen an, 1299 waren unterwegs an Erschöpfung, Entbehrung und Krankheit gestorben. Solche Geschichten sind keine Einzelfälle.[142]

Die schlimmste Verheerung richtete die Hungersnot von 1921 in Rußland an, die nach Schätzungen mehr als 5 Millionen Opfer forderte. In den Hungergebieten starben Tausende von Menschen am Wegesrand oder auf den Straßen; die Zahl der Waisen wurde auf 1,5 Millionen geschätzt.[143] Diese Hungersnot löste in Verbindung mit dem Bürgerkrieg, dem politischen Umsturz, der Unterdrückung und der Wirtschaftskrise eine weitere Fluchtwelle aus, bei der sehr viele Menschen ins Ausland gingen oder evakuiert wurden.[144] Anfang der 20er Jahre lebten mehr als 1 Million russischer Flüchtlinge im Ausland, zu denen dann noch die Intellektuellen, Akademiker und Politiker kamen, die von der sowjetischen Regierung als unerwünscht ausgewiesen wurden. Viele der Exilanten gingen nach Osten, vor allem nach Shanghai, das zu einem wichtigen Zentrum der russischen Emigration wurde. 1924 lebten in China ungefähr 60 000 russische Emigranten. Andere gingen in die Mandschurei und die Mongolei, nach Syrien und Palästina. Deutschland nahm eine halbe Million russischer

Flüchtlinge auf, dicht gefolgt von Frankreich mit 400 000. Paris wurde zur politischen Hauptstadt russischer Emigranten.[145] In den späten 20er Jahren waren diese Zahlen durch Todesfälle, Rückkehr und Niederlassung im Ausland beträchtlich gesunken.

Die osteuropäischen und russischen Juden erlebten jetzt die blutigste Verfolgung seit Beginn der Neuzeit. Sie wurden im Bürgerkrieg von beiden Seiten verfolgt. Die systematische Verfolgung in den westlichen Grenzgebieten Rußlands, die Kämpfe im Pale-Gebiet, wo seit 100 Jahren Juden lebten, sowie Pogrome in Rußland, Polen, Ungarn und der Ukraine trieben Hunderttausende Juden zur Flucht. 1914 begann die Deportation der Juden durch die russische Armee, die sich bald zu einer gezielten Ausweisung entwickelte.[146] Die Ausweisungen wurden meist erst 24 Stunden vorher angekündigt und brutal durchgesetzt; die jüdischen Familien wurden einfach auf die Straße gesetzt, wo der Mob sofort über ihren Besitz herfiel. Rund 600 000 Juden wurden so vertrieben, von denen Tausende auf Bahnhöfen und im Straßengraben vor Kälte, Hunger und Erschöpfung starben, von der Armee als Geiseln genommen wurden oder den Angriffen marodierender Truppen ausgesetzt waren. Aus Angst vor den Russen flohen auch viele österreichische Juden beim Vorstoß der russischen Armee nach Westen. Die deutschen Truppen überfielen bei ihrem Vorstoß nach Osten die jüdischen Zentren in Lodż, Vilnius und Warschau, erpreßten Anleihen und zwangen die Bevölkerung, für sie zu arbeiten. Rund 35 000 jüdische Land- und Fabrikarbeiter wurden von Polen und Westrußland nach Deutschland deportiert.[147]

Nach dem Krieg gab es immer wieder unorganisierte Ausbrüche von Feindseligkeiten. Eine Schätzung geht von über 2000 antisemitischen Unruhen zwischen 1917 und 1921 in Osteuropa aus. Durch solche Pogrome verloren eine halbe Million Juden in Rußland und der Ukraine ihre Heimat. In Rußland, in der Ukraine, in Polen und Österreich wurden Juden umgebracht und ihre Häuser zerstört. Sie wurden im ˙russischen Bürgerkrieg verfolgt und ebenso im polnisch-russischen Krieg, und immer fand sich derselbe stereotype Vorwand: »Alle Juden sind Verräter.« Der wachsende Antisemitismus Osteuropas verbreitete sich jetzt auch in

Ländern, die wie Österreich und Ungarn die Juden in der Vergangenheit im gewissen Rahmen unterstützt hatten.

In den frühen 20er Jahren waren die Juden in ganz Osteuropa auf dem Weg nach Westen. Die Agenturen westlicher Schiffahrtsgesellschaften organisierten den direkten Transport zwischen Warschau und Kovno und den Häfen in Hamburg, Bremen, Rotterdam, Antwerpen und von dort aus nach Amerika. Erst als die USA keine Einwanderer mehr ins Land ließen, wurde die »Flüchtlingskrise« von den westeuropäischen Staaten wirklich als Krise erlebt, und dazu als eine, die Auswirkungen auf das System zwischenstaatlicher Beziehungen hatte. Bis dahin war es problemlos möglich gewesen, die große Masse der Flüchtlinge nach Amerika weiterzuschicken, aber seit den verschärften Einwanderungsgesetzen, die 1924 in den USA und 1923 in Kanada erlassen wurden, blieben diese Länder für den Großteil der transatlantischen Migration verschlossen. Die polnischen Juden, denen die Deportation drohte, bestürmten die amerikanische Botschaft, ihnen Einreisevisa in die USA zu geben. Etwa 100 000 hatten Erfolg, aber weit mehr erhielten das begehrte Visum nicht. Auch die europäischen Länder ließen allmählich keine jüdischen Einwanderer mehr einreisen und begannen ihrerseits mit Deportationen.

Durch die steigenden Flüchtlingszahlen und die Schließung der Grenzen konnten der Völkerbund und die Regierungen der einzelnen Länder die Flüchtlingskrise nicht länger ignorieren und mußten sich der Tatsache stellen, daß es sich um ein internationales Problem mit Auswirkungen auf die zwischenstaatlichen Beziehungen handelte. Der Völkerbund besaß allerdings weder die materiellen noch die administrativen Ressourcen, die zur Bewältigung dieser Krise nötig gewesen wären. Vor der Einrichtung des Hohen Flüchtlingskommissariats 1921 lag die Flüchtlingshilfe und die Koordinierung internationaler Hilfsmaßnahmen überwiegend in den Händen privater Organisationen. Sie verhandelten mit den Konsulaten und Politikern und übernahmen Aufgaben, mit denen die Regierungen nichts zu tun haben wollten. Die Hilfsmaßnahmen für die jüdischen Flüchtlinge wurden von mehr als einem Dutzend internationaler jüdischer Organisationen getragen, die Büros in ganz Ost- und Westeuropa besaßen, Emigration oder

Repatriierung von Juden organisierten und grundlegende Hilfe leisteten.

Aber die jüdischen Flüchtlinge waren nicht die einzigen. Im Vertrag von Versailles war zwar versucht worden, den Menschen, die unter »fremder« Herrschaft lebten, das Recht auf Einbürgerung zu garantieren, aber es gab sehr viele Menschen, auf die die rechtlichen und politischen Kategorien des Vertrages nicht zutrafen. Andere lehnten die Annahme der »Nationalität«, die laut Versailler Vertrag die ihre war, ab, weil es die »Nationalität« ihrer Unterdrücker war. Zusammengenommen führten die Regeln des Versailler Vertrags und die damalige Aufteilung der Staatsgebiete dazu, daß eine große Zahl von Menschen »staatenlos« wurde – ein großer Nachteil in dem neuen Staatensystem, das den Kontinent (und durch den Kolonialismus auch große Teile der Welt) beherrschte und in dem fast alle Rechte und Vorteile vom Staat gewährt wurden. Die territorialen Veränderungen in Mitteleuropa, vor allem die Abtretung deutscher Gebiete, führten zur Entstehung zusätzlicher Flüchtlingsströme.

Deutsche mußten die Gebiete verlassen, die unter den siegreichen Alliierten aufgeteilt worden waren. Vor allem in Osteuropa wurden die oft schon seit Generationen ansässigen Siedler vertrieben. Die deutsche Regierung unterstützte deutsche Flüchtlinge in den ehemals russischen Gebieten, die jetzt neue Staaten mit stark nationalistischer und antideutscher Ausrichtung geworden waren. Diese sogenannte Flüchtlingsfürsorge stellte etwas Neues dar. Noch nie hatte sich ein Staat in Flüchtlingsangelegenheiten so sehr engagiert;[148] die deutsche Regierung richtete Lager und Aufnahmestellen ein, versorgte die Flüchtlinge und organisierte die Umsiedlung nach Deutschland. Darüber hinaus mußten 2 Millionen Kriegsgefangene aus den alliierten Ländern und Hunderttausende Zwangsarbeiter repatriiert werden, die im Krieg nach Deutschland deportiert worden waren.[149] Die Intervention des Staates und die dabei eingesetzten Maßnahmen erreichten damit ein Niveau, das sich dem der heutigen Maßnahmen anzunähern begann.

Die Flüchtlingsfrage spielte in anderen Teilen Europas ebenfalls eine zentrale Rolle. Zunächst ist hier das Massaker der Türken an den Armeniern zu nennen, das rund 1 Million Opfer forderte, das waren etwa zwei Drittel der armenischen Bevölkerung. Bereits im August 1915 hatte der türkische Innenminister den mittlerweile nur allzu bekannten Satz »Die Armenierfrage existiert nicht mehr« von sich gegeben, der inzwischen zu einem traurigen Markstein in der Geschichte des Genozids geworden ist.[150] Die überlebenden Armenier waren bis 1919 zu Hunderttausenden auf der Flucht.

In der Türkei und auf dem Balkan führten lange nach dem Ende des Ersten Weltkriegs kriegerische Auseinandersetzungen zu Massenfluchten. Ein Weg zur Lösung der verschiedenen Flüchtlingsprobleme war die Organisation eines geordneten Bevölkerungsaustausches; Christen sollten die Türkei, Moslems die christlich dominierten Gegenden verlassen. Weitere Gruppen sollten unter den benachbarten Balkanstaaten ausgetauscht werden. Durch Vermittlung des Flüchtlingskommissars des Völkerbundes unterzeichnete Griechenland Verträge über den geordneten Austausch von 2 Millionen Flüchtlingen mit der Türkei und Bulgarien,[151] von denen Griechenland den größten Teil aufnehmen mußte. Das verhältnismäßig arme Griechenland mit seinen 5 Millionen Einwohnern war damit überfordert; es mußte plötzlich mehr als 1 Million überwiegend mitteloser Flüchtlinge unterbringen, die stark unterernährt waren und infolgedessen extrem hohe Sterblichkeitsraten hatten. Die Bestimmungen des Austauschvertrages waren für Griechenland sehr ungünstig, so daß der Völkerbund Sondermaßnahmen ergriff und eine internationale Aktion zur Ernährung und Unterbringung der mittellosen Flüchtlinge in Griechenland organisierte, die im großen und ganzen gut verlief und zum Präzedenzfall wurde.[152]

Mitte der 20er Jahre hatte sich nach allgemeiner Auffassung die Situation in Europa stabilisiert. Der Völkerbund wertete die Bemühungen des Hochkommissariats für Flüchtlingsfragen als Erfolg, und der Hochkommissar selbst bestätigte, daß die Flüchtlingsproblematik begrenzt und durch internationale Organisationen lösbar sei. Die Mittel für die Flüchtlingshilfe wurden reduziert. Die Auswanderung in die USA hatte bei der Lösung der Probleme eine Schlüsselrolle gespielt; rund 1 Million Europäer waren in den frühen 20er Jahren jährlich in die USA gegangen. Nach der von Kanada und den Vereinigten Staaten 1923/24 verhängten Einwanderungssperre mußte das verbleibende Flüchtlingsproblem allerdings in Europa selbst gelöst werden, da andere Emigrationsziele, zum Beispiel in Südamerika, die Lücke nicht füllen konnten, zumal die Rückkehrrate aus diesen Ländern hoch war.

In Europa war Frankreich das wichtigste Einwanderungsland; es nahm nach den USA weltweit die meisten Immigranten auf.[153] Mit 1,5 Millionen Gefallenen, rund 7% der gesamten männlichen Bevölkerung, hatte Frankreich im Ersten Weltkrieg in Europa die höchsten Verluste gehabt, dazu kam ein sehr hoher Anteil an Kriegsversehrten. Deshalb war nach dem Krieg der Bedarf an ausländischen Arbeitskräften so hoch, daß er durch ungehinderte Einwanderung allein nicht gedeckt werden konnte. 1919 und 1920 unterzeichnete die Regierung bilaterale Verträge über den Import von Arbeitskräften mit Polen, der Tschechoslowakei und Italien.[154] Die Société Générale d'Immigration war maßgeblich an der Organisation der Einwanderung ausländischer Arbeitskräfte beteiligt.[155] Frankreich förderte die Einwanderung weiterhin als demographische Maßnahme[156] und bemühte sich auch um die Einwanderung von Flüchtlingen. Französische Agenten holten Flüchtlinge direkt aus Problemzonen und warben zum Beispiel Griechen in Konstantinopel an, die per Schiff in Aufnahmelager nach Marseille gebracht und von dort aus auf Arbeitsplätze im ganzen Land verteilt wurden.[157] Nach dem Ersten Weltkrieg entstand eine Reihe großer Flüchtlingsgemeinden, etwa die jüdisch-spanische Gemeinde im 11. Arrondissement von Paris.[158] Ende der 20er Jahre gab es etwa 1,5 Millionen ausländische Arbeitskräfte in Frankreich, darunter sehr viele Flüchtlinge.

## Die Zeit zwischen den Weltkriegen

Neue Flüchtlinge kamen in den 20er Jahren meist aus Italien und in den 30ern aus Deutschland. Zunächst waren es überwiegend die politischen Eliten, die vor dem italienischen Faschismus und dem deutschen Nationalsozialismus flohen, aber ihnen folgten bald breitere Flüchtlingsströme. Nach der Machtergreifung Francos flüchteten kurz vor dem Zweiten Weltkrieg mehrere Hunderttausend spanische Republikaner nach Frankreich, dazu waren Hunderttausende osteuropäische Juden auf der Flucht, weitere Flüchtlinge kamen aus Ländern, in denen sich diktatorische Regimes durchsetzten, der Nationalsozialismus unterstützt wurde und Andersdenkende in mörderische Bedrängnis gerieten.

In den ersten fünf Jahren der faschistischen Herrschaft emigrierten mehr als 1,5 Millionen Italiener, vor allem aus wirtschaftlichen Gründen. Diese selbst für ein Emigrationsland sehr hohe Zahl stellt überdies einen wesentlichen Anteil der insgesamt 9,2 Millionen Italiener dar, die 1927 im Ausland lebten.[159] Nach 1926 verhängte Mussolini strenge Auswanderungsbeschränkungen. Sämtliche Pässe wurden annulliert, jede Ausreise erforderte eine behördliche Genehmigung, und die Grenzsoldaten hatten Befehl, illegale Grenzgänger zu erschießen. Der legalisierte Terror trieb weitere Menschen zur Flucht; rund 10 000 schafften es, das Land zu verlassen. Die meisten gingen nach Frankreich, wo Mitte der 20er Jahre bereits rund 900 000 italienische Einwanderer lebten. Mussolini versuchte immer wieder, die französische Regierung dazu zu zwingen, keine Flüchtlinge mehr aufzunehmen, aber diese weigerte sich und ließ darüber hinaus antifaschistische Aktivitäten verschiedener Gruppen zu.

Die Geschichte der Menschen, die vor dem Nationalsozialismus flüchteten, ist mit all ihren schrecklichen Einzelheiten bekannt. Während der ersten Exilantenwelle, als viele Juden ebenso wie viele prominente Deutsche vor dem Terror von 1933 flüchteten, ja selbst noch 1935, nach der Aufhebung der Bürgerrechte für Juden, gingen europäische Beobachter und auch viele deutsche Juden noch davon aus, daß es sich um eine zeitlich begrenzte, spontane Gewalt handelte, die wie der Nationalsozialismus selbst kaum lange dauern könnte. Nach 1933 kehrten immer noch Zehntausende Juden nach Deutschland zurück. Dabei hat möglicherweise auch eine Rolle gespielt, daß Deutschland durch die Wiederaufrüstung einen wirtschaftlichen Aufschwung erlebte, während in anderen Ländern Depression herrschte. Die mangelnde Einsicht so vieler Menschen und Organisationen in die wirkliche Situation ist ernüchternd. Deutschlands Bemühungen um gute Nachbarschaft im Jahr vor der Olympiade in Berlin 1936 wird die Täuschung ebenfalls gefördert haben. Die Massenflucht begann erst ab 1938, als Verfolgung und Unterdrückung ihren bisherigen Höhepunkt erreichten. Trotzdem waren die Gewalttaten und die gesetzlich legitimierte Unterdrückung, mit der den Juden systematisch aller Besitz und alle Mittel genommen wurden, noch von anderem Charakter als die organisierte Massenvernichtung der Kriegsjahre.

Weder der Völkerbund noch die einzelnen europäischen Staaten waren in dieser Zeit bereit, sich effektiv mit der Flüchtlingskrise zu beschäftigen; es wurde weniger getan als nach dem Ersten Weltkrieg. Zum Teil mag das an der allmählichen Verbreitung des Faschismus gelegen haben, der als System in ganz Europa auf beträchtliche Bewunderung stieß. Menschen, die vor dem Faschismus flohen, wurden deshalb nicht unbedingt freundlich aufgenommen, obwohl die Verfolgung der Gegner des Faschismus in Italien zunehmend gewalttätigere und mörderischere Züge annahm.

Besonders negativ wirkte sich die Wirtschaftskrise der 30er Jahre für die Flüchtlinge aus. Nach der Finanzkrise von 1931 herrschte in allen europäischen Ländern westlich der Sowjetunion wirtschaftliche Depression. Angesichts von Bankrotten und Massenarbeitslosigkeit waren Flüchtlinge und Einwanderer nicht willkommen. Die hohe Zahl von 6 Millionen Arbeitslosen in der Weimarer Republik war wesentlich dafür verantwortlich, daß die Nazis an die Macht kommen konnten. Zur Lösung der Krise wurde in Europa vor allem auf Protektionismus, Beschränkung des Arbeitskräftepotentials und Reduzierung der Staatsausgaben zurückgegriffen. Die Staaten wollten ihre Bevölkerungszahlen nicht zusätzlich durch die Aufnahme von Flüchtlingen erhöhen; die Methoden zur Regulierung der Flüchtlingsströme beschränkten sich überwiegend auf die Verhinderung dauerhafter Aufenthaltsrechte. Die europäischen Regierungen diskutierten die Flüchtlingsfrage vor allem unter dem wirtschaftlichen und nicht wie im Ersten Weltkrieg, als zum Beispiel alle Juden als Verräter galten, unter dem Aspekt der politischen Loyalität. Die Flüchtlinge der 30er Jahre wurden in erster Linie als zusätzliche Arbeitskräfte betrachtet, die zum Steigen der Arbeitslosenzahlen beitrugen. Man ging davon aus, daß Flüchtlinge wiederaufgenommen würden, sobald die Arbeitslosigkeit in den einzelnen Ländern abgebaut wäre.

Dieser entpolitisierte Umgang mit der Flüchtlingskrise setzte sich auch in den traditionell liberalen Ländern Frankreich, den Niederlanden und Belgien durch. Über behördliche Prüfungen wurde sichergestellt, daß die Flüchtlinge nicht zur Last wurden. Diese Praxis ähnelte der der USA nach 1929; die Vereinigten Staaten unterschritten jahrelang die in den 20er Jahren festgesetzten Aufnahmequoten von 26 000 deutschen Einwanderern pro Jahr. 1935 ließ Roosevelt auf Druck jüdischer Organisationen mehr Einwanderer ins Land, vor allem Juden, aber die Zahlen blieben relativ unbedeutend: Bis 1936 durften zwischen 4000 und 6000 im Jahr, 1937 und 1938 dann bis zu 10 000 einreisen.

Mehr Anlaß zur Besorgnis als die 525 000 relativ wohlhabenden und gut integrierten deutschen gaben die insgesamt 4 Millionen osteuropäischen Juden,[160] die überwiegend arm waren und eine eigene Kultur pflegten. Die westlichen Regierungen waren vor allem deshalb so wenig geneigt, die Flucht der osteuropäischen Juden vor den Nazis zu unterstützen, weil sie fürchteten, von großen Fluchtwellen aus dem Osten überschwemmt zu werden. Tatsächlich gab es von seiten der osteuropäischen Regierungen wiederholt die Forderung nach einer organisierten Massenevakuierung der Juden aus ihren Ländern. Inzwischen verschlechterte sich die wirtschaftliche Situation der Juden in Osteuropa drastisch, während Antisemitismus und Verfolgung ständig zunahmen, zum Beispiel im polnischen »Krieg gegen die Juden« zwischen 1935 und 1939, der wirtschaftlichen Boykott, Segregation, Ausschluß aus dem öffentlichen Leben und Pogrome mit sich brachte. Doch selbst die liberalsten westlichen Länder schlossen ihre Grenzen. Kein Land wollte diese jüdischen Flüchtlinge aufnehmen. Und kein Land erklärte sich formal zur Aufnahme jüdischer Flüchtlinge aus Nazideutschland bereit, als das extreme Ausmaß der Verfolgung sichtbar wurde.

Frankreich, das so lange das wichtigste Einwanderungsland Europas und Zufluchtsort für Exilanten und Flüchtlinge war, ist ein gutes Beispiel für diese Entwicklungen. In der Zeit zwischen den Weltkriegen hat vor allem Frankreich Flüchtlinge vor dem Faschismus aufgenommen, italienische Antifaschisten genauso wie fast eine halbe Million spanischer Republikaner. In den 20er Jahren war es das einzige europäische Land mit einer positiven Einwanderungsbilanz und einer offenen Einwanderungspolitik für Flüchtlinge. Der Bedarf an Arbeitskräften war so hoch, daß sogar die progressive französische Sozialpolitik (das Verbot der Kinderarbeit im 19. Jahrhundert und die gesetzliche Einführung des Achtstundentags von 1919) kritisiert wurde, weil sie den Arbeitskräftemangel zusätzlich verschärfte. Durch die Anwerbung ausländischer Arbeitskräfte aus Polen, Belgien, Italien und anderen Ländern stieg die Zahl der ausländischen Bevölkerung 1931 auf fast 3 Millionen.

Diese Situation veränderte sich mit der Wirtschaftskrise schlagartig. Bis 1931 hatte Frankreich massiv Hilfsarbeiter angeworben. Die Italiener stellten den Hauptanteil der ausländischen Bevölkerung, neue Arbeitskräfte wurden aus Mitteleuropa, vor allem aus Polen, ins Land geholt.[161] Mit Beginn der Wirtschaftskrise von 1931 machte sich jedoch eine zunehmende Fremdenfeindlichkeit bemerkbar, und die Präsenz der Italiener und Polen in der Erwerbsbevölkerung wurde immer öfter thematisiert. Da die Einwanderer aus der Vorkriegszeit, unter denen es auch Italiener und Spanier gab, relativ gut integriert waren, richteten sich die diskriminierenden Gesetze der frühen 30er Jahre vornehmlich gegen die neuen Immigranten: Italiener, Polen und polnische Juden. In Wirtschaft und Politik wurden 1932, zu Beginn der Krise, Forderungen nach einer Kurskorrektur in der Einwanderungspolitik laut, und angesichts der 250 000 Arbeitslosen um 1934 wurden die Rufe nach verschärften Einwanderungsbedingungen, Abschiebung der ausländischen Arbeiter und einer Abkehr von dem Konzept der Stärkung Frankreichs durch Zuwanderung von außen immer lauter.

Die Frage nach dem Wert der »Fremden« wurde also in Frankreich bereits vor den Flüchtlingsströmen diskutiert, für die Hitlers Politik verantwortlich war. Die ersten deutschen Flüchtlinge vor dem Nationalsozialismus, die 1933 nach Frankreich kamen, wurden noch uneingeschränkt aufgenommen und stießen auf viel

Sympathie. Aber bereits nach sechs Monaten gab es erste Beschränkungen. Ende 1933 wurden die Einreisebedingungen verschärft; in manchen Fällen wurden Flüchtlinge nach Deutschland zurückgeschickt, in anderen Fällen verzögerte man die Aufnahme mit bürokratischen Mitteln. Die Geflohenen bekamen in Frankreich nur schwer eine Arbeitserlaubnis, illegal Eingereiste wurden ausgewiesen. Nominell dagegen hielt Frankreich an seinem Asylrecht für die Opfer der Verfolgung fest und nahm tatsächlich mehr Flüchtlinge auf als alle anderen europäischen Länder. Dennoch zeichneten sich deutliche Veränderungen ab. Auf dem Hintergrund der gravierenden wirtschaftlichen Depression und der Massenarbeitslosigkeit wuchs die Opposition gegen die französische Asylpolitik und gegen die liberale Demokratie genauso wie Fremdenhaß und Antisemitismus.[162] Das aus der heutigen Diskussion nur allzu bekannte Argument, die Flüchtlinge nähmen den Franzosen die Arbeitsplätze weg und bedrohten dazu die französische Kultur, war immer häufiger zu hören.

Die Volksfrontregierung unter Léon Blum erleichterte 1936 wieder die Einreise; die Zahl der Ausweisungen, die 1934–35 ihren Höhepunkt erreicht hatte, sank deutlich.[163] Das Arbeitsministerium unterstützte Arbeitsgenehmigungen für Flüchtlinge, die bereits in Frankreich lebten. Aber die Stimmung in der Bevölkerung richtete sich weiter gegen die Einwanderung; die Angst vor einer massiven Flüchtlingsinvasion blieb bestehen. Die Sozialisten verabschiedeten keine neuen Gesetze zur Einwanderung, sondern beschränkten sich auf die Erleichterung und Beschleunigung der Einreiseverfahren. Im Grunde lehnten auch sie angesichts der Wirtschaftskrise und der Haltung der Gewerkschaften eine weitere Zuwanderung ab.

1938 brach die Volksfrontregierung unter dem Einfluß der Wirtschaftskrise auseinander und machte einer Regierung Platz, die sowohl eine Anti-Einwanderungs- als auch eine Anti-Gewerkschaftspolitik verfolgte. Jetzt waren selbst zeitlich begrenzte Aufenthaltsgenehmigungen für Flüchtlinge nur noch schwer zu bekommen. Frankreich verkündete der Welt, seine Aufnahmekapazitäten für Flüchtlinge seien erschöpft. Marrus[164] hält das allerdings für eine Übertreibung und nimmt an, daß die Zahl der

Mitteleuropäer in Frankreich so hoch nicht war. Dazu dürfte die Zahl der illegal in Frankreich lebenden Flüchtlinge vor dem Nationalsozialismus auch nach 1933 nie über 30 000 gelegen haben. Wahrscheinlicher ist eine Zahl von etwa 10 000 »illegalen« Flüchtlingen, was angesichts eines ausländischen Bevölkerungsanteils von insgesamt 2,5 Millionen vergleichsweise gering ist.

In England gab es weder eine Asyl- noch eine liberale Einwanderungspolitik. Wenn Flüchtlinge überhaupt einreisen durften, dann weniger auf der Grundlage einer Politik, die verfolgten Menschen Aufnahme gewährte, sondern auf der Basis individueller Rechte. 1933 gab es in England 2,5 Millionen Arbeitslose. Die Insellage ermöglichte strenge Einreisekontrollen; Flüchtlinge wurden, wenn überhaupt, nur mit Auflagen aufgenommen und brauchten ein Visum für ein anderes Land. Dauerhafte Niederlassung war nicht erwünscht, da nach englischer Auffassung die Zahl der Bevölkerung wie die der Arbeitslosen bereits zu hoch war. Deutsche Juden wurden aufgenommen, falls die jüdische Gemeinde in England alle Kosten für Aufnahme und Unterhalt der Flüchtlinge übernahm; außerdem rechnete man mit nicht mehr als 4000, eine Fehleinschätzung, die von anderen Ländern geteilt wurde. Nach dem Anschluß Österreichs 1938 kam es in der Öffentlichkeit zu Kritik an der zunehmend restriktiven englischen Einreisepolitik. 1939, als die meisten anderen Länder die Aufnahme von Flüchtlingen begrenzten, hob die Regierung schließlich die Restriktionen auf und unterstützte die Flucht nach England auch finanziell.

Das entscheidende Problem der Briten war jedoch Palästina. Aus Angst vor Spannungen mit der arabischen Bevölkerung war die britische Regierung nur höchst ungern bereit, größeren Gruppen von Juden die Einwanderung zu gestatten. Mitte der 30er Jahre gab es in Palästina rund 400 000 Juden; sie stellten etwa ein Drittel der Gesamtbevölkerung; die Wirtschaft blühte. Immer mehr polnische und deutsche Flüchtlinge kamen ins Land. Genau zu dem Zeitpunkt, als dieser Zufluchtsort durch die wachsende Gewalt gegen Juden in Deutschland und Osteuropa und die Verschärfungen der Einwanderungsbestimmungen in den meisten westlichen Ländern am wichtigsten wurde, legte England die jährliche Einwanderungsquote von Juden nach Palästina für die folgenden fünf Jahre auf 10 000 fest, bedeutend weniger als die 60 000, die 1935 eingewandert waren. Danach wanderten die Juden illegal ein.

Die vielfältigen Bemühungen, Westeuropa gegen die Einwanderungs- und Flüchtlingsströme aus dem Osten abzuschotten, haben eine auffallende Ähnlichkeit mit den Maßnahmen, die heute in vielen europäischen Ländern diskutiert werden. Aber der wirtschaftspolitische Kontext war ein anderer. In den 30er Jahren schottete sich die Volkswirtschaft der jeweiligen Staaten ab und konzentrierte sich auf Stabilität statt auf Expansion. Heute geht es um größtmögliche Internationalisierung; Expansion ist eines der Schlüsselelemente der Wirtschaftspolitik.

In den ersten Jahrzehnten des 20. Jahrhunderts haben also verschiedene Bedingungen einzeln und zusammengenommen den Ort und die Wahrnehmung des Flüchtlings verändert: Die moderne Geschichte der Massenfluchten beginnt. Diese Geschichte, die wir heute vor allem mit Afrika und Asien assoziieren, ist ein zutiefst europäisches Produkt, dessen Genese in der sich wandelnden Struktur der europäischen Staaten im frühen 20. Jahrhundert liegt. Die Geschichte der Massenfluchten ist die andere, weniger bekannte Seite der Geschichte des Staates und der zwischenstaatlichen Beziehungen im Europa des 20. Jahrhunderts. Die wachsende Bedeutung der Grenzen, der immer länger werdende Arm des Staates und der Einfluß unterschiedlich verstandener Konstrukte nationaler Identität als Teil des Nationalstaates machen deutlich, daß eine neue Phase in der Geschichte des europäischen Staats begonnen hat. Auf diesem Boden konnten die Massenfluchten gedeihen, und es ist schwer, sich die eine Geschichte ohne die andere vorzustellen.

# Nach 1945:
## Muster, Rechte, Regelungen

Die gewaltige Zahl der Flüchtlinge, Vertriebenen und der Rückkehrer aus den Kolonien bildete nach dem Zweiten Weltkrieg bis in die 50er Jahre hinein ein dringend benötigtes zusätzliches Arbeitskräftereservoir für die im Wiederaufbau befindliche europäische Wirtschaft. Die Aufnahmefähigkeit des Wirtschaftssystems für diese Millionen von Menschen war im Gegensatz zu den Bedingungen der 30er Jahre hoch. Bemerkenswert ist dabei vor allem die Bundesrepublik, die zwischen 1945 und 1988 14 Millionen Menschen aufgenommen hat.

Das Ende des Kolonialismus führte zur Rückwanderung »weißer« Siedler und Kolonialbeamter in die jeweiligen Kolonialmächte; dazu hatten mehrere europäische Staaten den Bewohnern ihrer früheren Kolonien die Staatsbürgerschaft verliehen oder einen ähnlichen Status eingeräumt, der die Einwanderung erleichterte. Nach dem algerischen Unabhängigkeitskrieg 1954 bis 1962 kehrten mehr als 1 Million französischer Siedler nach Frankreich zurück. Seit dem Ende des Ersten Weltkriegs hatte Frankreich in wechselndem Maße algerische Arbeitskräfte ins Land geholt. In die Niederlande kamen in den 50er Jahren Migranten aus Indonesien, in den 70ern aus Surinam und den Antillen; nach Portugal strömten Rückkehrer und Einwanderer aus den ehemaligen Kolonien in Afrika.

Bemerkenswert ist der schnelle Wechsel von der Angst der 30er Jahre vor einer Invasion ausländischer Arbeitskräfte zu dem breiten und anscheinend unersättlichen Bedarf der 50er und 60er Jahre, der vor allem in der Bundesrepublik, Frankreich und der Schweiz zur aktiven, organisierten Anwerbung von Arbeitskräften führte. In den 50er Jahren kamen die meisten Arbeitskräfte aus Italien, in den 60ern vor allem aus Spanien und Portugal, gefolgt von Griechenland und Jugoslawien; bis dahin hatte es in einigen dieser Länder eine starke Emigration nach Übersee gegeben. Aus außereuropäischen Ländern kamen in den 50er und frühen 60er Jahren vor allem Algerier, Inder, Pakistani und Kariben, in den 70er Jahren dann Türken, Marokkaner und Tunesier.

Anfang der 70er Jahre erreichte die Zahl der ausländischen Arbeitskräfte in Westeuropa ihren Höhepunkt. Und wie in der Vergangenheit schlug auch jetzt die Situation sehr schnell um: 1973/74 verhängten die meisten europäischen Staaten, die Arbeitskräfte importierten, einen Einwanderungsstop und bemühten sich um die Repatriierung der ausländischen Arbeitskräfte. Mitte der 80er Jahre wurden selbst in relativ offenen Ländern wie Frankreich wieder Proteste gegen die Einwanderung laut; Invasionsängste wuchsen. Die Geschwindigkeit und Intensität, mit der sich solche Veränderungen fast schon zyklisch vollziehen, ist äußerst auffällig.

Ende der 80er Jahre wurden auch Flüchtlinge, Aussiedler und Asylsuchende wieder zu einem wichtigen Faktor in Westeuropa. In den frühen 80er Jahren gab es in 14 OECD-Ländern weniger als 100 000 Asylsuchende; in den frühen 90er Jahren dagegen ein Vielfaches davon. Deutschland wurde erneut zu einem wichtigen Ziel für Aussiedler und Asylsuchende.

Drei Prozesse wirken bei der heutigen Entwicklung zusammen: Der erste ist die Ausdehnung des geographischen Raumes der Migration auf Nord- und Ostafrika sowie Osteuropa und die frühere Sowjetunion. Dadurch sind auch neue Migrationsziele entstanden: Traditionell arbeitskräfteexportierende Länder wie Italien, Spanien und Griechenland, aber auch ehemalige Ostblockländer wie Polen, Tschechien und Ungarn, von denen früher große Emigrationswellen ausgegangen sind, sind mittlerweile selbst zum Migrationsziel geworden.

Der zweite betrifft die Entwicklung der ausländischen Bevölkerung vom bloßen Arbeitskräftereservoir der 60er und 70er Jahre zu den heutigen Einwanderer- oder ethnischen Gemeinschaften mit Familienverbänden und Nachbarschaftsorganisationen, politischen Akteuren und Zielen. Durch Familienzusammenführung und natürlichen Zuwachs hat sich der Anteil der niedergelassenen ausländischen Bevölkerung trotz des Einwanderungsstops weiter vergrößert. Heute stehen deshalb sozialpolitische Fragen und poli-

tische Forderungen auf der Tagesordnung, die weit über die Debatten der 60er Jahre mit ihrem Schwerpunkt auf Arbeitsplätzen
und Löhnen hinausgehen. Die mittlerweile erwachsen gewordene
»zweite Generation« hat diese deutlichen Unterschiede noch verstärkt.

Der dritte Prozeß hängt mit der erhöhten Bewegungsfreiheit in-
nerhalb der Europäischen Gemeinschaft nach dem Vertrag von
Maastricht zusammen, die in Verbindung mit dem Trend zur
Transnationalisierung von wirtschaftlichen Aktivitäten und von
Maßnahmen zur Eindämmung des Immigrantenstroms einige Fra-
gen aufwirft. Von solchen Maßnahmen sind vor allem Einwande-
rer aus Nichtmitgliedsländern der EG betroffen, die in ein EG-
Land einreisen wollen oder bereits Aufenthaltsrecht in einem der
Mitgliedstaaten besitzen, sich aber noch nicht frei innerhalb der
EG bewegen können. Letztlich stellt sich die Frage, wie sich die in-
neren Grenzen einerseits für Kapital wie für Menschen aus EG-
Staaten öffnen und andererseits für Immigranten aus Nicht-EG-
Ländern neu und stärker wieder errichten lassen. Dasselbe gilt für
die Außengrenzen: Kann man gleichzeitig Zugangsbeschränkun-
gen für Firmen, Kapitalinvestitionen und Waren aus Nicht-EG-
Staaten im Rahmen des GATT[165] und der allgemeinen Öffnung der
Finanzmärkte in Europa aufheben und andererseits eine »Festung
Europa« gegen Immigranten und Flüchtlinge aufbauen?

## Einwanderung

1950, vor der breiten Anwerbung ausländischer Arbeiter, lag der
Ausländeranteil in den 18 heutigen EG- und EFTA-Ländern bei
insgesamt 5,1 Millionen.[166] Frankreich hatte mit 1,7 Millionen,
also rund einem Drittel, den höchsten Anteil; damit verglichen
war die Zahl der Ausländer in Deutschland mit 568 000 relativ
niedrig, wobei aber die Millionen ethnischer Deutscher nicht
berücksichtigt werden, die Deutschland nach dem Krieg aufgenommen hat. In den meisten anderen Ländern lagen die Zahlen

niedriger.[167] Zwischen 1960 und den 1973 verhängten Einwanderungsverboten verdoppelte sich die Zahl der ausländischen Arbeitskräfte in den 12 EG-Ländern von 3,3 auf 6,6 Millionen bzw. von 3 auf 6 % der Erwerbsbevölkerung.[168]

In den frühen 70er Jahren schränkten die meisten westeuropäischen Länder die Arbeitsimmigration stark ein, zum einen wegen der Rezession infolge der Ölkrise, zum anderen, weil nach dem Abschluß der Nachkriegsphase und des Wiederaufbaus sowie nach dem Rückgang der industriellen Produktion in vielen Regionen die Nachfrage nach ausländischen Arbeitskräften sank. In den neun wichtigsten EG-Ländern ging die Zahl der ausländischen Arbeitskräfte auf insgesamt 6 Millionen zurück. Dieser Trend war nicht in allen Ländern gleich stark: in Deutschland sank die Zahl von 1973 bis 1980 auf 2,1 Millionen, in Frankreich auf 1,5 Millionen, das heißt, jeweils um etwas weniger als eine halbe Million. In Belgien, Luxemburg und den Niederlanden dagegen stiegen die Zahlen seit 1960 kontinuierlich an.

Die ausländischen Arbeitskräfte der sechs wichtigsten Arbeitgeberländer (Deutschland, Frankreich, Schweden, Belgien, Schweiz und Österreich) kamen 1970 vor allem aus Italien mit 820 000, der Türkei mit 770 000, Jugoslawien mit 540 000, Algerien mit 390 000 und Spanien mit 320 000. Die wachsende Zahl der illegalen Einwanderer ist dabei nicht berücksichtigt.

Nach dem Einwanderungsstop in den wichtigen Aufnahmeländern Westeuropas stieg der Bestand der ausländischen Bevölkerung durch natürlichen Zuwachs, Familienzusammenführung und den kontinuierlichen Zustrom ausländischer Arbeitskräfte, die auf anderen Wegen ins Land kamen. Die ausländische Population in den großen Aufnahmeländern hatte sich 1970 vervierfacht.[169] Die tatsächlichen Migrationszahlen wären noch höher, wenn sämtliche im Ausland geborene Einwohner berücksichtigt würden: eingebürgerte Ausländer, Rückkehrer einschließlich der Nachkommen von Emigranten, Einwanderer aus den früheren Kolonien, die das Recht auf die Staatsbürgerschaft besaßen.[170] Die einzigen Länder, in denen die ausländische Population nach 1973 abnahm, waren die Schweiz mit einem Minus von 120 000 und Schweden mit einem Minus von 5000; erreicht wurde das überwiegend durch Verweigerung der Arbeitserlaubnis. In allen anderen Ländern dagegen stieg der Anteil der ausländischen Bevölkerung trotz aller Anreize zur Rückkehr in die Heimatländer.[171] 1990 hatte Europa einen ausländischen Bevölkerungsanteil von insgesamt 15, einschließlich der EFTA-Länder von insgesamt 18 Millionen. 8 Millionen davon gehörten zur Erwerbsbevölkerung. In den meisten Ländern waren in den 80er Jahren die jährlichen Einreisezahlen von Arbeitskräften aus Nicht-EG-Ländern gesunken; signifikante Zuwächse gab es wieder ab 1989.[172]

Trotz der extrem unterschiedlichen beruflich-gewerblichen Verteilung der Arbeitskräfte in den einzelnen EG-Ländern besteht kein Zweifel, daß die Mehrheit der Immigranten immer zu den Niedriglohnbeziehern gehörte. Aus der Literatur über die Arbeitsmarktsituation der Immigranten läßt sich entnehmen, daß der Anteil der Immigranten im Baugewerbe, bei der Fließbandarbeit, in der Landwirtschaft und in den unteren Ebenen des Dienstleistungsgewerbes bereits in den 80er Jahren des 19. Jahrhunderts unverhältnismäßig hoch war.

Die illegale Einwanderung, die bei allen Migrationsprozessen eine Rolle gespielt hat, hat in den letzten Jahren immer mehr Aufmerksamkeit auf sich gezogen. Es wird angenommen, daß die Zahl der illegalen Einwanderer durch den Einwanderungsstop für Arbeitsmigranten und die neuen Einschränkungen bei der Gewährung von Asyl gestiegen ist. Nach Schätzungen der ILO (Internationale Arbeitsorganisation) lag die Zahl der Illegalen 1991 bei insgesamt 2,6 Millionen, das sind rund 14 % der gesamten ausländischen Bevölkerung.[173] Italien steht mit 600 000 an erster Stelle, verglichen mit 200 000 in Frankreich; in Deutschland geht man von 350 000 illegalen Einwanderern plus 300 000 illegalen Flüchtlingen aus. Schätzungen für 1993 kommen auf 4 bis 5 Millionen illegaler Einwanderer in Europa, aber ob und wieweit diese Zahlen stimmen, ist nicht festzustellen. In den USA mußten Schätzungen von 5 bis 6 Millionen illegaler Einwanderer durch die indirekten Ergebnisse der Maßnahmen nach der Änderung des Einwanderungsgesetzes von 1986 beträchtlich nach unten korrigiert werden. Ob die europäischen Schätzungen im Kontext wachsender Ängste vor massiven Einwanderungsströmen heute zu hoch angesetzt werden, läßt sich nur schwer nachweisen, ist aber durchaus möglich.

Die politischen Reaktionen der EG-Staaten folgen im Grunde zwei verschiedenen Strategien: Legalisierung der illegalen Immigranten, falls eine Reihe von Bedingungen erfüllt wird, oder Strafmaßnahmen, etwa die Abschiebung illegaler Einwanderer und Bußgelder für Arbeitgeber, die Illegale beschäftigen.[174] Die meisten europäischen Länder hatten bis 1980 gesetzliche Sanktionen gegen Arbeitgeber eingeführt. Erfolg und Mißerfolg politischer Maßnahmen zur Verhinderung illegaler Einwanderung sind gründlich untersucht worden.[175] In den meisten Ländern gab es zwischen 1971 und 1991 auch Legalisierungsprogramme; in Deutschland allerdings lehnte die Regierung solche Programme mit dem Argument ab, sie würden die illegale Einwanderung fördern.[176]

Zu den wichtigen Zielen illegaler Einwanderer zählt der Mittelmeerraum. Das liegt erstens daran, daß die Firmen hier bereits vor dem Einwanderungsstop viele ausländische Arbeitskräfte, auch illegale, beschäftigten und an dieser Praxis festhielten, oft mit stillschweigender Duldung der Behörden und allen Sanktionen zum Trotz. Zweitens sind viele Firmen der internationalen Konkurrenz nur mit flexiblen Arbeitsverhältnissen gewachsen und vermeiden die gesetzlichen Auflagen für reguläre Vollzeitstellen. Und drittens gibt es zumindest eine gewisse Verbindung zwischen illegaler Einwanderung und Schattenwirtschaft. Außerdem sind die Grenzen von Italien, Spanien, Portugal und Griechenland, die sämtlich früher selbst Arbeitskräfte exportiert haben, leicht zugänglich und werden wegen fehlender Mittel kaum überwacht. Geopolitische Faktoren und der gesetzliche Schutz der Rechte des einzelnen setzen dazu einer allzu brutalen Abschreckungs- und Ausweisungspolitik Grenzen.[177] Durch die religiösen Auseinandersetzungen in den islamischen Ländern gewinnen in Zukunft humanitäre Überlegungen möglicherweise zusätzliche Bedeutung. Diplomatische und wirtschaftliche Gründe sprechen dafür, dem Zustrom illegaler Einwanderer aus Nord- und Westafrika mit Legalisierungsmaßnahmen zu begegnen.

Manchen Schätzungen zufolge beträgt die illegale Population in den Mittelmeerländern 1 bis 1,5 Millionen, andere gehen von sehr viel höheren Zahlen aus und sehen allein in Italien 1,5 Millionen Illegale. Der Anteil der Nordafrikaner an den illegalen Immigranten wird in Frankreich auf 60, in Italien auf 30, in Spanien auf 40, in Portugal auf 15 und in Griechenland auf weniger als 5 % geschätzt. Das summiert sich auf insgesamt 536 000 illegale Einwanderer aus dem Maghreb, wobei Italien mit 255 000 das größte Kontingent hätte, gefolgt von Frankreich mit 150 000 und Spanien mit 117 000.[178]

Die verschiedenen Bemühungen der EG-Staaten, die illegale Einwanderung unter Kontrolle zu bekommen und ihre Politik aufeinander abzustimmen, vor allem im Rahmen des Schengener Abkommens, wirkten sich auch im Mittelmeerraum aus. Spanien führte 1991 die Visumspflicht für die schätzungsweise 1 Million jährlich zählenden Saisonarbeiter aus dem Maghreb ein, überwiegend Marokkaner, die als Besucher ins Land kamen; in Italien wurde versucht, die illegale Population durch eine Amnestie zu verringern,[179] und die portugiesische Regierung gewährte Brasilianern nicht länger automatisch die Staatsbürgerschaft und damit EG-weite Rechte. Alle Mittelmeerländer haben die Überwachung ihrer äußeren Grenzen verstärkt.

Ein zweiter wichtiger Schwerpunkt der illegalen Einwanderung hat sich im Kontext der neuen Ost-West-Migration herausgebildet. In diesem Zusammenhang spielt die Verschärfung des deutschen Asylrechts von 1993 eine wichtige Rolle. Die Zunahme der illegalen Grenzübertritte, vor allem an der tschechisch-deutschen Grenze, ist eine Folge dieser Verschärfung. 1992 wurden an der deutsch-tschechischen Grenze 12 000 illegale Einwanderer festgenommen und 16 000 (einschließlich der in Deutschland festgenommenen) zurückgeschickt, an der deutsch-polnischen Grenze waren es 2617 festgenommene bzw. 12 000 abgeschobene Migranten. Nach Presseberichten werden Nacht für Nacht Hunderte von Menschen aus den ärmeren osteuropäischen und außereuropäischen Ländern vom deutschen Grenzschutz aufgegriffen. Die Erschwerung der Einreise hat schließlich dazu geführt, daß sich hier wie an so vielen anderen Grenzen Schlepperorganisationen breitmachen, die Menschen gegen viel Geld illegal über die Grenzen bringen und unter verschiedenen, meist wenig schmeichelhaften

Namen heute ein weltweit verbreitetes Stereotyp darstellen. Gegenwärtig werden vor allem Rumänen an den Grenzen aufgegriffen und abgewiesen; an der polnischen Grenze machen sie 64 und an der ungarischen mehr als 50 % aus.[180] Allerdings muß man berücksichtigen, daß ein beträchtlicher Teil der rumänischen Migranten ethnisch zu den Sinti und Roma gehören, die seit sehr langer Zeit verfolgt werden und nie ein eigenes Land besaßen. Ihre Emigrationszahlen eignen sich deshalb keineswegs als Indikator für das absehbare Ausmaß der Emigration aus den osteuropäischen Ländern. Die Zahl der Sinti und Roma in Osteuropa wird auf 2,5 bis 4 Millionen geschätzt; die große Mehrheit lebt in Rumänien, Ungarn und der früheren Tschechoslowakei, einige wenige auch in Polen.

## Asylsuchende und Flüchtlinge

Auch beim Zustrom von Asylsuchenden hat sich in den späten 80er Jahren ein ganz neuer Trend entwickelt. Allein 1992 suchten 700 000 Menschen Asyl. Trotz starker Fluktuationen durch Flüchtlingskrisen oder politische Veränderungen stiegen die Zahlen am Ende der 80er Jahre sehr stark an (vgl. Tabelle 4), zwischen 1980 und 1991 in den meisten westeuropäischen Ländern um das Fünffache. Deutschland war das wichtigste Aufnahmeland; 1991 reisten 256 100 Asylsuchende ein, mehr als doppelt soviel wie 1980, gefolgt von England, wo 1981 9900 Menschen um Asyl baten, 1991 dagegen 57 000, also mehr als das Fünffache. In Frankreich stiegen die Zahlen von 18 800 1980 auf 50 000, in der Schweiz von 6100 1980 auf 41 600. Die größten Zuwächse wurden in Italien, Schweden und den Niederlanden erreicht, die 1991 je 20 000 aufnahmen.

Durch die neue politische Linie Westeuropas in bezug auf Drittländer für Asylsuchende, nach der Asylsuchende in dem Land bleiben müssen, das sie als erstes erreichen, haben sich die Zahlen der Asylbewerber verändert und sind in einigen mitteleuropäischen

Ländern stark angestiegen. Dabei spielen vor allem Asylbewerber aus der ehemaligen Sowjetunion und den armen Ländern Osteuropas eine Rolle. Auch der Zustrom von Asylbewerbern aus außereuropäischen Ländern wurde durch Verfahrensänderungen in einzelnen Ländern verringert, vor allem in Deutschland, das bis vor kurzem das liberalste Asylrecht Europas hatte.

Deutschland hatte schon vor der Wiedervereinigung mehr Asylsuchende aufgenommen als die anderen EG-Länder zusammen. Nach dem Zusammenbruch des Ostblocks und dem Kriegsausbruch im früheren Jugoslawien nahmen alle Länder zunächst sehr viele Asylsuchende auf, aber nur in Deutschland und Schweden stiegen die Zahlen 1992 weiter an. 1990 kamen 44 % aller osteuropäischen Asylsuchenden nach Deutschland. In Frankreich sanken die Zahlen nach 1989, in Spanien nach 1990 und in Großbritannien, Österreich und Italien nach 1991, was auf politische Maßnahmen zur Erschwerung der Einreise und Anerkennung des Flüchtlingsstatus zurückgeht.

Die Änderungen in der deutschen Asylpolitik, die einen Asylantrag dann ausschlossen, wenn die Asylsuchenden sich bereits in einem sicheren Drittland aufgehalten hatten, hatte signifikante Konsequenzen für die mitteleuropäischen Länder, die jetzt gedrängt wurden, die westeuropäischen Einreisebeschränkungen für die Massen der Flüchtlinge und Asylbewerber zu unterstützen. Im Mai 1993 unterzeichnete Polen einen Vertrag über die Rückführung von bis zu 10 000 Menschen pro Jahr, der allerdings erst nach schwierigen Verhandlungen und der Zusage von Finanzhilfen in Höhe von 120 Milliarden DM zustande kam. Asylsuchende bleiben heute zunehmend in dem Land, in dem sie zuerst eintreffen, sofern es sich um ein sicheres Land handelt.

In Mitteleuropa bilden Flüchtlinge und Asylbewerber immer noch eine kleine Gruppe, aber ihre Zahl steigt. 1990 suchten in Ungarn 3000 Asylbewerber Zuflucht.[181] 1992 gab es nach manchen Schätzungen 29 000, nach anderen zwischen 50 000 und 100 000 Kriegsflüchtlinge aus dem ehemaligen Jugoslawien.[182] Polen erwartet jährlich bis zu 50 000 Asylsuchende aus verschiedenen Ländern, aber gegenwärtig reisen die Flüchtlinge meist in andere Länder weiter. Jugoslawen, denen man eine Art Flüchtlingsstatus angeboten hatte, gehen zum Beispiel von Polen nach Dänemark, Finnland, Deutschland und Schweden. Die Tschechische Republik will die Aufnahmegrenze bei 12 000 jährlich festsetzen, aber die tatsächlichen Einwanderungszahlen sind viel geringer; 1991 zum Beispiel suchten rund 1200 Asyl, und die meisten Flüchtlinge verlassen das Land schon nach kurzer Zeit wieder.

Die Bemühungen der westeuropäischen Regierungen um Zuwanderungsbeschränkungen für Asylsuchende und Flüchtlinge und die entsprechende Abstimmung der Politik der Mitgliedsstaaten sind weniger über EG-Institutionen als vielmehr über zwischenstaatliche Abkommen erfolgt. Viele der gesetzlichen und verwaltungstechnischen Maßnahmen, die eine stärkere Kontrolle gewährleisten sollen, sind im Schengener und Dubliner Abkommen festgeschrieben.[183] Bei einem Treffen der EG-Minister und -Beamten im November/Dezember 1992 in London wurden Abkommen der 12 EG-Länder über den Umgang mit unbegründeten Asylanträgen und Asylanträgen in Drittländern erarbeitet, die von den Asylbewerbern gesetzwidrig verlassen wurden.[184] Solche Bemühungen um eine konzertierte Aktion haben bereits Wirkung gezeigt. So wurde zum Beispiel in Deutschland der Artikel 16 des Grundgesetzes geändert, der ein praktisch unbegrenztes Asylrecht gewährte, und im Juli 1993 ein sehr viel restriktiveres Asylrecht verabschiedet.

Auch das verfügbare Zahlenmaterial weist auf restriktivere Methoden hin. Das Material der US-amerikanischen Flüchtlingskomitees für 1992 zeigt sinkende Anerkennungsraten von Flüchtlingen in den EG-Ländern, die 1992 von 28 % in Frankreich, 6,5 % in Spanien, 4,5 % in Italien und Deutschland bis zu 3,2 % in England reichten.

Verhältnismäßig höhere Anerkennungsraten gibt es in Europa für formal schlechter abgesicherte Statusformen, etwa die Duldung aus humanitären Gründen oder die Aufenthaltsgenehmigung in Ausnahmefällen (*exceptional leave to remain*) in Großbritannien. Sie fallen nicht unter die UN-Flüchtlingskonvention und bieten weit weniger Rechte als ein echter Flüchtlingsstatus.

Allerdings stoßen solche politischen Bemühungen auch auf Grenzen, vor allem von seiten der Gerichte, die auf der universellen Gültigkeit mancher Rechte beharren. Im August 1993 hat zum Beispiel in Frankreich das Verfassungsgericht eine der Kernannahmen des Dubliner und Schengener Abkommens in Frage gestellt und geurteilt, daß ein gesetzliches Einreiseverbot für Asylsuchende sowohl gegen die Genfer Flüchtlingskonvention als auch gegen die französische Verfassung, speziell die Erklärung der Menschenrechte, verstößt. Von den 51 Artikeln des neuen Einwanderungsgesetzes wurden acht gerügt. Und in Deutschland griff das Verfassungsgericht im September 1993 eine weitere Kernannahme der Dubliner und Schengener Abkommen in zwei Urteilen an, in denen Griechenland nicht als »sicheres Drittland« für Asylbewerber akzeptiert und festgelegt wurde, daß die Asylanträge der Kläger zu bearbeiten seien. Das Gericht sah die Einhaltung der Menschenrechte in Griechenland als nicht gewährleistet, obwohl Griechenland die Europäische Menschenrechtskonvention und die Abkommen von Dublin und Schengen unterzeichnet hatte.

## Neue Migrationsmuster

In den späten 80er Jahren änderten sich die Muster der Arbeitsmigration; bisherige Herkunftsländer von Arbeitsmigranten wurden jetzt selbst zu Aufnahmeländern. Italien hatte 1981 noch 211 000 ausländische Einwohner, 1988 bereits 410 000. Heute gehen manche Schätzungen sogar von bis zu 2 Millionen Ausländern in Italien aus, einschließlich der illegalen. In Spanien stieg die Zahl der ausländischen Einwohner von 201 000 1982 auf 400 000 1988. In Portugal und Griechenland sind die Zahlen zwar niedriger, aber auch sie sind mittlerweile Aufnahmeländer geworden. Die Einwanderer sind nicht nur mehr geworden, sie kommen auch aus anderen Schichten. Bei der bisherigen ausländischen Bevölkerung hatte es einen hohen Anteil hochqualifizierter Akademiker und ihrer Familien gegeben. In den 70er Jahren waren viele hochgebildete Flüchtlinge aus den Diktaturen in Argentinien, Chile und Uruguay nach Spanien gekommen; in Italien gab es seit langem eine ausländische Gruppe von Künstlern und Intellektuellen. In den späten 80er Jahren dagegen stieg der Anteil der legalen und illegalen Einwanderer aus den armen Ländern und vor allem aus Afrika. Sie arbeiten vorwiegend im Haushalt, aber in Süditalien auch in der Landwirtschaft und in Nordspanien im Bergbau.

Seit den späten 80ern lassen sich zumindest drei neue Muster erkennen. Das erste Muster hat sich nach dem EG-Beitritt Spaniens und Portugals entwickelt. Die damit verbundene größere Bewegungsfreiheit führte dazu, daß viele spanische und portugiesische Arbeitsmigranten aus Deutschland, Frankreich und den Beneluxländern nach Hause zurückkehrten.[185] Möglicherweise werden im Kontext der Bewegungsfreiheit innerhalb der EG die relativ langfristigen und dauerhaften Migrationsströme der Vergangenheit allmählich durch Saisonmigration und Pendeln ersetzt.

Die anderen beiden Muster haben mit der neuen und erneuten Ost-West-Migration nach den politischen Veränderungen im Ostblock im allgemeinen und der Aufhebung der Reisebeschränkungen im besonderen zu tun sowie mit den wachsenden Migrantenströmen aus den osteuropäischen in die wohlhabenderen mitteleuropäischen Länder. Mit diesen beiden Mustern werde ich mich im folgenden genauer befassen.

## Neue und erneute Ost-West-Migration

Durch den Fall der Berliner Mauer und die Aufhebung der Ausreise- und Reisebeschränkungen im ehemaligen Ostblock ist die ausländische Population in mehreren westeuropäischen Ländern nach 1989 drastisch gestiegen.[186] In den ersten 18 Monaten nach dem Fall der Mauer verließen mehr als 1,5 Millionen Menschen die Comecon-Staaten. Vor der Öffnung waren es nur rund 100 000 jährlich; bei einer Gesamtbevölkerung von rund 400 Millionen eine extrem niedrige Zahl.

Von diesem Anstieg war kein Land so betroffen wie Deutschland.[187] Die Entwicklung in Osteuropa veränderte die Zusammensetzung der Einwanderungsströme sehr stark. Der Anteil der Arbeitsmigranten aus den klassischen Herkunftsländern im

Mittelmeerraum, die bis dahin die Mehrheit der ausländischen Arbeitskräfte gestellt hatten, sank 1989 auf unter ein Drittel, während der Anteil der Immigranten aus Ost- und Südosteuropa auf 44 % stieg, von denen ein Drittel aus Polen kam. 1989/90 nahm Deutschland einschließlich der Ostdeutschen fast 1,5 Millionen Menschen aus den Warschauer-Pakt-Staaten auf, fast doppelt soviel wie in der Zeit von 1980 bis 1988 zusammen. 1989 wurde ein Nettozuwachs von 977 000 eingewanderten Arbeitskräften und deren Familienmitgliedern festgestellt. Rund zwei Drittel beantragten die Staatsbürgerschaft: 377 000 Auslandsdeutsche aus Polen, Rumänien und der Sowjetunion, 120 000 Flüchtlinge, Asylbewerber und Verwandte von legal im Lande lebenden Ausländern und 383 500 aus der früheren DDR.[188] Diese Zahlen gehen weit über das bisherige Niveau der Ost-West-Migration hinaus. Von 1963 bis 1977 lag die durchschnittliche Zahl der Einreisen aus der DDR bei etwa 13 000 pro Jahr.[189] Sie stieg in den 80er Jahren allmählich an; 1987 lag sie bei 43 300, im ersten Quartal 1990 bei 129 000 und im vierten Quartal 1991 bei 382 000. Heute taucht die Migration von Ost- nach Westdeutschland nicht mehr in den Einwanderungsstatistiken auf; man geht von 2,5 bis 3,5 Millionen aus.[190]

Der Zustrom der Aussiedler und der Bürger der früheren DDR läßt sich nicht mit anderen Migrationsströmen vergleichen, da er von ganz besonderen Bedingungen abhängt. Im Unterschied zu allen anderen Einwanderern haben beide Gruppen einen Rechtsanspruch auf die deutsche Staatsbürgerschaft. Von 1967 bis 1990 gab es eine eigene DDR-Staatsbürgerschaft, aber die Bundesrepublik ging immer von einer einzigen deutschen Staatsbürgerschaft für BRD und DDR aus, so daß nach 1989 alle DDR-Bürger automatisch sämtliche Bürgerrechte besaßen und ohne Einschränkung im Westen wohnen und arbeiten konnten. Nach deutschem Recht bestimmen bei Auslandsdeutschen die Zugehörigkeit zum deutschen Volk und der Vertriebenenstatus die Staatsbürgerschaft. »Vertriebene« sind diejenigen, die als Deutsche aus Osteuropa und der ehemaligen Sowjetunion vertrieben wurden. Dieser Begriff, der ursprünglich Deutsche betraf, die nach dem Zweiten Weltkrieg zur Ausreise gezwungen waren, wurde allmählich so ausgedehnt, daß er de facto auf alle ethnischen Deutschen aus Osteuropa und der früheren Sowjetunion zutraf. Auf diesen Status beriefen sich von 1989 bis 1991 mehr als 1 Million Einwanderer, vor allem aus Polen, Rumänien und der Sowjetunion. Aufgrund dieser hohen Zahlen wurde die Definition der Vertriebenen revidiert, so daß ethnische Deutsche heute nicht mehr automatisch die Staatsbürgerschaft erhalten.

Auch vor der Wiedervereinigung waren viele DDR-Bürger emigriert, überwiegend, aber nicht ausschließlich nach Westdeutschland. Seit der Gründung der DDR sind insgesamt 3,9 Millionen ihrer Bürger emigriert, 910 000 zwischen 1971 und 1981. Die meisten gingen nach dem Zweiten Weltkrieg; sie gehörten zu den Massen der Flüchtlinge und Vertriebenen, von denen im vorigen Kapitel die Rede war. Die DDR-Emigranten der 80er Jahre gingen zum großen Teil in die BRD, 1986 25 400 von insgesamt 55 000, 1988 40 400 von insgesamt 77 600.[191]

Im September 1989, kurz vor dem Fall der Berliner Mauer, hoben Ungarn und die Tschechoslowakei zahlreiche Reisebeschränkungen auf und machten die Reise nach Westen generell unproblematischer, auch für fremde Staatsbürger. Das wird in den Emigrantenzahlen dieser Monate sichtbar. Nach Honeckers erzwungenem Rücktritt im November 1989 öffnete die bedrängte neue DDR-Regierung die Grenzen. In diesem Monat emigrierten rund 80 000, weit mehr als in allen anderen Monaten dieses Jahres. Von Juli 1990 bis Juli 1991 zogen weitere 240 000 in den Westen. Danach tauchte diese Migration nicht mehr in den Einwanderungsstatistiken auf; sie gehörte jetzt zur Binnenwanderung.

Nach der Wiedervereinigung stieg auch die Zahl der Pendler, die weiter im Osten wohnen, aber im Westen arbeiten. Nach den Erhebungen des Bundesamts für Arbeit über die Arbeitsmarktentwicklung in den neuen Bundesländern hat sich die Zahl der Pendler von 200 000 im Juli 1990 auf 446 000 im Juli 1991 erhöht.[192] Im selben Zeitraum sank die Zahl der Arbeitsplätze in der früheren DDR von 8 auf unter 7,5 Millionen. Mehr als 50 % der Pendler haben einen Anfahrtweg von mehr als einer Stunde, 25 % können nicht täglich nach Hause zurückkehren.

1991 lag das durchschnittliche Lohnniveau in der früheren DDR bei 60 % des westlichen bzw. bei 50 %, wenn man die tatsächlich gezahlten Löhne berücksichtigt. Die Westpendler haben im Verhältnis zu den Berufstätigen im Osten ein im Durchschnitt um 50 bis 60 % höheres Einkommen. Dazu stieg der Anteil der Pendler, die höhere Durchschnittslöhne im Osten erreichten, von 68 auf 82 %. Im Juli 1991 arbeitete ein Drittel der Pendler in der Produktion, 15 % im Baugewerbe und 48 % im Dienstleistungsbereich, davon wiederum 19 % im Handel. In allen drei Bereichen ist Zeitarbeit üblich, was wohl erklärt, warum die Pendler aus dem Osten keine Probleme hatten, Arbeit zu finden. 60 % der Pendler sagten, sie würden gern oder vielleicht in den Westen übersiedeln, verglichen mit nur 35 % der ostdeutschen Bevölkerung insgesamt.

Die neuen Migranten aus dem Osten gehen zwar meist nach Deutschland, aber auch nach Österreich, Skandinavien und in verschiedene mitteleuropäische Länder. Es ist absehbar, daß Skandinavien aufgrund seiner alten ethnischen und wirtschaftlichen Verbindungen mit dem Nordosten Rußlands Ziel für Migranten aus diesen Regionen werden wird. Polen, die Tschechische Republik, die Slowakei und Ungarn erwarten ebenfalls eine Zunahme der Einwanderung aus der früheren Sowjetunion.

## Mitteleuropa als Aufnahmeregion

In Mittel- und Osteuropa gibt es heute ebenfalls sehr unterschiedliche Muster. In den mitteleuropäischen Ländern, die früher überwiegend Auswandererländer waren, gibt es heute neben den Auswanderern auch Einwanderer, Asylbewerber, illegale Arbeitskräfte und angebliche »Touristen«, die als Straßenhändler und Hausierer arbeiten.

Diese Länder befürchten massive Einwanderungsströme aus Rumänien und der GUS. Die Gesetze, die am 20. Mai 1991 in der Sowjetunion verabschiedet wurden und im Januar 1993 in Rußland in Kraft traten, ermöglichen allen Russen die uneingeschränkte Aus- und Einreise. Polen, die Tschechische Republik und Ungarn gingen davon aus, daß in der Folgezeit Millionen von »Touristen« aus der früheren Sowjetunion kommen und bleiben könnten. Dazu steigt die Zahl der Migranten aus anderen Ländern, die in diesen drei Ländern »gestrandet« sind, weil ihre ursprünglich geplante Weiterreise in den Westen zunehmend auf Schwierigkeiten stößt: Polen, Tschechien und Ungarn haben im Austausch gegen die Aufhebung der Visumspflicht für ihre eigenen Staatsbürger die Verpflichtung übernommen, Ausländer aus Drittländern wieder aufzunehmen, die über ihr Gebiet in den Westen einreisen wollten und zurückgeschickt wurden.[193] Die weitreichenden politischen Probleme, die dadurch entstehen, zwingen zu einer wechselseitigen Kooperation.

Weitere Ängste betrafen die mögliche Rückkehr der Millionen Osteuropäer, die oft gegen ihren Willen nach dem Zweiten Weltkrieg in der Sowjetunion »repatriiert« oder »neuangesiedelt« wurden. Die Polen sind dabei eindeutig in der Mehrheit; in der sowjetischen Volkszählung von 1989 wurde ihre Zahl mit 1,2 Millionen angegeben, aber Schätzungen gehen von der doppelten Anzahl aus, manche sogar von 4 Millionen. Ungarn, Bulgarien und andere mitteleuropäische Länder sind ebenfalls betroffen. Die Tatsache, daß signifikante Teile dieser Nationalitätengruppen ihre Herkunftssprache als Muttersprache angegeben haben, läßt sich unter Umständen als Anzeichen für den Wunsch nach Auswanderung interpretieren.[194]

Von 1987 bis 1991 verließen rund 1 Million Menschen die Sowjetunion. Verglichen mit den vorangegangenen vier Jahrzehnten, in denen es insgesamt weniger Emigranten gegeben hatte als im Jahr 1990, ist das eine extrem hohe Zahl, aber sie blieb dennoch weit hinter den Erwartungen zurück, die von 5 bis 10 Millionen ausgingen. Außerdem blieb nur der geringste Teil dieser Emigranten tatsächlich in Mitteleuropa, die meisten gingen weiter nach Deutschland, Israel und in die USA. Bei den Auswanderern handelte es sich zum großen Teil um ethnische Deutsche und Juden, andere potentielle Auswanderergruppen haben wenig Anzeichen für einen Migrationswunsch erkennen lassen, ausgenommen vielleicht die 35 000 Ungarn in Rumänien. Selbst nach dem Putsch vom August 1991 emigrierten nur wenige Sowjetbürger. Zwar stellten ein paar hundert russische Besucher, die sich gerade in Polen aufhielten, Asylanträge, aber von den 20 000 russischen

Pendlern, die in Polen arbeiteten, baten nur 50 um Asyl, der Rest kehrte wie bisher regelmäßig nach Hause zurück.[195]

Bei einer im März 1991 in Moskau durchgeführten Umfrage sagten nur 6 % der Befragten, sie würden im Falle einer Emigration in ein mitteleuropäisches Land gehen.[196] Nach Umfragen der IOM (International Organization for Migration) gab es in Rumänien bei bis zu 30 % der Bevölkerung ein Interesse an Auswanderung; eine Erhebung in Rußland, der Ukraine, Albanien und Bulgarien ergab 1992 ähnliche Zahlen.[197] Das Material zeigt, daß viele Bürger der ehemaligen Sowjetunion zwar gern ins Ausland gehen, aber nur sehr wenige für immer auswandern wollen.[198]

Mehrere Untersuchungen[199] sind zu dem Ergebnis gekommen, daß die politischen Veränderungen und die wirtschaftliche Neuordnung in der Sowjetunion vor allem zur Entwicklung von Saisonwanderungs- und Pendlerströmen geführt haben. Diese Entwicklung wurde durch die Aufhebung der Ein- und Ausreisebeschränkungen in der Region gefördert. Während früher die Ausreise eine unwiderrufliche Entscheidung war, ist heute die Rückreise jederzeit problemlos möglich. Normalerweise reisen die Migranten als »Touristen« ein und arbeiten dann ein paar Stunden, Tage oder auch Monate als Klein- oder Straßenhändler. Dieses Muster hatte es zwar schon seit Jahren gegeben, es hat sich aber seit der Öffnung der Grenzen deutlich verbreitet.

Auch wenn die Touristenzahlen aus der ehemaligen Sowjetunion viele verschiedene Kategorien umfassen, von denen ein großer Teil nichts mit Arbeit zu tun hat, sind sie ein Indikator für den Anstieg der Migration. 1980 kamen 720 000 sowjetische Touristen nach Polen, 1988 1,74 Millionen, 1989 3 Millionen und Anfang 1992 mehr als 5 Millionen. Die Aufenthaltsdauer schwankt zwischen einigen Stunden und mehreren Monaten; in der Gesamtzahl können deshalb viele Personen mehrfach erfaßt sein, vor allem die zahlreichen Klein- und Straßenhändler, die an Straßenecken, auf Märkten und in Zügen Zigaretten, Spielzeug, Kleidung, Lebensmittel, Alkohol und Kunsthandwerk aus sowjetischer Produktion verkaufen. In Tschechien hat sich ein ähnliches Muster entwickelt; hier reisen täglich Zehntausende Straßenhändler aus der früheren Sowjetunion ein. Anfang 1991 gab es in Polen nach Schätzungen zwischen 50 000 bis 70 000 Rumänen und bis zu 300 000 Russen, Belorussen und Ukrainer, die auf dem Bau, im Bergbau, in der Landwirtschaft und als Taxifahrer arbeiteten. Diese illegalen Arbeitskräfte werden schlechter bezahlt als polnische, verdienen aber immer noch mehr als in ihren Heimatländern. Ungarn ging 1992 von 100 000 illegalen Arbeitskräften aus anderen osteuropäischen Ländern, China und dem mittleren Osten aus.

Die Migration spielt auch bei kriminellen und halbkriminellen wirtschaftlichen Aktivitäten eine Rolle. Internationale Banden haben sich in Polen und Tschechien, mittlerweile auch zunehmend in den USA, vor allem in Chicago und New York, Operationsbasen geschaffen. Illegale Märkte des internationalen Waffen- und Prostituiertenhandels sind entstanden. Mittlerweile gibt es beträchtliches Informationsmaterial über den Handel mit osteuropäischen und russischen Frauen in Westeuropa und darüber hinaus. In Mitteleuropa arbeiten Prostituierte aus der früheren Sowjetunion, vor allem aus Rußland und der Ukraine, sowie aus Rumänien und Jugoslawien; nach einer Schätzung gibt es allein in Warschau 3000 Prostituierte aus den GUS-Staaten.[200]

Das größte Problem der mitteleuropäischen Länder bilden die illegalen Einwanderer und Flüchtlinge. In zahlreichen Konferenzen haben die drei Länder versucht, Strategien zur bestmöglichen Grenzkontrolle zu entwickeln. In Tschechien müssen Asylbewerber an der Grenze den Asylantrag stellen und dürfen erst einreisen, wenn das Innenministerium ihn genehmigt hat. Außerdem wurden die Grenzkontrollen mit Hilfe des Militärs verstärkt. Auf ähnliche Mittel setzen auch die anderen Länder. Mit der Erschwerung der Einreise für Asylbewerber, mit Visumszwang, Verstärkung der Grenzkontrollen und Einsatz von Militär zur Bewachung der Grenzen versuchen die mitteleuropäischen Staaten, die Kontrolle über die Einreise zurückzugewinnen. In Ungarn etwa wurde von Ende 1991 bis April 1993 1,3 Millionen Menschen die Einreise verweigert.[201]

Mittlerweile gibt es regionale politische Bemühungen. Ungarn, Polen und Tschechien haben jeweils mit Österreich, Slowenien, Kroatien und Rumänien Verträge über die Wiederaufnahme illegaler Migranten abgeschlossen. Im März 1993 trafen sich die Innenminister Polens, Ungarns, Tschechiens, Slowakiens, Österreichs und Sloweniens zur Abstimmung weiterer regionaler Fragen der Grenzkontrolle. Außerdem bemühten sich die Regierungen um die aktive Mithilfe des Westens in technischen, aber auch in wirtschaftlichen und sozialen Bereichen. Die Migrations- und Flüchtlingsströme, die sich in ihrem Staatsgebiet sammeln, sind nach Meinung der mitteleuropäischen Staaten Teil eines umfassenderen gesamteuropäischen Prozesses.

In den Bündnisverträgen zwischen der EG und diesen drei Ländern wurde zwar die Visumspflicht aufgehoben, aber dennoch gibt es keine volle Reisefreiheit. Polen und Tschechien haben mittlerweile mit Deutschland bilaterale Verträge über die Kooperation in Grenz- und Migrationsfragen abgeschlossen, in denen Deutschland finanzielle und praktische Hilfen im Austausch für strengere Grenzkontrollen und härtere Asylregelungen bietet. Durch diese Maßnahmen wird wahrscheinlich die illegale Migration von Polen nach Deutschland zunehmen.

Anders als im Kalten Krieg, als die Westeuropäer das Recht auf ungehinderte Ein- und Ausreise forderten, erwarten sie heute von den mitteleuropäischen Staaten, ihre Grenzen zu bewachen, Asylbewerber zurückzuhalten und die Migranten wiederaufzunehmen, denen sie den Weg nach Westen zu Unrecht freigemacht haben.

## Die politischen Rechte der Immigranten

Die Einwanderungspolitik der westeuropäischen Staaten hat sich seit den 70er Jahren quer durch das gesamte politische Spektrum immer mehr angeglichen. Zu den Maßnahmen zählen verschärfte Einwanderungsbestimmungen für Zuwanderer, Förderung der freiwilligen Rückkehr in die Heimatländer, Integration der Dauereinwanderer und der zweiten Einwanderergeneration sowie die Liberalisierung der Einbürgerungsgesetze, wobei Frankreich allerdings eine Ausnahme darstellt. Fast alle Länder haben mittlerweile die gesetzlichen Rechte der eingewanderten Bevölkerung erweitert und Mittel für Unterkünfte und Ausbildung bereitgestellt, die ihre Integration fördern sollen. Dieser Angleichungsprozeß erfolgte trotz aller nationalen Unterschiede bei der Einwanderungs- und Kolonialgeschichte, der Asylpolitik und der Haltung gegenüber verschiedenen Teilen der Immigranten- und Flüchtlingspopulationen, die, wie zum Beispiel die Asylbewerber in Deutschland oder die illegalen Einwanderer in Frankreich, als »Ursache« der nationalen Sorgen gelten, und vor allem trotz der scharf divergierenden Staatsbürgerschafts- und Einwanderungspolitik der einzelnen Länder, die im Mittelpunkt dieses Abschnitts stehen.

In den 80er Jahren zielten die Maßnahmen der meisten westeuropäischen Einwanderungsländer auf Liberalisierung und die Gewährung verschiedener Rechte, einschließlich des kommunalen Wahlrechts, für niedergelassene Einwanderer und ihre Familien. Die liberalste Politik vertraten Schweden, die Niederlande, Belgien und in gewissem Maße auch Frankreich. Die schwedische und die niederländische Regierung finanzieren Immigrantenvereinigungen und Sprachkurse, fördern die Chancengleichheit auf dem Arbeitsmarkt und gewähren den Einwanderern das kommunale Wahlrecht. Die meisten westeuropäischen Länder haben Mitte der 80er und dann wieder zu Beginn der 90er Jahre ihre Einbürgerungsgesetze liberalisiert, wobei es oft zu juristischen Auseinandersetzungen kam. Großbritannien bildet hier eine Ausnahme; der wachsende Druck innerhalb des Landes, die Einwanderungskontrollen für britische Staatsbürger aus den ehemaligen Kolonien zu verstärken, führte zu einem rigideren Staatsbürgerschaftsrecht.

Vereinfacht ausgedrückt, basiert das Staatsbürgerschaftsrecht der europäischen Staaten entweder auf dem Geburtsort (*jus soli*) oder auf der Abstammung (*jus sanguinis*). Allerdings sind fast überall Elemente von beidem vorhanden, auch wenn eins dominiert. Großbritannien, die Niederlande, Frankreich und Belgien stützen sich überwiegend auf das *jus soli*, das heißt, im Lande geborene Ausländer können bei der Volljährigkeit die Staatsangehörigkeit erwerben, im Lande geborene Kinder, bei denen ein Elternteil ebenfalls im Lande geboren ist, sind von Geburt an Staatsbürger. Schweden, Deutschland und die Schweiz stützen sich auf das *jus sanguinis*, das heißt, im Lande geborene Kinder von Ausländern müssen sich einbürgern lassen, um die Staatsbürgerschaft zu erwerben. Allerdings unterscheidet sich in den Ländern, die sich auf dasselbe Grundprinzip stützen, die Gesetzeslage beträchtlich. In Schweden zum Beispiel haben Ausländer, die im Land geboren sind, trotz des dominierenden *jus sanguinis* die Option auf Einbürgerung, während der Einbürgerung in Deutschland und der Schweiz große Hindernisse entgegenstehen.

In allen europäischen Ländern können niedergelassene Ausländer unter bestimmten Bedingungen die Staatsbürgerschaft beantragen, wobei die Entscheidung von den Behörden getroffen wird, oft ohne Einspruchsmöglichkeiten. Die gesetzlich vorgeschriebenen Bedingungen für die Einbürgerung sind unterschiedlich. In Deutschland muß man zum Beispiel die bisherige Staatsbürgerschaft aufgeben, in Frankreich nicht. Diese Unterschiede erstrecken sich auch auf Länder, die das *jus soli* bzw. *sanguinis* gemeinsam haben: So verlangt Schweden zwar die Aufgabe der bisherigen Staatsbürgerschaft bei der Einbürgerung, toleriert aber dennoch in den meisten Fällen die doppelte Staatsbürgerschaft, die in Deutschland so gut wie unmöglich ist.

Allgemeinere Unterschiede kommen hinzu.[202] In Deutschland zum Beispiel stößt Einbürgerung traditionell nicht auf breite Unterstützung, und die entsprechenden Verwaltungsvorschriften unterstreichen, daß sich Deutschland nicht als Einwanderungsland betrachtet. In Frankreich dagegen ist die Einbürgerung für Immigranten völlig normal; wie in den vorangegangenen Kapiteln beschrieben, ist Frankreich das einzige europäische Land, das sich traditionell um Niederlassung und Einbürgerung von Immigranten bemüht hat.[203] Die deutsche Staatsbürgerschaftskonzeption schließt den Zugang zum Nationalstaat aus freiem Willen, wie in den USA, oder durch staatlich geförderte Assimilation, wie in Frankreich, aus.[204]

Die Einbürgerungsraten ausländischer Einwohner reichten 1980 von 0,3 % in Deutschland und 1 % in Belgien bis zu 3,5 % in Schweden, 5 % in den Niederlanden und 3,4 % in Frankreich. Diese Zahlen sind im strengen Sinne nicht vergleichbar und variieren je nach der Quelle und den einbezogenen Gruppen; die Zahlen für Deutschland und Frankreich zum Beispiel wären höher, wenn die deutschen Aussiedler bzw. die automatische Gewährung der französischen Staatsbürgerschaft berücksichtigt worden wäre. 1991, als viele Staaten ihr Staatsbürgerschaftsrecht liberalisiert hatten, lagen die Einbürgerungsraten in Österreich bei 2,2, in Belgien bei 0,9 %,[205] in der Schweiz bei 0,7, in Deutschland bei 0,5 % (mit Aussiedlern bei 2,4 %), in Frankreich bei 2 % (mit der automatisch gewährten Staatsbürgerschaft bei der Volljährigkeit von in Frankreich Geborenen bei 2,7 %), in den Niederlanden bei 4,1, in Schweden bei 5,6 und in Großbritannien bei 3,3 %.[206]

In einem detaillierten Vergleich von sieben großen Nationalitätengruppen in sechs wichtigen westeuropäischen Aufnahmeländern Mitte der 80er Jahre hat Rath[207] festgestellt, daß die Einbürgerungsraten stärker nach Ländern als nach Nationalitätengruppen variierten. Die Einbürgerungsgesetze eines Landes haben also größere Bedeutung als die angenommene Neigung einer bestimmten Nationalitätengruppe, sich einbürgern zu lassen. Schweden und Deutschland repräsentierten dabei die beiden Extreme: In Schweden lag die Einbürgerungsrate bei keiner der untersuchten Gruppen unter 1,8, in Deutschland bei keiner über 0,6 %.

Die Bedeutung der Einbürgerungsgesetze wird auch deutlich, wenn man zwei so entgegengesetzte Länder wie Deutschland und Frankreich vergleicht, das bis 1993 automatisch allen Einwanderern der zweiten Generation die Staatsbürgerschaft verlieh. Die Einbürgerungsrate für Immigranten und ihre Nachkommen ist in Frankreich zehnmal so hoch wie in Deutschland. Frankreich hat mittlerweile eine wachsende Schicht von eingebürgerten Franco-Portugiesen, Franco-Maghrebinern etc. aus der zweiten Generation, während Deutschland die 500 000 im Lande geborenen und aufgewachsenen türkischen Immigranten der zweiten Generation nicht eingebürgert hat. Dabei muß man berücksichtigen, daß die Beschäftigungszahlen in beiden Ländern seit den 60er Jahren fast dieselben sind. Seit 1993 ist in Frankreich zum Erwerb der Staatsbürgerschaft bei der Volljährigkeit eine Absichtserklärung nötig, während sie vorher automatisch gewährt wurde; Deutschland hat seit 1990 die Einbürgerung für die zweite Generation erleichtert.[208] Wer 10 Jahre in Deutschland gelebt hat, hat einen Anspruch auf Einbürgerung; junge Ausländer zwischen 16 und 23 Jahren können eingebürgert werden, wenn sie vier Jahre in Deutschland die Schule besucht haben.

Trotzdem fällt auf, daß die Einbürgerungsraten, sobald man die automatische Gewährung der Staatsbürgerschaft ausschließt, ausgesprochen marginal sind. Die schärfsten Unterschiede werden sichtbar, wenn man bestimmte Nationalitätengruppen in den einzelnen Ländern vergleicht. Die Einbürgerungsrate für Marokkaner betrug in Deutschland 0,1 und in Schweden 20 %. Weitere drastische Unterschiede gab es bei den Einbürgerungsraten für Griechen mit 0,1 in Deutschland und 10,5 % in Schweden, Türken mit 0,1 bzw. 6 %, Spanier mit 0,2 bzw. 7,4 %, Italiener mit 0,2 bzw. 2,2 % und Jugoslawen mit 0,6 bzw. 1,8 %. Obwohl sich die Unterschiede dabei innerhalb eines relativ engen Rahmens bewegen, spielen die Einbürgerungsgesetze eines Staates doch eine Rolle: In den Niederlanden zum Beispiel stiegen nach dem neuen Einbürgerungsgesetz von 1985 die Raten bei mehreren Nationalitätengruppen um das Vier- oder Fünffache. Es gibt viele weitere Faktoren, die die Einbürgerungsraten beeinflussen, zum Beispiel die Nähe zum Herkunftsland, die Frage, ob das Herkunftsland bereits EG-Mitglied ist oder bald wird, und die Staatsbürgerschaftsregelungen des Herkunftslands. Marokko und Griechenland etwa lassen den Verzicht auf die Staatsbürgerschaft nicht zu.

In den späten 80er Jahren war das Staatsbürgerschaftsrecht in Schweden, Großbritannien und Frankreich überwiegend liberal, die Bedingungen für den Erwerb der Staatsbürgerschaft bei niedergelassenen Ausländern waren maßvoll: Im Lande geborene Kinder erhielten sie automatisch oder auf Antrag, die anderen nach höchstens fünf Jahren Aufenthalt, es gab keine oder geringe Verfahrenskosten, mäßige Anforderungen beim Führungszeugnis und ein unkompliziertes Verfahren.[209] Die Niederlande und Belgien haben ihr Staatsbürgerschaftsrecht zwar seit kurzem liberalisiert, verlangen aber immer noch einen Nachweis für die Integrationsbereitschaft der Antragsteller und beharren auf einer behördlichen Untersuchung, die das Verfahren komplizierter macht. In Deutschland und der Schweiz müssen vor der Einbürgerung zahlreiche Bedingungen erfüllt werden. Erleichterungen für die Nachkommen von Einwanderern gibt es nicht, Antragsteller müssen seit 10 oder 12 Jahren im Land wohnen, die Verfahrensgebühren sind hoch und die Methoden, mit denen die Integration der Antragsteller in die Gesellschaft festgestellt werden, ebenso komplex wie beliebig. Deutschland und die Schweiz sehen in der Einbürgerung den letzten Schritt der Assimilation.

Die Unterschiede zwischen liberalen und restriktiven Verfahren sollen anhand der Bedingungen in Großbritannien und der Schweiz illustriert werden, vor allem auch in Hinblick auf die zunehmenden Restriktionen des liberalen und die zwar geringe, aber doch erkennbare Lockerung des restriktiven Verfahrens. Elemente dieser Prozesse lassen sich heute in vielen westeuropäischen Ländern beobachten und tragen zu der wachsenden Annäherung der Einwanderungs- und Flüchtlingspolitik bei, die trotz aller radikalen vergangenen und gegenwärtigen Unterschiede im Einbürgerungs- und Staatsbürgerschaftsrecht unübersehbar ist.

Das Staatsbürgerschaftsrecht in Großbritannien basiert traditionell auf dem *jus soli*: Alle Personen, die auf britischem Hoheitsgebiet geboren wurden, hatten Anspruch auf die britische Staatsbürgerschaft, auch wenn ihre Eltern keine Briten waren. Die Bürger des Commonwealth blieben auch dann britische Staatsbürger, als die einzelnen Mitgliedsländer nach dem Zweiten Weltkrieg ein eigenes Staatsbürgerschaftsrecht einführten. Die in den 60er und 70er Jahren eingeführten Einwanderungskontrollen höhlten diese umfassende Definition der Staatsbürgerschaft durch die Beschränkung des staatsbürgerschaftlichen Einreise- und Bleiberechts nach und nach aus. Formal schlug sich diese Aushöhlung in dem Staatsbürgerschaftsgesetz von 1981 nieder, das die Staatsbürgerschaft enger faßte als bisher: Eine Person, die in Großbritannien geboren wird, ist dann britischer Staatsbürger, wenn Vater oder Mutter bei der Geburt britische Staatsbürger sind oder in Großbritannien wohnen. Wer außerhalb Großbritanniens geboren wird, ist dann britischer Staatsbürger, wenn ein Elternteil seine britische Staatsangehörigkeit nicht durch Abstammung erworben hat oder in der Armee bzw. einer anderen staatlichen oder EG-Institution arbeitet. In Großbritannien geborene Personen, die nicht von Geburt an britische Staatsbürger sind, können sich nach dem 10. Lebensjahr als solche registrieren lassen, wenn sie bis dahin nicht länger als 90 Tage außer Landes waren. Das Gesetz sah außerdem bis zum 31.12.1987 verschiedene Übergangsregelungen zum Erwerb der Staatsbürgerschaft vor. Die Einbürgerung kann beantragt werden, wenn verschiedene Bedingungen erfüllt sind, zum Beispiel drei bis fünf Jahre Aufenthalt, aber die Entscheidung liegt beim Innenministerium, das die Anträge ohne Begründung ablehnen kann.[210]

In der Schweiz muß die Einbürgerung auf drei unabhängigen Ebenen bestätigt werden: auf der Ebene des Bundes, des Kantons und der Gemeinde (Commune d'origine), in der die Bürger selbst dann ein über ihre Eltern ererbtes »Stadtrecht« besitzen, wenn sie selbst dort nie gelebt haben. Deshalb gibt es beträchtliche Unterschiede in den Einbürgerungsraten der Kantone und Gemeinden. Das Einbürgerungsgesetz von 1952 wurde 1984 geändert, blieb aber fest im *jus sanguinis* verankert. Automatisch erhält man die Staatsangehörigkeit nur durch Abstammung oder durch Eheschließung (mit einem männlichen Schweizer), in allen anderen Fällen ist die Einbürgerung erforderlich, für die auf Bundesebene von Ausnahmen abgesehen ein 12jähriger Aufenthalt und die »Eignung« zwingend vorgeschrieben sind. Letztere wird durch eine komplizierte Prozedur geprüft, mit der festgestellt werden soll, ob die Bewerber und ihre Familien sich an den Schweizer Lebensstil anpassen können. Die »Eignung« muß ebenfalls auf allen drei Ebenen bestätigt werden. In den Kantonen und Kommunen wird die Entscheidung oft von der Legislative, in manchen Fällen sogar von einer Bürgerversammlung getroffen; das politische Klima spielt meist eine große Rolle.

In Volksentscheiden wurden einige dieser Restriktionen aufgehoben: 1983 wurde die Gleichberechtigung von Männern und Frauen bei der Weitergabe der Staatsbürgerschaft an die Kinder und 1987 auch an die Ehepartner durchgesetzt. Die »Nationale Aktion gegen die Überfremdung von Volk und Vaterland« opponierte gegen die Einbürgerungspolitik und wollte durch einen Verfassungszusatz die Zahl der Einbürgerungen auf 4000 pro Jahr beschränken, unterlag aber bei der Abstimmung von 1977.

Die Niederlande sind ein Beispiel für einen sehr viel umfassenderen Liberalisierungsversuch, der die Verantwortung für die »Integrationsfähigkeit« zum großen Teil auf die Einwanderer selbst überträgt. Nach dem neuen Staatsbürgerschaftsgesetz von 1985 können Ausländer zwischen 18 und 25 Jahren, die seit der Geburt im Lande leben, die holländische Staatsbürgerschaft per einfacher Willenserklärung wählen. Diese Option galt für eine Übergangszeit bis 1987 auch für ausländische Kinder holländischer Mütter und wurde sehr oft wahrgenommen. Die doppelte Staatsangehörigkeit wird akzeptiert. Kinder mit einem holländischen Elternteil haben die holländische Staatsangehörigkeit, genau wie Kinder von Ausländern, die in Holland geboren wurden. Andere Ausländer müssen eingebürgert werden. Die Einbürgerung ist nach einem Mindestaufenthalt von 5 Jahren und ab einem Mindestalter von 18 Jahren möglich. Weitere Bedingungen sind die Fähigkeit, sich in einfachem Holländisch unterhalten zu können, und der Nachweis, daß bestimmte Straftaten nicht vorliegen. Gegen die Ablehnung des Einbürgerungsantrags kann Einspruch erhoben werden.

Die wichtigsten Veränderungen des neues Gesetzes betreffen die Gleichberechtigung der Geschlechter bei Erwerb und Übertragung der Staatsbürgerschaft, die Einspruchsmöglichkeiten gegen eine Ablehnung des Einbürgerungsantrags und den Austausch eines gesetzlichen durch ein Verwaltungsverfahren. Das Gesetz steht im Rahmen der holländischen »Minderheitenpolitik«, einer Kombination aus strengen Zuwanderungskontrollen und liberalem Einbürgerungsverfahren. Diese Politik respektiert die kulturelle Identität der ausländischen Einwohner und gibt entsprechend minimale »Integrationskriterien« für die Einbürgerung vor.[211]

Anfang der 90er Jahre haben einige europäische Länder angesichts des starken Drucks zur Eindämmung der sogenannten Einwanderungs- und Flüchtlingsflut Maßnahmen ergriffen, die den Zugang beschränken und die politische Annäherung Westeuropas vorantreiben. Liberale Länder wie Frankreich haben die Staatsbürgerschafts- und Einbürgerungsrechte eingeschränkt (vor allem im neuen Staatsbürgerschaftsgesetz von 1993), während Deutschland zum Beispiel die für den Erwerb der Staatsbürgerschaft erforderlichen Einbürgerungsbedingungen lockerte. Die Schweiz hat ihr Staatsbürgerschaftsgesetz novelliert und läßt jetzt wie die

Niederlande bei der Einbürgerung die Beibehaltung der bisherigen Staatsbürgerschaft zu. Das verbindet diese beiden Länder mit den großen Einwanderungsländern USA, Kanada und Australien, aber auch mit Frankreich und Großbritannien, die sämtlich die doppelte Staatsbürgerschaft zulassen. Damit sind Deutschland, Österreich und Luxemburg die einzigen Länder ohne die Möglichkeit einer doppelten Staatsbürgerschaft, da Schweden sie in den meisten Fällen toleriert.[212] Deutschland hat die politischen Möglichkeiten der Immigranten erweitert, indem ihnen gewisse soziale und Bürgerrechte zugestanden wurden, außerdem wird in breiten Kreisen gefordert, manche Elemente des *jus soli* zu übernehmen und die doppelte Staatsbürgerschaft einzuführen. Gleichzeitig hat Deutschland 1993 das Asylrecht drastisch verschärft. Die Annäherung in der Migrations- und Asylpolitik war mit Sicherheit eines der Ziele bei der Gründung der Europäischen Union. Die Europaratskonvention von 1963, die auf die Vermeidung der doppelten Staatsbürgerschaft abzielte, wurde durch eine zweite Vorlage, die zur Ratifizierung ansteht, liberalisiert; größere Veränderungen werden für die nächste Zukunft erwartet.

Diese sehr kurze und vereinfachte Beschreibung der Regeln in den einzelnen Ländern sagt aber noch nichts darüber aus, wie sie im einzelnen in die Praxis umgesetzt werden. Sie sagt auch nichts aus über die »Einwanderer« als soziopolitische Kategorie im Recht und in der politischen Praxis eines Staates, darüber, wie Immigranten bzw. die unterschiedlichen Gruppen von Einwanderern ihre Interessen vertreten, oder über die Neudefinition der Einwandererfrage in Westeuropa von einem Arbeitsmarkts- zu einem Identitätsproblem, eine Neudefinition mit rassistischem Charakter.[213]

## Immigranten und Reisefreiheit

Die Bildung der Europäischen Union macht eine Harmonisierung der Politik im Bereich der Einwanderungskontrolle, der Anerkennung politischer Flüchtlinge und des Status ausländischer Einwohner notwendig. Die Aufhebung der Grenzen innerhalb der EG erfordert zusätzlich die Abstimmung der Maßnahmen bei Unterbringung, Aufenthalt, Visa, Arbeitsgenehmigungen und Kriminalität. Dabei müssen sich die Politiker vor allem mit der politisch und gesetzlich verankerten Unterscheidung zwischen den Einwanderern aus EG-Ländern, die schrittweise eine Reihe von Rechten erhalten haben, und aus Nicht-EG-Ländern befassen. Diese Unterscheidung wird durch die Entwicklung supranationaler »Staatsbürgerschafts«-Formen, wie sie der heutige EG-Paß symbolisiert, möglicherweise in Zukunft noch verschärft. Durch Maastricht hat die Entwicklung europaweiter Bürgerrechte, unter anderem die Erweiterung des Wahlrechts innerhalb der Europäischen Union, neuen Aufschwung bekommen, aber damit auch die Frage nach der Position der Einwanderer und Flüchtlinge und nach den Konsequenzen ihrer Einbürgerung in den Vordergrund gerückt.

Daß die Einwanderungsfrage bei den Diskussionen über die Harmonisierung der politischen Maßnahmen von so zentraler Bedeutung war, lag einerseits an der Schlüsselrolle, die der Bewegungsfreiheit im EG-Binnenmarkt zukommt, andererseits an der schnellen Zunahme der niedergelassenen und der illegalen Immigranten sowie der Asylbewerber und Flüchtlinge. Die Zahl der niedergelassenen Immigranten war durch Familienzusammenführung, natürliche Vermehrung und neue Migration aus dem Osten stark angestiegen, die illegale Immigration lag nach Schätzungen 1991 bei etwa 2,6 Millionen und 1993 zwischen 4 und 5 Millionen, die Zahl der Asylbewerber und Flüchtlinge hatte sich in wenigen Jahren vervierfacht; allein 1992 kamen 700 000, fast ein Viertel aller Einwanderer, in die EG.

Diese Entwicklung trug dazu bei, daß seit 1991 zunehmend der Verdacht geäußert wurde, viele Flüchtlinge und Asylbewerber seien in Wirklichkeit Wirtschaftsmigranten, die sich angesichts des Einwanderungsstops für Arbeitsmigranten bei einem Asylantrag bessere Einreisechancen ausrechneten. Für weitere Kritik und Bedenken sorgten die langen Bearbeitungsfristen der Anträge, die in Verbindung mit dem Arbeitsverbot entweder zu großen wirtschaftlichen Problemen für Asylbewerber oder zu hohen Sozialhilfeausgaben führten. In den folgenden Jahren kam die Angst vor den Kriegsflüchtlingen aus dem ehemaligen Jugoslawien hinzu. Mit konzertierten Bemühungen wurde versucht, die Flüchtlinge gar nicht erst außer Landes zu lassen, sondern sie »möglichst in der Nähe der Heimatorte«, das heißt in den Grenzen des früheren Jugoslawiens, zu versorgen.

Das Prinzip der Bewegungsfreiheit war innerhalb der EG selbst für Bürger der Mitgliedsstaaten seit langem umstritten, von Nicht-EG-Bürgern ganz zu schweigen. So genossen Griechen erst ab 1988, Spanier und Portugiesen erst ab 1992 die volle Reisefreiheit. Im Prinzip schlossen die entsprechenden Initiativen der Mitgliedsländer (TREVI-Gruppe, Schengener Abkommen usw.) Personen aus Nicht-EG-Ländern nicht explizit aus. Dennoch blieben die Nationalstaaten hier letztlich souverän, trotz der allmählichen Aushöhlung dieser Souveränität durch ein Netz von übergeordneten Rechten und Körperschaften, und legten die Regelungen sehr streng aus. Die Maßnahmen im Bereich der Immigration konzentrieren sich in diesem Rahmen auf Restriktionen bei der Erteilung von Arbeitsgenehmigungen, auf Festnahme und Ausweisung illegaler Arbeitskräfte und auf Förderung der freiwilligen Rückkehr von Arbeitslosen in die Herkunftsländer, um den Arbeitskräften aus den Mitgliedsstaaten die Priorität bei der Vergabe von Arbeitsplätzen zu sichern. Diese restriktive Arbeitsplatzpolitik trifft die Arbeitsmigranten besonders hart, da sie häufig weder eine entsprechende Ausbildung noch Berufserfahrung besitzen[214] und somit ihre Chancen auf Arbeitsplätze in Zeiten hoher Arbeitslosigkeit sehr gering sind.

Die europäischen Staaten könnten niedergelassenen legalen Einwanderern aus Nicht-EG-Staaten dieselbe Bewegungsfreiheit gewähren wie EG-Bürgern. In den Niederlanden gab es Überlegungen, nach fünfjährigem Aufenthalt im Lande solche Rechte zu gewähren. Prinzipiell wären auch bi- und trilaterale Verträge denkbar, die bestimmte Nationalitätengruppen betreffen. Frankreich, Belgien und Holland zum Beispiel könnten von einer Bewegungsfreiheit ihres hohen marokkanischen Bevölkerungsanteils durchaus profitieren, etwa durch Möglichkeiten zur effizienteren Arbeitsverteilung angesichts der unterschiedlichen Schwerpunkte der Arbeitslosigkeit in den drei Ländern. Allerdings müßte dann geklärt werden, welche Möglichkeiten es gibt, die Nationalitäten und die Größe der betroffenen Gruppen festzulegen.

In diesem Zusammenhang wurde vereinzelt gefordert, solche Abkommen über die Reisefreiheit sollten alle Nationalitätengruppen in den Unterzeichnerstaaten betreffen, um neue Differenzierungen zu vermeiden. Wahrscheinlich wäre das eine Form, den Widerstand der Staaten gegen die Öffnung ihrer Grenzen für alle Nationalitätengruppen anzusprechen bzw. für Gruppen, die noch nicht auf ihrem Staatsgebiet vertreten sind. Solche partiellen Räume der Bewegungsfreiheit würden die gegenwärtige Geographie der eingewanderten Nationalitätengruppen stärken und damit ihre Konzentration in einer spezifischen Ländergruppe reproduzieren.

Das Zusammentreffen des Projekts eines EG-Binnenmarktes mit den sich verändernden Fakten der Immigration und Flucht hat zu einem weit stärkeren Einfluß der EG-Institutionen auf die Immigrations- und Flüchtlingspolitik geführt, als vor ein paar Jahren erwartet wurde, obwohl die Regierungen ihre alte Souveränität in diesem Bereich erbittert verteidigten und den EG-Institutionen in vieler Hinsicht die nötige Kompetenz fehlte. Durch Abkommen und eigene Arbeitsgruppen sicherten die Regierungen daher ihren Einfluß auf die EG-Politik, während die EG-Institutionen sich nach und nach eine größere Sachkompetenz in Flüchtlingsfragen erarbeiteten.

Regierungsabkommen haben bei den Mitgliedsstaaten der EG eine lange Geschichte.[215] Bereits in den 70er Jahren wurden verschiedene Regierungskommissionen gebildet, die sich überwiegend mit außenpolitischen Fragen beschäftigten. Deshalb war es nicht weiter verwunderlich, daß der Europarat 1986 eine Ad-hoc-Arbeitsgruppe zur Einwanderung einrichtete; sie entstand aus der Arbeit der TREVI-Gruppe und aus der wachsenden Einsicht, daß der Gemeinsame Markt Einwanderungsprobleme mit sich bringen würde, die durch die Zusammenarbeit auf Regierungsebene gelöst werden mußten.[216] Seit sich der Europarat im Juni 1988 in Hannover mit Immigrationsfragen beschäftigt hatte, kam dieses Thema auf fast jedem Gipfel zur Sprache. Die wichtigsten Ergebnisse der Regierungsverhandlungen über die Bewegungsfreiheit der Bürger seit der Ratifizierung der EEA (Einheitliche Europäische Akte) waren 1990 die Konvention von Dublin zum Thema Asyl und die Konvention über die Außengrenzen, die 1991 unterzeichnet wurde. Beide Verträge hatten Konsequenzen für Migration und Immigration.[217]

Das Schengener Abkommen von 1985, das von den Regierungen Frankreichs, Deutschlands und der Benelux-Länder unterzeichnet wurde, sollte die Bildung eines grenzfreien Raumes innerhalb Europas regeln. Die fünf Schengen-Staaten verschoben allerdings die für November 1989 geplante Unterzeichnung der zweiten Stufe des Abkommens, mit der ab 1. Januar 1990 eine grenzfreie Schengen-Zone errichtet werden sollte. Die Verschiebung hing neben der erklärten Schwierigkeit der Kontrolle der Außengrenzen nach dem Fall der Berliner Mauer mit Problemen wie Bankgeheimnis, Drogen und Datenschutz zusammen. Unterzeichnet wurde es schließlich im Juni 1990, aber die Probleme blieben zum großen Teil bestehen, und das Datum der Einführung wurde immer wieder verschoben: vom 1. 1. 1992 auf den 1. 12. 1993 und dann auf den 1. 2. 1994. Zum Teil hängen die Schwierigkeiten damit zusammen, daß einige Fragen in den Zuständigkeitsbereich von EG-Institutionen fallen. Großbritannien dagegen sieht gerade in den Schwierigkeiten bei der Einführung der Reisefreiheit und in der Tatsache, daß die EG-Institutionen nur für einen Teil der notwendigen Maßnahmen zuständig sind, den Beweis dafür, daß Bereiche wie Terrorismusbekämpfung, Einwanderung und Einbürgerung auch weiterhin nur von den einzelnen Staaten selbst geregelt werden können.

Schengen hat sowohl die Grenzen als auch die Möglichkeiten von Regierungsabkommen über Einwanderungsfragen aufgezeigt. Gestärkt wurde das Schengener Abkommen durch den Beitritt von Italien, Spanien, Portugal und Griechenland und deren Beschluß, im Kontext von Schengen ihre Außengrenzen stärker zu kontrollieren. Ein Schengener Informationssystem mit Sitz in Straßburg wurde entwickelt. Gleichzeitig ist Schengen aber auch ein Beispiel für die Kooperation von Regierungen bei der Aufhebung der inneren Grenzkontrollen.[218]

1990 und 1991 ist deutlich geworden, daß die Regierungsverhandlungen und die EG strukturell vor denselben Hürden stehen.

Seitdem wurde immer wieder versucht, die Belastungen durch Flüchtlinge und Asylbewerber gleichmäßiger zu verteilen, vor allem, weil der größte Teil sich in wenigen Ländern sammelt. Die Visumspolitik fällt jetzt in das Aufgabengebiet der EU-Institutionen, die Zusammenarbeit der Regierungen in Asyl-, Flüchtlings- und Einwanderungsfragen wurde in die sogenannte dritte Säule des Vertrags von Maastricht aufgenommen. Die EG-Institutionen haben ihr Engagement im Bereich der Einwanderung und der Grenzkontrollen generell verstärkt. 1991 rief die EG dazu auf, gemeinsame Regeln und politische Maßnahmen für die Einwanderung zu erarbeiten, statt sie weiterhin als Nebenproblem der Grenzkontrolle zu betrachten. Die illegale Einwanderung, die in den Arbeitsgruppen der Regierungen, etwa der Arbeitsgruppe Immigration, eine so wichtige Rolle spielt, erfordert ein gemeinsames Vorgehen der EG, und dasselbe gilt für die Bemühungen zur Erleichterung der Ausweisung.

Dank der wachsenden Einsicht in die zentrale Bedeutung der Immigrations- und Flüchtlingspolitik für die Bewegungsfreiheit und der zunehmenden Sachkenntnis der EG-Institutionen und Regierungsarbeitsgruppen gibt es heute eine lange Liste von Themen, die bearbeitet werden müssen. Gemeinsame Ausbildungsmaßnahmen für Grenzbeamte und ein neues Zentrum zum Informationsaustausch über Grenzen und Einwanderung sind geplant; die Regeln für die Familienzusammenführung sollen harmonisiert werden. Auf dem Treffen der AG Immigration im Juni 1993 in Kopenhagen wurde unter anderem zu verstärkten internen Überprüfungen von Bürgern aus Nichtmitgliedsländern und zur Entwicklung klarer Ausweisungskriterien aufgerufen.[219]

Die Themen auf der Tagesordnung der Arbeitsgruppe reichen von Kurzzeitverträgen für Arbeitsmigranten aus Drittländern, vor allem aus Osteuropa, bis zur Frage nach der Position von seit langem niedergelassenen Einwanderern, die noch nicht in ein EG-Land eingebürgert sind. Diese Frage gehört in den Komplex der Einbürgerungspolitik der EG, da die Einbürgerung in einem EU-Land dem neuen Staatsbürger Rechte in der gesamten EU verleiht. Die Verweigerung der Einbürgerung bei seit langem niedergelassenen Einwanderern gilt zunehmend als problematisch, unhaltbar und insofern nicht wünschenswert, weil sie die Integration der Immigranten in die Gastgesellschaft verhindert, die heute als unabdingbar angesehen wird. Selbst Deutschland, das in diesem Bereich die restriktivste Politik verfolgt, ist für eine Revision seiner Position offen und sieht ein, daß manche der deutschen Maßnahmen die EG in Schwierigkeiten bringen.[220]

Welche Schwierigkeiten eine Harmonisierung der Regeln mit sich bringt, wird durch die Debatte um die Regelung der Familienzusammenführung unterstrichen. Das Prinzip der Familienzusammenführung an sich ist unumstritten; sie basiert auf Artikel 8 der europäischen Menschenrechtskonvention, der das Recht auf ein normales Leben garantiert und die Familie als Fundament der Gesellschaft unter den besonderen Schutz von Staat und Gesellschaft stellt.[221] Immigranten haben entsprechend das Recht, ihre Familien mitzubringen, sofern sie über ein ausreichendes Einkommen und die erforderliche Unterkunft verfügen und ihr Antrag als annehmbar gilt. Trotz dieser Einschränkungen bildet die Familienzusammenführung einen der Kernpunkte des westlichen Verständnisses von Menschenrechten. Die Versuche der französischen und deutschen Regierungen, die Familienzusammenführung einzuschränken, wurden von den Verwaltungs- und Verfassungsgerichten mit der Begründung verhindert, diese Einschränkungen verstießen gegen internationale Abkommen. In den späten 70er Jahren wurden in Frankreich die Versuche der Regierung zurückgewiesen, die Familienzusammenführung zu verbieten.[222] Die Einschränkungen der Familienzusammenführung wirken sich in den einzelnen Ländern sehr unterschiedlich aus. Immigranten aus dem Maghreb zum Beispiel, die oft nur unzureichende Wohnungen und geringe Chancen auf dem Arbeitsmarkt haben, leiden stärker darunter als andere.[223]

Die Harmonisierung der Regeln innerhalb der EG sollte, wie viele meinen, auch zu einer Liberalisierung führen. Andererseits gibt es Befürchtungen, daß durch die Familienzusammenführung die Einwanderungszahlen steigen könnten, aber dagegen sprechen nach Meinung anderer[224] viele Gründe: Die hohen Lebenshaltungskosten in den EG-Ländern und die Schwierigkeit, adäquate Wohnungen zu finden, halten viele getrennt lebende Migranten wahrscheinlich davon ab, ihre Verwandten zu sich zu holen, andere wollen über die Verwandten die Verbindung zum Herkunftsland aufrechterhalten und ihre Kinder im Herkunftsland erziehen lassen; altgewordene Eltern oder Kinder werden nur ungern entwurzelt, und schließlich wird breit akzeptiert, daß Arbeitsmigration eine gewisse räumliche Trennung von der Familie mit sich bringt. Viele Migranten hoffen weiter, nach ein paar Jahren im Ausland wieder nach Hause zurückkehren zu können.

Es gibt bis heute weder eine europäische Einbürgerungspolitik noch eine europäische Einwanderungspolitik. Die EU erweitert ihre Autorität und Zuständigkeit in diesem Bereich relativ willkürlich; die institutionelle Verantwortung liegt überwiegend bei Regierungsarbeitsgruppen. Da die EG-Institutionen keiner demokratischen Kontrolle unterliegen, ist ihre Autorität in vieler Hinsicht begrenzt, was sich vor allem in so sensiblen Bereichen wie den Rechten des individuellen Bürgers zeigt, in denen ihre Entscheidungen gerichtlich korrigiert wurden. Die fehlende Kontrolle ist auch dafür verantwortlich, daß EG-Richtlinien in den nationalen Parlamenten oft nur unter Schwierigkeiten berücksichtigt und bestätigt werden. Trotzdem ist die neue Konstellation, die Regierungen und EG dazu veranlaßt hat, sich gemeinsam um die Harmonisierung der Migrations- und Asylpolitik zu bemühen, im Vergleich zu der Situation vor einigen Jahren ein bemerkenswerter Fortschritt.

# Einwanderungspolitik heute

In diesem Kapitel sollen auf dem Hintergrund der bisher beschriebenen Geschichte einzelne Themen näher ausgeführt werden, die zu einem besseren Verständnis der Einwanderungsprozesse und geeigneteren politischen Maßnahmen führen können. Eins dieser Themen ist die Tatsache, daß Migrationsströme räumlich, zeitlich und zahlenmäßig begrenzt sind. Die kollektiven Vorstellungen, die von großen Teilen der aufnehmenden Gesellschaften geäußert werden, beschwören das Bild einer »Überflutung« durch Einwanderer- und Flüchtlingsströme aus der ganzen Welt, deren Ende nicht abzusehen ist. Aber dieses Bild entspricht heute genausowenig der Realität wie in der Vergangenheit, als es noch keine Grenzkontrollen gab. Ein zweites Thema ist die wachsende Transnationalisierung der Einwanderungs- und Flüchtlingspolitik, in der sich die Transnationalisierungsprozesse im wirtschaftlichen, politischen und kulturellen Bereich spiegeln. Die Regierungen der Nationalstaaten können zwar in vielen Bereichen souverän entscheiden, werden aber immer stärker in ein übergeordnetes Geflecht aus Rechten und Regeln eingebunden, von den EG-Institutionen bis zum Internationalen Gerichtshof. Ein drittes Thema ist die Frage der politischen Optionen: Europa kann heute nur gemeinsam mit den hier lebenden Immigranten und Flüchtlingen an deren echter Integration arbeiten und Rahmenbedingungen schaffen, die kulturelle und religiöse Vielfalt zum festen Bestandteil der bürgerlichen Gesellschaft machen, zu einem verbindenden statt zu einem trennenden Element.

Diese Themen betreffen zum Teil auch die Flüchtlinge, da sie nach ihrer Niederlassung meist unter denselben Bedingungen leben wie Einwanderer. Dennoch muß ihre besondere Lage berücksichtigt werden. Die Definition des Flüchtlings in der Genfer Konvention, die aus der Zeit nach dem Ersten Weltkrieg stammt, muß den heutigen Verhältnissen angepaßt werden. Auf jeden Fall muß sichergestellt sein, daß Menschen, die vor Verfolgung fliehen, angehört werden. Im folgenden gehe ich auf die Flüchtlingsfrage nur im Rahmen der Bedingungen ein, die Immigranten und Flüchtlinge gemeinsam betreffen.

## Arbeitsmigration als strukturierter Prozeß

Wie die Daten der letzten 200 Jahre zeigen, sind Arbeitsmigrationen zeitlich und räumlich stark strukturiert; es handelt sich nicht um unumkehrbare, ständig wachsende Ströme. Migranten kamen in der Vergangenheit zwar überwiegend aus ärmeren Gegenden, aber da sie stets nur aus bestimmten Gruppen der Bevölkerung stammten, hat ihre Zahl nie das Ausmaß einer »Flut« oder einer »Invasion« angenommen. Selbst in den Zeiten, als die Staaten noch nicht die technischen und administrativen Mittel zur Grenzkontrolle besaßen, migrierte immer nur die Minderheit der Bevölkerung einer Region oder eines Landes.

Es stellt sich also die Frage, warum angesichts der großen Armut in manchen Gegenden, der drastischen regionalen Unterschiede in den Verdienst- und Arbeitsmöglichkeiten und der fehlenden Grenzkontrollen nicht alle oder doch wenigstens die Mehrzahl der Armen in die wohlhabenderen Länder abwanderten.

Die Arbeitsmigration verlief innerhalb systemhafter Rahmenbedingungen; Umfang, Geographie und Dauer wurden von einer Vielzahl von Faktoren bestimmt, die sich aus makrosoziologischer Sicht als Gleichgewichtsfaktoren verstehen lassen. Die Tatsache, daß sich Arbeitsmigrationen nie zu Masseninvasionen entwickelt haben, spricht für ihren Systemcharakter und die Abhängigkeit von den Merkmalen des Systems. Es gibt in der Geschichte der europäischen Arbeitswanderungen keine massive Zuwanderung überschüssiger Arbeitsmigranten.

Die wichtige Rolle, die Anwerbung und räumlich begrenzte Netzwerke bei der Migration spielen, und die zahlreichen Migrationskreise zwischen bestimmten Herkunfts- und Zielorten, die oft über große Zeiträume hinweg stabil blieben, zeigen ebenfalls, wie sehr die Migrationen in bestimmte Systeme eingebettet waren und von ihnen beeinflußt wurden, und zwar lange vor den Grenzkontrollen des 20. Jahrhunderts. Es war demnach nicht allein eine staatliche Einwanderungspolitik, die die Migrationen strukturierte und regulierte. In der Regel beeinflussen und unterstützen neben dem individuellen Willen der Migranten noch andere Faktoren die Migrationsströme, und dazu zählt meist ein geopolitisch spezifiziertes System.

Dabei kann es sich um wirtschaftliche Systeme handeln (zum Beispiel das atlantische Wirtschaftssystem des 19. Jahrhunderts, dann die Europäische Wirtschaftsgemeinschaft oder das North American Free Trade Agreement (NAFTA), das 1989 zunächst zwischen Kanada und den USA geschlossen wurde), um politisch-militärische (zum Beispiel die Kolonialsysteme der europäischen Staaten oder das Engagement der USA in Mittelamerika), um transnationale Kriegsgebiete (die zum Beispiel in Europa zu großen Flüchtlingsströmen führten) oder um kulturell-ideologische Systeme (zum Beispiel die Auswirkungen des Bildes der westlichen Demokratien als »Garanten des Wohlstands für alle« in den Ostblockländern).

Aber trotz dieser systematischen Strukturierung von Geographie, Dauer und Umfang der Arbeitsmigrationen und ungeachtet des geringen Bevölkerungswachstums, der hohen Sterblichkeitsraten und des akuten Arbeitskräftemangels wurden Arbeitsmigranten schon im 19. Jahrhundert diskriminiert und in weiten Teilen der Gesellschaft abgelehnt. Hinter den Fragen von Rasse und Kultur, die heute im Vordergrund stehen, verbirgt sich der alte Wunsch nach Ausgrenzung des Außenseiters, des »Anderen«. Die heutige Ausgrenzung des »Anderen« verläuft über das Klischee der fremden Rasse und Kultur, aber Immigranten wurden bereits als die »Anderen« gebrandmarkt, als sie überwiegend derselben Rasse und im breiteren Sinne auch derselben europäischen Kultur angehörten. Migration ist stets ein Schritt in eine fremde Welt, auch dann, wenn sie sich innerhalb einer Region oder, wie heute bei den ostdeutschen Migranten in Westdeutschland, innerhalb eines Landes abspielt.

Im neu entstandenen europäischen Staatensystem nach dem Ersten Weltkrieg wurde, wie wir gesehen haben, die Kontrolle der Grenzen zu einem zentralen Thema. Dadurch kam es zu der Definition des Flüchtlings als eigener Kategorie unter den Immigranten, der des Schutzes eines fremden Staates bedurfte. Heute, nach der Entstehung grenzüberschreitender EG-Institutionen, der Schwächung des Staatensystems und dem Ende des Kalten Krieges werden Immigranten und Flüchtlinge aus ärmeren Ländern aufs neue zu einer einzigen Kategorie zusammengefaßt und gelten unterschiedslos als Wirtschaftsmigranten.

Meiner Meinung nach muß vor allem anderen geklärt werden, inwieweit Arbeitsmigration in die Funktionsweisen und Entwicklungen eines wirtschaftlichen und sozialen Systems integriert ist. Vereinfacht gesagt, geht es um folgendes: Wenn die Ursache der Einwanderung ausschließlich im individuellen Wunsch nach einem besseren Leben gesehen wird, können die Zielländer die Einwanderung als außerhalb gelegenen Prozeß wahrnehmen, der von den Bedingungen der Ursprungsländer abhängig ist – wachsende Armut und Überbevölkerung führen entsprechend zu wachsender Emigration –, und ihnen selbst nur noch die Möglichkeit läßt, die Migranten zu versorgen. Die Zielländer sind in dieser Perspektive nichts weiter als passive Beobachter von Prozessen, in die sie nicht eingreifen können; die »Invasion« läßt sich kaum anders aufhalten als durch Schließung der Grenzen.

Wenn Einwanderung aber eine Funktion auch des Wirtschaftssystems in den Zielländern ist, dann ist sie ein integraler Bestandteil der wirtschaftlichen Wachstums- und in manchen Fällen auch der Krisenphasen, etwa in den 70er und 80er Jahren in den USA, als tarifgebundene Arbeitsplätze zunehmend durch Ausbeutungsbetriebe ersetzt wurden. Der asymmetrische Entwicklungsstand der einzelnen Länder bildet eine Rahmenbedingung der Einwanderung, aber Asymmetrie allein reicht zur Erklärung nicht aus.[225] Asymmetrie wird erst dann zum Push-Faktor, wenn sie durch organisierte Anwerbung, neokoloniale Bindungen usw. aktiviert wird. Die wirtschaftlichen, politischen und sozialen Bedingungen des Aufnahmelandes legen die Parameter für die Einwanderungsströme fest. Auch wenn es gelegentlich eine Weile dauert, bis sich diese Ströme an Veränderungen im Arbeitskräftebedarf oder die Sättigung des Arbeitsmarkts angepaßt haben, war die Tendenz zur Anpassung an die Bedingungen der Zielländer immer erkennbar. Bei der polnischen Einwanderung nach Deutschland in den 1990er Jahren zum Beispiel sank die Wachstumsrate mit den sinkenden Chancen am Arbeitsmarkt; statt der permanenten bestimmte jetzt die zirkuläre Migration zahlreiche Ost-West-Wanderungen, auch die aus der früheren DDR. Die Bedingungen in den Zielländern beeinflussen also Umfang und Dauer der Migrationen, das heißt, es handelt sich nicht um exogene Prozesse, die nur von Armut und Bevölkerungswachstum in den Herkunftsländern abhängig sind und bei denen die Versorgungskapazitäten der Zielländer keine Rolle spielen. Mit dieser Erkenntnis aber wird deutlich, daß eine einigermaßen effektive Einwanderungspolitik möglich ist, die nicht mehr vor der Aufgabe steht, eine »Invasion« abzuwehren, sondern es mit einem strukturierten Immigrantenstrom zu tun hat. Effektive Politik hängt dabei nicht unbedingt davon ab, die Bedingungen in den Zielländern und den Zustrom und die Niederlassung von Migranten vollständig aufeinander abzustimmen. Eine solche perfekte Synchronisation läßt sich nie erreichen; Einwanderung ist ein Prozeß, der aus dem Willen und dem Handeln von Menschen mit weit vielfältigeren Identitäten und Lebensentwürfen entsteht, als die den politischen, wirtschaftlichen und gesellschaftlichen Zwecken der Zielländer dienende Kategorie »Immigrant« fassen kann. Es gibt keine definitiven Beweise in dieser Frage, aber es gibt Muster, und es hat sie immer gegeben. Aus der Vergangenheit können wir lernen, daß Einwanderungsprozesse in gewissem Maße aus einer Reihe geographisch eingrenzbarer Ereignisse bestehen, die einen Anfang und ein Ende haben und sämtlich von den wirtschaftlichen, politischen und gesellschaftlichen Funktionen und Strukturen der Zielländer abhängig sind.

# Die Geopolitik der Migration

Die Verbindungen zwischen Immigrations- und Emigrations-
ländern können viele Formen annehmen, von denen zwei besonders dominant sind und bei den meisten Migrationsströmen eine
Rolle spielen: die kolonialen Bindungen der Vergangenheit oder
die neo- bzw. quasikolonialen Bindungen der Gegenwart und die
organisierte Anwerbung, entweder direkt auf Regierungsebene
oder im Rahmen einer staatlich geförderten Initiative der Arbeitgeber. Häufig überschneiden sich die Anwerbungsprozesse mit
den kolonialen oder neokolonialen Bindungen. Die meisten
Migrationsströme werden mit der Zeit von der organisierten
Anwerbung mehr oder weniger unabhängig. Bei allen Unterschieden zwischen den Ländern, die durch organisierte Anwerbung zu
Exportländern für Arbeitsmigranten werden, und ehemaligen
Kolonialländern lassen sich auch Ähnlichkeiten feststellen. Die
arbeitsexportierenden Länder werden in vieler Hinsicht in eine
untergeordnete Position gebracht und in den Medien und im
politischen Diskurs entsprechend dargestellt. Bereits im 19. Jahrhundert waren manche Herkunftsregionen von Arbeitsmigranten
in einer wirtschaftlich und oft auch quasipolitisch untergeord-
neten Position. Das galt für die von Deutschland annektierten
polnischen Gebiete, aus denen signifikante Migrantenströme nach
Westen zogen, für Irland und auch für Italien, das zum Arbeitskräftereservoir für das restliche Europa wurde.

Die folgenden Fakten belegen die Existenz einer Geopolitik der
Migration:

60 % der ausländischen Bevölkerung Großbritanniens stammt
aus früheren Kolonien oder Commonwealth-Ländern in Asien
und der Karibik. Der europäische Anteil ist relativ gering, speist
sich aber zu drei Vierteln aus Irland, also ebenfalls aus einer früheren Kolonie. Türken und Jugoslawen, die in Deutschland den
Großteil der Arbeitsmigranten stellen, gibt es in England so gut
wie gar nicht, während umgekehrt fast alle Immigranten aus dem
indischen Subkontinent und den ehemals englischen Karibikinseln
in Europa in England leben.

Entsprechend ließ sich die überwiegende Mehrheit der 8 Millionen aus dem Osten vertriebenen Deutschen nach dem Zweiten Weltkrieg in Deutschland nieder; sie waren bis etwa 1955 die bei weitem größte Gruppe der Immigranten. Die zweite wichtige Gruppe bestand aus den 3 Millionen DDR-Bürgern, die vor dem Mauerbau 1961 nach Westdeutschland kamen. Fast alle ethnischen Deutschen blieben in Deutschland, der Rest ging nach Übersee. Daneben leben aber auch 86 % aller griechischen, fast 80 % aller türkischen und 76 % aller jugoslawischen Migranten in Deutschland. Dazu hat Deutschland später auch in Portugal, Algerien, Marokko und Tunesien Arbeitskräfte angeworben, obwohl die große Mehrzahl der Migranten aus diesen Ländern in Frankreich lebt. Kurz, wir sehen in Deutschland erstens einen Migrationsstrom, der seine Wurzeln in der langen Geschichte der deutschen Vorherrschaft im Osten hat, und zweitens einen Strom aus weniger entwickelten Ländern, der einer mittlerweile klassischen Dynamik von Arbeitskräfte importierenden und exportierenden Ländern gehorcht.

Frankreich hat in den späten 60er Jahren seine alte Position als wichtigstes Einwanderungsland Europas an Deutschland abgegeben. Im Zuge der Entkolonialisierung kehrten 2 Millionen Franzosen aus Übersee zurück. Durch den starken wirtschaftlichen Aufschwung der Nachkriegszeit entwickelte sich ein ganz neuer Migrationsstrom aus den früheren französischen Einflußzonen in Nordafrika. In Frankreich leben fast alle Migranten aus Algerien, dazu 86 % der aus Tunesien und 61 % der aus Marokko stammenden Migranten; die Migranten aus den französisch kontrollierten Überseegebieten, etwa den französischen Antillen, Tahiti und Französisch-Guayana, konzentrieren sich ebenfalls fast ausschließlich in Frankreich. 84 % aller portugiesischen und spanischen Migranten in Europa leben in Frankreich; wie die vorigen Kapitel gezeigt haben, hat auch die Anwerbung von italienischen Arbeitskräften eine lange Tradition.

In den Niederlanden und in Belgien gibt es neben Arbeitsmigranten aus Arbeitsexportländern wie Italien, Marokko und der Türkei eine signifikante Population aus den früheren Kolonialreichen. In der Schweiz leben Migranten aus Italien, Spanien,

Portugal, Jugoslawien und der Türkei. Alle drei Länder haben diese Arbeitskräfte zunächst organisiert angeworben, bis sich schließlich relativ autonome Migrationsströme bildeten. In Schweden leben 93 % aller finnischen Migranten. Gleichzeitig wirbt Schweden aber wie so viele andere Länder jetzt ebenfalls Migranten aus den Mittelmeerländern an.

Je länger die Geschichte eines Migrationsstroms, desto stärker ist die Diversifizierung der Ziele, die sich mit der Zeit von kolonialen und neokolonialen Bindungen lösen. Migranten aus Italien sind heute auf mehrere europäische Länder verteilt: ein Drittel in Deutschland, 27 % in Frankreich, 24 % in der Schweiz und 15 % in Belgien. Die Tatsache, daß die Diversifizierung der Zielländer nach wie vor begrenzt ist, könnte auf ein Migrationssystem deuten. Die neueren Arbeitsmigrationen dagegen sind geographisch sehr stark konzentriert. Die größte einzelne Migrantengruppe in den europäischen Ländern sind die 1,5 Millionen Türken in Deutschland.

Ist eine Region erst einmal zu einer signifikanten Auswanderungsregion geworden, kann sie die Entwicklung der Einwanderungsregionen anscheinend nur schwer aufholen. Das läßt sich an der Wirtschaftsgeschichte belegen. Durch das hohe oder zumindest relativ hohe wirtschaftliche Wachstum entsteht ein Vorsprung, den die Auswanderungsländer, wie die Geschichte zeigt, entweder nicht aufholen oder an dem sie strukturell nicht teilhaben können, weil dieses Entwicklungsgefälle für die räumliche Verteilung des Wachstums charakteristisch ist. Solche Verallgemeinerungen sollten zwar nicht allzu mechanistisch angewandt werden, aber am Beispiel Italiens und Irlands läßt sich doch erkennen, daß ihre zweihundertjährige Auswanderungsgeschichte zwar möglicherweise ein individueller und lokaler, aber nicht unbedingt ein makroökonomischer Vorteil war.

Analytisch läßt sich also feststellen, daß die Zielländer der Arbeitsmigranten mit zunehmendem Reichtum und Wirtschaftswachstum ihre Anwerbungs- und Einflußzonen auf immer mehr Länder ausgedehnt und eine Vielzahl von dynamischen Aus- und Einwanderungsprozessen in Gang gesetzt haben, die zum Teil in imperialen Strukturen der Vergangenheit, zum Teil in der neu entstandenen Asymmetrie der Entwicklung wurzeln, die eine der wesentlichen Grundlagen für heutige Migrationen darstellt. Die Arbeitsmigration ist in eine Dynamik der Asymmetrie eingebettet, die Export oder Import von Arbeitskräften zum bestimmenden Merkmal einzelner Regionen macht, selbst wenn sich die Grenzen heute verwischen und Mitteleuropa und Italien zum Beispiel ebenfalls zum Ziel für Arbeitsmigranten geworden sind.

## Länderübergreifende Gemeinsamkeiten

In den zwei Jahrhunderten, mit denen sich dieses Buch beschäftigt, und in der umfassenden wissenschaftlichen Literatur zur Immigration in Westeuropa und den USA werden verschiedene länderübergreifende Gemeinsamkeiten deutlich. Hier geht es um die Frage möglicher räumlicher, zeitlicher und institutioneller Grenzen der heutigen Immigrantenströme, mit denen sich Ort, Zeit und Umfang der Immigration definieren lassen. Dank solcher länderübergreifender Gemeinsamkeiten läßt sich der Einwanderungsprozeß sehr viel besser verstehen und entsprechend das Spektrum der politischen Optionen deutlich erweitern.

1. Emigration ist immer nur für einen kleinen Bevölkerungsanteil eine Option.
Wir wissen heute, daß Menschen ihre Heimatdörfer oder -städte nur höchst ungern verlassen, wenn sie nicht durch Terror oder Krieg zur Flucht gezwungen sind. Nur eine Minderheit Mexikaner ist in die USA gegangen, und nur wenige Polen versuchen, nach Deutschland zu kommen. Der größte Teil der Emigranten, die Ende der 80er Jahre aus dem Osten nach Deutschland kamen, waren Sinti und Roma aus Rumänien und ethnische Deutsche, das heißt zwei Gruppen, die sehr spezifische Gründe für die Migration hatten. Eine Minderheit der Emigranten ist fest entschlossen (Nachholbedarf) und läßt sich durch nichts abhalten, und es gibt eine Grauzone von potentiellen Emigranten, deren Gehen oder

Bleiben von verschiedenen Anreizen (Push-Faktoren) abhängt. Die große Masse der Bevölkerung eines armen Landes dagegen wandert nicht aus.

Auch im 19. Jahrhundert, als es keine Grenzkontrollen gab und der Staat die nötigen technischen und administrativen Mittel dazu nicht besaß, emigrierte nur eine Minderheit der Bevölkerung, selbst auf lokaler Ebene. Eine detaillierte geographische Untersuchung der Bezirke in Süditalien, in denen es historisch die höchsten Emigrationsraten gab, zeigt, daß selbst auf dem Höhepunkt der Massenemigration nicht mehr als höchstens 40 von 1000 Einwohnern auswanderten.

Nicht anders sieht es heute in den EG-Ländern aus, in denen der Weg in ein anderes Land für die Bürger relativ offen ist und es weiterhin beträchtliche Unterschiede im Lohnniveau der einzelnen Mitgliedsstaaten gibt. Nach neueren Zahlen ist die grenzüberschreitende Mobilität der EG-Bevölkerung gering. Etwa 15 der insgesamt 344 Millionen EG-Bürger arbeiten in einem Land, dessen Staatsangehörigkeit sie nicht besitzen. Da die große Mehrheit dieser 15 Millionen nicht aus Mitgliedsländern der EG stammt, kann man davon ausgehen, daß sie ausschließlich in dem Land wohnen, in dem sie registriert wurden. Rund 5 Millionen EG-Bürger arbeiten in einem EG-Land, dessen Staatsbürgerschaft sie nicht besitzen.

2. Einwanderer sind in der Bevölkerung eines Landes immer in der Minderheit.

Die 15 Millionen Immigranten machen 5 % der Gesamtbevölkerung der EG aus. Fünf Millionen (36,4 %) von ihnen sind EG-Bürger, 10 Millionen, weniger als 3 % der europäischen Gesamtbevölkerung, kommen aus Drittländern. Die Zahl der Immigranten aus dem Maghreb, die so heftige Debatten über kulturelle und religiöse Integrationshindernisse ausgelöst haben, beträgt in den acht wichtigsten EG-Ländern insgesamt 2 Millionen; das sind 14,5 % der gesamten Einwandererpopulation der EG oder 21,2 % der Einwandererpopulation aus Nicht-EG-Ländern oder 0,62 % der europäischen Gesamtbevölkerung. Selbst wenn die Schätzungen der illegalen und eingebürgerten Immigranten aus dem Maghreb berücksichtigt werden, sind es immer noch nicht mehr als 1,3 % der EG-Bevölkerung. Die türkischen Migranten in Deutschland haben ähnliche Debatten ausgelöst, aber obwohl der weitaus größte Teil der türkischen Migranten in der EG in Deutschland lebt, liegt ihr Anteil an der deutschen Bevölkerung bei nicht mehr als 2 %.

Insgesamt hat kein EG-Land, mit Ausnahme von Luxemburg, einen Ausländeranteil von mehr als 10 %. In Deutschland und Frankreich sind 93 % der Einwohner Staatsangehörige, in Spanien, Portugal und Griechenland sogar 99 %; die Zahlen für die meisten anderen Länder liegen dazwischen.

3. Die Rückwanderung ist beträchtlich, es sei denn, sie würde durch die militärisch-politische Situation in den Herkunftsländern verhindert.

Rund 60 % der Italiener zum Beispiel, die um die Jahrhundertwende in die USA emigrierten, kehrten nach Italien zurück. Auch der Anteil der EG-Bürger, die innerhalb Europas nicht in ihrem Herkunftsland leben, hat sich seit 1970 verringert, was zum Teil auf die Rückwanderung der italienischen, spanischen und portugiesischen Arbeitsmigranten zurückgeht. Die zirkuläre Migration hat im Mittelmeerraum, aber auch in Nord- und Südamerika allgemein zugenommen. Damit könnte es nötig werden, die Herkunfts- und Zielregionen als Teil eines einzigen wirtschaftlichen, sozialen und politischen Systems zu betrachten, in dessen Rahmen die Einwanderer ihre individuellen Entscheidungen treffen.

4. Es gibt die Tendenz zur permanenten Ansiedlung.

Diese Tendenz gilt aber immer nur für einen variablen Anteil der Immigranten und bleibt wahrscheinlich bei hohen Rückkehrraten stabil wie bei einer Politik, die eine permanente Niederlassung zu verhindern sucht. Sie zeigt sich im Augenblick in allen Zielländern von Migranten, von extrem geschlossenen Gesellschaften wie Japan[226] und Saudi Arabien bis zu den relativ liberalen westlichen Staaten.

Die Einsicht in diesen Prozeß ist in den europäischen Ländern sehr unterschiedlich.[227] In Großbritannien zum Beispiel rechneten die Politiker bereits in der Anfangsphase der Einwanderung mit einer permanenten Ansiedlung, während die deutsche Politik an der Konzeption des »Gastarbeiters« festhielt. Mittlerweile gibt es trotz solcher politischen Unterschiede in ganz Europa eine niedergelassene Immigrantenpopulation, die zum Teil im Land geboren wurde. Sie alle werden mehr oder weniger als »Ausländer« betrachtet, unabhängig davon, ob sie durch ihren Geburtsort Staatsbürger sind oder einfach ihren ständigen Wohnsitz im Lande haben. In Frankreich werden sie trotz der Einbürgerung als »Immigranten«, in den Niederlanden, Schweden und Belgien als »Minderheiten« und in England als »ethnische Minderheiten« bezeichnet, obwohl England neben diesen »ausländischen« mit den Schotten, Walisern und Iren noch seine eigenen ethnischen Minderheiten hat.

5. Illegale Immigration ist nach dem Zweiten Weltkrieg in allen westlichen Ländern, einschließlich Japans, ein unbestreitbarer Faktor geworden, unabhängig von den Unterschieden in der politischen Kultur und der Einwanderungspolitik.
Diese Tatsache erfordert es, Zwangsmaßnahmen und den Rahmen ihrer Anwendungen neu zu überdenken. Die Tatsache der illegalen Einwanderung zeigt, daß die westlichen Länder unabhängig von der jeweils geltenden Politik zugänglich sind. Das verfügbare Material zeigt aber auch, daß die Mehrheit der illegalen Einwanderer denselben Nationalitätengruppen angehört wie die legale Immigrantenpopulation und daß ihr Anteil in der Regel geringer ist. Daraus läßt sich schließen, daß der Prozeß der illegalen Einwanderung denselben systemischen Bedingungen folgt wie legale Einwanderung und entsprechend in Umfang und Reichweite genauso begrenzt bleibt.

6. Immigration ist ein hochdifferenzierter Prozeß.
An diesem Prozeß sind Menschen mit dem Wunsch nach dauerhafter Niederlassung genauso beteiligt wie Zeitwanderer. Zirkuläre Migration und dauerhafte Niederlassung sind heute die beiden wichtigsten Muster. Zirkuläre Migration war im 19. Jahrhundert, vor der Einführung systematischer Grenzkontrollen, ein

Schlüsselfaktor. Der signifikante Anstieg der dauerhaft niedergelassenen Immigrantenpopulation nach der Schließung der Grenzen 1973/74 läßt annehmen, daß der Wegfall der Zirkulationsmöglichkeit die Niederlassung fördert. In vielen Fällen diente die Migration ursprünglich zur Ergänzung des Haushaltseinkommens in den Herkunftsländern; dafür war angesichts der enormen Unterschiede im Lohnniveau ein zeitlich begrenzter Aufenthalt in einem Hochlohnland ausreichend.

Die Frage ist, ob sich diese Erkenntnis heute in politische Maßnahmen umsetzen läßt. Immer mehr Einwanderer suchen keine neue Heimat in einem fremden Land, sondern sehen sich als Teil eines grenzüberschreitenden oder sogar globalen Arbeitsmarkts. Wir wissen, daß viele illegale Einwanderer nach ihrer Legalisierung ihren Wohnsitz wieder in ihr Herkunftsland verlegen und nur ein paar Monate im Jahr im Einwanderungsland arbeiten. Wir wissen, daß manche Polinnen, die heute als Reinigungskräfte in Deutschland arbeiten, ihren Aufenthalt auf drei bis vier Monate im Jahr beschränken wollen (und finanziell könnten), um die restliche Zeit in ihrer Heimat zu leben. Nicht anders geht es manchen afrikanischen Migranten in Italien. Prozentual und absolut scheint die Zahl der Migranten, die einen dauerhaften Wohnsitz im Zielland wünschen, beträchtlich kleiner zu sein, als die Gesamtzahl der ausländischen Einwohner vermuten läßt.

## Von der Arbeitsmigration zur Niederlassung

Die Entwicklung der Einwanderergruppen von einem »ausländischen Arbeitskräftereservoir« zur Immigranten- oder ethnischen Gemeinde in den 70er Jahren führte dazu, daß die vorhandenen Integrationsmechanismen nicht mehr greifen konnten. Das brachte in den wichtigsten Einwanderungsländern Konflikte auf nationaler und lokaler Ebene mit sich. In Frankreich konnten die Kommunistische Partei und die Gewerkschaften die ausländischen Arbeitskräfte nicht länger integrieren, weil sie selbst durch

Arbeitslosigkeit, Rückgang der industriellen Produktion und politische Verluste geschwächt waren. Auch das französische Schulsystem verlor als Instrument kultureller und wirtschaftlicher Integration an Bedeutung.[228] Das deutsche Konzept des »Gastarbeiters«, das Integration explizit ausschloß, vertrug sich nicht mit Familienzusammenführung und einer wachsenden Zahl niedergelassener Immigranten, deren zweite Generation mittlerweile das Schulalter erreicht hatte. In Großbritannien nutzten immer mehr Menschen aus den ehemaligen Kolonien und dem Commonwealth ihre britische Staatsbürgerschaft, um nach England zu kommen; eine Entwicklung, mit der die Regierung nicht gerechnet hatte.

Bis dahin waren Immigranten überwiegend als Arbeitskräfte betrachtet worden, als relativ strukturiertes Arbeitskräftepotential, dessen Integration automatisch über den Arbeitsplatz erfolgte. Die treibende Kraft bei der Einwanderung war der hohe Bedarf an Arbeitskräften. Durch die Familienzusammenführung und das Heranwachsen einer zweiten Generation standen jetzt Fragen von Unterbringung, Schulen und Nachbarschaftseinrichtungen im Mittelpunkt.

Veränderungen innerhalb der EG sorgten dafür, daß die Immigranten ihre Forderungen nicht nur innerhalb der Nationalstaaten, sondern auch im europäischen Rahmen äußern konnten; schließlich wurden die Einwanderer selbst zu politischen Akteuren und zu Politikern.[229] Integrationsfragen beschränkten sich nicht mehr auf den Arbeitsplatz; die Grundlagen, auf denen Ansprüche formuliert werden konnten, hatten sich stark verbreitert.

Die nach Meinung vieler einzig vernünftige Politik ist die der Stabilisierung und umfassenden Integration der heutigen niedergelassenen Immigranten. Die Tatsache, daß es eine niedergelassene Gruppe von Einwanderern gibt, zu ignorieren oder in Frage zu stellen, ist gefährlich und führt zu Diskriminierung und Haß.[230] Es spricht einiges dafür, daß Integration zum Beispiel durch Förderung von Vereinen und kulturellen Aktivitäten erleichtert wird. Diese Form der Integration unterscheidet sich allerdings von dem französischen Integrationskonzept mit einem rationalen, abstrakten Begriff der Nation, an den sich Einwanderer anzupassen haben.

Selbst in Deutschland wird mittlerweile ansatzweise akzeptiert, daß Wirtschaft und Gesellschaft auf Dauer von einer gewissen Zahl ausländischer Arbeitskräfte abhängig sind und daß es faktisch eine niedergelassene ausländische Population gibt. Im Gegensatz zu der ursprünglichen Vorstellung vom »Gastarbeiter« setzt sich der Begriff des »ausländischen Mitbürgers« und damit eine bestimmte Form der Zugehörigkeit zum deutschen Gemeinwesen zunehmend durch. In vielen deutschen Städten mit einem hohen Ausländeranteil haben die kommunalen Behörden ein Wahlrecht für Einwanderer abgelehnt, das ihrer Meinung nach extreme Feindseligkeiten bei der deutschen Bevölkerung provozieren könnte, und statt dessen die Wahl von Ausländerbeiräten zur Beratung der kommunalen Institutionen propagiert. Dennoch macht sich der generelle Trend zu größerer Liberalisierung auch in Deutschland bemerkbar, zum Beispiel in den (allerdings erfolglosen) Bemühungen von Schleswig-Holstein und Hamburg, das kommunale Wahlrecht für Einwanderer einzuführen.[231]

Das Wahlrecht an sich reicht aber zur Integration bei weitem nicht aus. In Großbritannien zum Beispiel haben Einwanderer aus dem Commonwealth und Irland alle politischen Rechte und sind zum großen Teil auch als Staatsbürger registriert. Gleichzeitig sind überproportional viele von ihnen in Niedriglohnbereichen beschäftigt. De-jure-Rechte löschen die rassistische Haltung gegenüber karibischen Schwarzen nicht aus und nehmen ihnen auch nicht das Gefühl, ungerecht behandelt zu werden.[232] Die Tatsache, daß die zweite Einwanderergeneration in zwei so verschiedenen Ländern wie Deutschland und Frankreich insgesamt relativ schlechte Schulleistungen aufweist und auf dem Arbeitsmarkt wenig Chancen hat, zeigt die Grenzen rein rechtlicher Maßnahmen.[233] Selbst in Schweden, wo es seit langem das kommunale Wahlrecht für Immigranten gibt, fühlen sich die jungen Einwanderer diskriminiert.[234]

In den meisten europäischen Ländern gibt es unabhängig von den Einbürgerungsregelungen rassistische Anti-Einwanderungsparteien.[235] Die Nationale Front Le Pens in Frankreich hat in der ersten Runde der Präsidentschaftswahl von 1988 14,4 % der Stimmen bekommen,[236] in Deutschland haben 1989 die Republikaner in West-Berlin und die NPD in Hessen Erfolge erzielt. Starke Ressentiments gegen die Einwanderung gibt es sogar in Schweden; der Vorschlag, das Ausländerwahlrecht auf nationale Wahlen auszudehnen, wurde abgelehnt. Solche Tendenzen sind nicht unbedingt durch erhöhte Arbeitslosigkeit verursacht. In der Schweiz versuchten die Schwarzenbach-Initiativen in den 70er Jahren, wegen Überfremdungsängsten die Beschränkung des ausländischen Arbeitskräftepotentials und der ausländischen Bevölkerung durchzusetzen; 1981 wurde eine Initiative zur Verbesserung der Position von Ausländern in der Schweiz mit 84 % der Stimmen abgelehnt.[237]

Umfragen haben ergeben, daß eine Mehrheit der Immigranten selbst nach 20 Jahren Aufenthaltsdauer die Staatsbürgerschaft des Aufenthaltslandes nicht erwerben will; die Einbürgerungsneigung bei Immigranten ist gering.[238] Das gilt anscheinend auch dann, wenn eine Rückkehr nicht aktiv betrieben wird, wie es bei vielen Angehörigen der zweiten Generation der Fall ist. Identität, Loyalität zum Herkunftsland und Hoffnung auf Rückkehr spielen bei dem mangelnden Wunsch nach Einbürgerung eine Rolle.

Die heutigen Veränderungen und das begrenzte Interesse der Immigranten an der Einbürgerung werfen die Frage auf, ob die Einbürgerung tatsächlich das letzte und effektivste Mittel der Integration von Immigranten ist. Hammar und Layton-Henry[239] sehen in der »Teileinbürgerung« eine Möglichkeit, Immigranten die vollen Bürgerrechte zu gewähren, ohne daß sie vorher eine neue Staatsangehörigkeit erwerben müssen. Migranten könnten so insgesamt zu wichtigen kollektiven Akteuren werden.[240] Die Einbürgerung führt zu einer zweifachen Veränderung: Sie verändert den formalen Zugehörigkeitsstatus zum politischen Gemeinwesen, und sie verändert die Gruppe der Rechte, die die Immigranten in zwei verschiedenen Staaten genießen. Immigranten geben ihre Rechte im Herkunftsland (etwa das Recht auf Rückkehr, auf Besitz, auf Erbschaft und auf die Beteiligung an nationalen Wahlen) nur ungern auf, wollen aber gleichzeitig auch in dem Land voll integriert sein, in dem sie leben. Zusätzlich ist die Einbürgerung oft mit symbolischen Fragen wie Identität und Loyalität besetzt, mit denen sich nicht alle Immigranten auseinandersetzen wollen. Eine

Teileinbürgerung würde ihnen die vollen Rechte im Bereich Arbeit, Wohnen und Soziales einräumen, die Beteiligung an nationalen Wahlen und der Zugang zu öffentlichen Ämtern wären ihnen verwehrt.

Trotz der begrenzten Einflußmöglichkeiten der Gesetzgebung auf die Integration ist die geringe Einbürgerungsneigung der zweiten Einwanderergeneration bemerkenswert. In allen westeuropäischen Ländern gibt es heute einen wachsenden Bevölkerungsanteil, der an den demokratischen politischen Prozessen nicht voll beteiligt ist. Die Notwendigkeit, Einbürgerungsverfahren zu liberalisieren und die doppelte Staatsbürgerschaft zuzulassen, wird zunehmend anerkannt. Daneben wächst das Interesse, Menschen die vollen politischen Rechte zu gewähren, die nicht zur Einbürgerung bereit sind, falls sie in dem Land, in dem sie leben, geboren und aufgewachsen sind. Das entspricht einem neuen Staatsbürgerschaftskonzept, in dem die Zugehörigkeit nicht mehr zwangsläufig auf Einbürgerung, sondern auf Partizipation und Wohnsitz basiert.[241]

Eine ganz wichtige Rolle spielt die wirtschaftliche Integration. Das bei Immigranten überdurchschnittlich hohe Arbeitslosigkeitsniveau läßt leicht den Eindruck entstehen, die Einwandererpopulation sei eine Überschußpopulation. Sobald man aber die Struktur des Arbeitsmarkts und die strukturellen wirtschaftlichen Bedingungen berücksichtigt, sieht die Situation ganz anders aus. Das tatsächliche effektive Angebot an Arbeitskräften ist bei den meisten Immigrantenarbeitsplätzen sehr viel geringer, als das Arbeitslosigkeitsniveau annehmen läßt; es gibt zwar eine variable Zahl von Einheimischen, die solche Arbeitsplätze früher einmal besetzt haben oder jetzt dazu bereit sind, aber dies sind nur sehr wenige unter den Arbeitslosen. Allenfalls in prestigeträchtigeren, besser bezahlten Angestelltenberufen konkurrieren Immigranten unter Umständen mit den Einheimischen um dieselben Arbeitsplätze.

Wer an Schreibtischen oder hinter Schaltern arbeitet, kann sich oft nicht vorstellen, was es heißt, den ganzen Tag auf dem Bau oder die ganze Nacht bei der Büroreinigung zu arbeiten, unter völliger physischer Erschöpfung und Muskelschmerzen zu leiden, häufig mit gefährlichen Situationen und Arbeitsunfällen konfrontiert zu sein, und das Tag für Tag, Jahr für Jahr, ein Leben lang, bei niedrigen Löhnen, allmählichem körperlichen Verfall, praktisch ohne Aufstiegschancen und ohne viel Respekt von seiten der allgemeinen »Kultur« in entwickelten Gesellschaften, die auf Sachkompetenz und Bildung fixiert sind. Es hat seinen Grund, daß es in fast allen hochentwickelten Gesellschaften, mittlerweile sogar in Japan, ein niedergelassenes ausländisches Arbeitskräftepotential gibt.[242] Dieses Arbeitskräftepotential ist ein systemischer Faktor, der entsteht, weil in hochentwickelten Wirtschaftssystemen einerseits solche Arbeitsplätze weiterhin notwendig sind, die Gesellschaft aber andererseits behauptet, ein hohes Bildungs- und Ausbildungsniveau sei alles, was in hochentwickelten Wirtschaftssystemen zähle.

Fluktuationen im Arbeitskräftebedarf waren in den letzten 200 Jahren fester Bestandteil der europäischen Wirtschaftsstruktur. Im 20. Jahrhundert war das Niveau der Arbeitslosigkeit in den 70er und 80er Jahren extrem hoch und der Nettozuwachs an Arbeitsplätzen sehr gering. Zwischen 1975 und 1985 lag der Nettoverlust an Arbeitsplätzen in den EG-Ländern bei 1 Million, während Japan 6 und die USA 21 Millionen dazugewannen, überwiegend im niedrig bezahlten Teilzeitbereich. Nach 1985 hat sich die Arbeitsplatzsituation leicht verbessert; zwischen 1985 und 1988 gab es bei einem Beschäftigungszuwachs von 4 % einen Nettozuwachs von 4,8 Millionen Arbeitsplätzen. Die neuen Arbeitsplätze kamen im wesentlichen nicht den bereits seit längerem Arbeitslosen zugute, sondern Frauen, die als Berufsneu- oder -wiedereinsteigerinnen 2,8 Millionen neuer Arbeitsplätze besetzten, und Berufsanfängern. Laut EG-Beschäftigungsreport gab es 1990 zuwenig Arbeitskräfte. Durch die wachsende Bedeutung des Dienstleistungssektors steigt sowohl die Nachfrage nach ungelernten und niedrig bezahlten, als auch nach hochqualifizierten Arbeitskräften in Europa.

Die demographische Struktur der EG tendiert zur Überalterung, die Zahl der jugendlichen Erwerbsbevölkerung und der Berufsanfänger sinkt: Von den 320 Millionen Einwohnern der EG sind 220 Millionen oder rund 69 % im arbeitsfähigen Alter, der Anteil der 15- bis 24jährigen lag 1990 bei 23 %. Falls die gegenwärtigen Trends (einschließlich der Einwanderungsbeschränkungen) stabil bleiben, wird dieser Anteil im Jahre 2025 auf 18 % gesunken sein. Die Überalterung verringert das Angebot an Arbeitskräften und steigert die gesellschaftlichen Ausgaben, während durch die rückläufige Entwicklung der jungen Erwerbsbevölkerung die Zahl der Berufsanfänger mit neuen Fertigkeiten und der Bereitschaft zur Fortbildung sinkt.

Auch die Bevölkerung Osteuropas wird diese Entwicklung nicht auffangen können. Mittel- und Osteuropa hatten 1990 eine Gesamtbevölkerung von 140 Millionen. 93 Millionen oder rund 65 % sind im arbeitsfähigen Alter und 60 Millionen erwerbstätig; diese hohe Rate geht zum Teil darauf zurück, daß 60 % der weiblichen Bevölkerung erwerbstätig sind. Der Anteil der unter 25jährigen liegt bei 22 %, das heißt, die Bevölkerung ist auch hier überaltert.

Die Ähnlichkeit der demographischen Strukturen in Ost und West macht deutlich, daß der Arbeitskräftebedarf des Westens durch Migration aus dem Osten auf Dauer nicht befriedigt werden kann. Die Situation auf dem Arbeitsmarkt läßt unter Umständen schneller als erwartet einen erneuten Bedarf an Einwanderern für niedrige und hochqualifizierte Tätigkeiten entstehen. In der westeuropäischen Geschichte hat es immer zyklische Phasen von Arbeitskräftemangel und Arbeitslosigkeit gegeben, aber in Phasen hoher Arbeitslosigkeit wird dieser zyklische Charakter schnell vergessen; die Möglichkeit eines strukturell und organisatorisch bedingten Arbeitskräftemangels scheint undenkbar.

In der Forschung werden die Unterschiede zwischen zeitlich begrenzten und dauerhaften Migrationen und die Bandbreite im Ausbildungsniveau der Immigranten zunehmend betont. Das Eingeständnis der Präsenz einer niedergelassenen Immigrantenpopulation unterstreicht die Notwendigkeit ihrer Integration und der Förderung zeitlich begrenzter Migration in all den Fällen, in denen Migranten auf Dauer in ihren Heimatländern leben wollen. Man weiß mittlerweile, daß es destruktiv ist, wenn man die Immigranten zu einer eigenen Klasse erklärt, der die Zugehörigkeit zum Aufenthaltsland abgesprochen wird. Daraus entsteht dann das Gefühl einer »Überschwemmung« mit »Fremden«.

# Länderübergreifende Einwanderungspolitik heute

Die spezifische Einwanderungspolitik in den einzelnen hochentwickelten Staaten wurzelt in gemeinsamen Konzepten über die Rolle des Nationalstaats und seiner Grenzen.[243] Das heißt nicht, daß die zahlreichen nationalen politischen Unterschiede, die im vorigen Kapitel diskutiert wurden, keine Rolle spielen. In manchen Ländern, etwa in Deutschland, ist das *jus sanguinis*, in anderen, etwa in Frankreich, das *jus soli* die Grundlage der Einbürgerungspolitik. Schweden fördert die Einbürgerung, die Schweiz dagegen nicht. In Deutschland und Frankreich wird die Rückkehr der Immigranten mit verschiedenen Anreizen, auch finanziellen, gefördert, die USA nehmen die Rückwanderung so gut wie gar nicht zur Kenntnis. In Kanada und den USA ist Immigration in der politischen Kultur und der nationalen Identität explizit ein-, in Deutschland und Japan dagegen explizit ausgeschlossen.

Aber jenseits solcher Unterschiede geht die Einwanderungspolitik auf Regierungs- und auf Verwaltungsebene immer von einer grundlegenden Souveränität des Staates und der Notwendigkeit einer Kontrolle seiner Grenzen, ob zu Lande, zu Wasser oder in der Luft,[244] sowie von einem Konzept aus, das für die Ursachen der Einwanderung ausschließlich die individuellen Einwanderer verantwortlich macht und eine aktive Beteiligung der aufnehmenden Staaten an den Migrationsprozessen leugnet.

Die bereits erwähnten kolonialen und neokolonialen Bindungen zeigen allerdings, daß die Einwanderungsstaaten an der Geopolitik der Migration aktiv beteiligt waren, bevor sich die Frage der Grenzkontrollen stellte. Und es gibt ein Geflecht aus Transaktionen und Rechten, das über den Nationalstaat hinausreicht und seine Souveränität im Bereich der Grenzen und der Einwanderung beschneidet. Dazu gehören die Globalisierung der Wirtschaft, die Entwicklung der EG und der Kampf um Menschen- und Bürgerrechte, um nur drei der herausragendsten Beispiele zu nennen, die im folgenden näher betrachtet werden.

In den 80er Jahren hat sich die Weltwirtschaft entscheidend verändert. Deregulierung und Internationalisierung einzelner Wirtschaftszweige und Märkte wurden jetzt zur wirtschaftspolitischen Maxime der hochentwickelten Länder. Globale ökonomische Trends schufen einen neuen Rahmen für die nationale Wirtschaftspolitik, der nicht nur deren Öffnung, sondern auch die Bildung regionaler Handelsblöcke wie die amerikanische NAFTA oder den europäischen Gemeinsamen Markt und die sich abzeichnenden neuen Handelsblöcke in Südostasien begünstigte. Im Mittelpunkt dieses neuen Rahmens steht ein neues Verständnis der Bedeutung nationaler Grenzen: Die Staatengrenzen, an denen früher Abgaben erhoben wurden, werden jetzt zu einer Art Filter für den freien Fluß von Waren, Kapital und Information. Beim Freihandel des 18. Jahrhunderts ging es um den Austausch zwischen eigenständigen Volkswirtschaften, im 21. Jahrhundert ist die Volkswirtschaft selbst eine globale; die nationale Wirtschaftspolitik hat nur noch eine Koordinierungsfunktion. Der Fluß des Kapitals führt zu einer partiellen Entnationalisierung des staatlichen Territoriums und einer Globalisierung bestimmter Teile der Erwerbsbevölkerung.

Aber bis heute sind weder die alten Grenzen noch die Nationalstaaten verschwunden. Wie schwierig und komplex diese Veränderungen sind, hat sich in den ständigen Verzögerungen der Uruguay-Runde bei der Ratifizierung der GATT-Vereinbarung gezeigt, die auf die stärkere Öffnung der nationalen Wirtschaft für die Zirkulation im Dienstleistungsbereich zielte. Der Wille zur Überwindung dieser Probleme war aber gleichzeitig auch ein Signal für die wirtschaftliche Notwendigkeit, das alte Konzept der nationalen Wirtschaftspolitik zugunsten neuer Vorstellungen von der Maximierung und Regelung wirtschaftlicher Aktivitäten aufzugeben.

Die Immigrationspolitik der hochentwickelten Länder steckt dagegen immer noch in vergangenen Vorstellungen fest; der Schritt zur echten globalen wirtschaftlichen Integration im 21. Jahrhundert mit allen Konsequenzen steht noch aus.[245] Die Kontrolle der Grenzen ist bis heute das wichtigste Regulierungsmittel bei der Einwanderung geblieben. Politisch wird Arbeitsmigration weiterhin als Konsequenz des individuellen Handelns der Migranten betrachtet, oder anders gesagt, die Ursachen werden außerhalb der politischen Einflußmöglichkeiten der Aufnahmeländer gesucht, und entsprechend bleibt die Einwanderungspolitik auf eine mehr oder weniger wohlwollende Aufnahme beschränkt. Dieses Konzept schließt die Vorstellung aus, daß die Aufnahmeländer auf staatlicher oder wirtschaftlicher Ebene aktiv Verbindungen zu den Herkunftsländern geknüpft haben, über die nicht nur Kapital-, sondern auch Migrationsströme entstanden sind. Die alte Konzeption betont individuelle »Push-Faktoren« und vernachlässigt systemische Beziehungen. Das weltweite Material dagegen zeigt recht eindeutig, daß die Geographie der Migration relativ stark strukturiert ist; selbst in so verschiedenen Ländern wie den USA, Frankreich und Japan läßt sich zeigen, daß die Herkunftsländer der Einwanderer überwiegend in ihren jeweiligen Einflußzonen liegen. Es besteht heute kein Zweifel mehr daran, daß durch die Kolonialreiche der Vergangenheit Brücken entstanden sind, aber wir wollen oft immer noch nicht einsehen, daß auch die heutigen transnationalen Wirtschaftsstrukturen solche Brücken schaffen.

Die Transnationalisierung der Wirtschaft legt den Schluß nahe, daß die Verantwortung für die Immigration nicht ausschließlich bei den Immigranten zu suchen ist. In der Flüchtlingspolitik hat sich diese Erkenntnis schon seit längerem niedergeschlagen; die früheren europäischen Kolonialmächte haben zu verschiedenen Zeiten Immigranten und Flüchtlinge aus ihren ehemaligen Kolonien bevorzugt behandelt, und die flüchtlingspolitischen Maßnahmen der USA, vor allem in Bezug auf die Flüchtlinge aus Indochina, sind auch ein Eingeständnis der eigenen Verantwortung für deren Flucht. Diese Verantwortung ist bei ökonomisch bedingter Migration sehr viel indirekter und deshalb schwerer zu erkennen. Je stärker die Koordinationsfunktion der nationalen Regierungen bei globalen wirtschaftlichen Aktivitäten wird, desto zweideutiger wird ihre Rolle in der Einwanderungspolitik.

Ein umfassenderer Ansatz kann analytisch und empirisch durchaus in sich geschlossen sein. Die wirtschaftlichen, kulturellen und politischen länderübergreifenden Systeme, die es heute in der EG gibt, haben meist eine sehr spezifische Geographie. Sie operieren im Rahmen der Beziehungen zwischen einzelnen Städten oder über grenzüberschreitende Produktionsketten, die Fabriken und Vertriebszentren verbinden. Im Rahmen dieser neuen Wirtschaftsräume gibt es beträchtliche Wanderungsbewegungen. Sie werden von den EG-Ländern untereinander und gemeinsam mit den wichtigen Herkunftsländern reguliert.

Das Projekt des Gemeinsamen Marktes hat ein Schlaglicht auf die essentielle Bedeutung der Bewegungsfreiheit für die Entstehung einer grenzfreien Gemeinschaft geworfen. Die Institutionen der EG mußten sich mit den daraus entstehenden Problemen beschäftigen, auch wenn sie nicht die gesetzlichen Mittel zu ihrer Lösung hatten. Mit der Zeit wuchs das Engagement der EG in Fragen der Visumspolitik, Familienzusammenführung und Migrationspolitik, die früher ausschließlich in der Zuständigkeit des Nationalstaates lagen. Die Regierungen widersetzten sich zunächst diesen Eingriffen in ihre Domäne, aber die heutigen rechtlichen und praktischen Bedingungen haben dafür gesorgt, daß die Beteiligung der EG als unvermeidlich akzeptiert wird, trotz aller öffentlichen Bekundungen des Gegenteils. Auf nationaler Ebene präsentiert sich der Nationalstaat weiterhin als souveräne Instanz der Einwanderungspolitik, und die meisten EG-Staaten weigern sich nach wie vor, den Status als Einwanderungsland politisch zu akzeptieren.

Es wird immer deutlicher, wie viele Aspekte der Immigrations- und Flüchtlingspolitik sich mit der rechtlichen Kompetenz der EG überschneiden, wobei die essentielle Bedeutung der Bewegungsfreiheit und der dazugehörigen sozialen Rechte für die Bildung eines Gemeinsamen Marktes den Kernpunkt bilden. Die Währungs- und Wirtschaftsunion ist unter anderem von einer weiteren räumlichen Flexibilisierung der Arbeitskräfte und ihrer Familien abhängig und wird die Probleme bei der gesetzlichen Regelung der Einwanderung für Nicht-EG-Angehörige in den Mitgliedsstaaten noch verstärken. Diese Einwanderer, deren Zahl sich seit den späten 80er Jahren schnell erhöht hat, können sich innerhalb der EG weder als Besucher noch als Arbeitskräfte frei bewegen. Entsprechend der gegenwärtigen Politik müßten deshalb die Grenzen innerhalb des 1986 beschlossenen »Europas ohne Grenzen«, das am 31.12.92 wirksam werden sollte, weiterhin kontrolliert und dazu die Außengrenzen verstärkt werden.[246] Mittlerweile wird die Notwendigkeit einer gemeinsamen Einwanderungspolitik innerhalb der EG, der sich die Mitgliedsstaaten lange verweigert haben, immer stärker anerkannt, vor allem angesichts des Zusammenbruchs des Ostblocks und der rapide steigenden Flüchtlingszahlen.

Der Aufhebung der Binnengrenzen haben sich nicht nur einzelne Staaten wie England und Dänemark widersetzt. Der Widerstand hing auch mit der Befürchtung zusammen, daß Identitätskontrollen für Einwanderer und ethnische Minderheiten verstärkt werden könnten. Organisationen, die die Interessen von Flüchtlingen und Asylbewerbern vertreten, befürchten eine parallele Stärkung der Außengrenzen, die den Zugang erschweren würde. Ethnische Minderheiten setzen außerdem eine Verschärfung der Aufenthaltsbedingungen und die Erschwerung der Familienzusammenführung voraus, falls sich die Mitgliedsstaaten bei der Harmonisierung ihrer Politik auf den kleinsten gemeinsamen Nenner einigen.

Aber die Einwanderungspolitik läßt sich auch deshalb nicht mehr ausschließlich von den Nationalstaaten bestimmen, weil die Staaten in einem immer breiter werdenden Geflecht von Rechten und Akteuren agieren, das ihre Souveränität in der Einwanderungsfrage beschränkt. Zu den politischen Akteuren bei den Debatten und Entscheidungen zählen heute neben der EU zahlreiche Anti-Einwanderungsparteien sowie ein breites Netzwerk von Organisationen, die sich angeblich oder tatsächlich für die Rechte der Einwanderer einsetzen, und Einwandererverbände und Politiker aus der zweiten Einwanderergeneration. Außerdem klagen die Abgeordneten in den nationalen Parlamenten zunehmend über fehlende demokratische Kontrolle und mangelnde Information bei Regierungsabkommen und EG-Maßnahmen. Kurz: In der Einwanderungsfrage ist der politische Prozeß nicht länger auf die politische Ebene der Ministerien und der Verwaltung beschränkt. Die öffentliche Meinung und die öffentliche politische Debatte bestimmen die Einwanderungspolitik maßgeblich mit. Ganze Parteien beziehen ihr politisches Profil aus der Haltung zur Einwanderung.

Die nationalstaatliche Souveränität bei der Einwanderungskontrolle wird überdies durch ein ganzes Bündel internationaler Verträge eingeschränkt.[247] Dazu kommen die zahlreichen Rechte der niedergelassenen Immigranten, die von den Gerichten weitgehend bestätigt werden. Die Rolle des Staates wird durch ein De-facto-

System begrenzt, das sich aus internationalen Abkommen[248] und von den Einwanderern erworbenen Rechten zusammensetzt. Das signalisiert den Abschied von der Phase, die mit dem Ersten Weltkrieg begann und die dem Staat eine fast absolute Kontrolle der Einwanderung erlaubte. Diese neue Entwicklung spiegelt sich in einer Vielzahl von Einzelfällen. Ich habe bereits erwähnt, daß die französischen und deutschen Bemühungen einer Begrenzung der Familienzusammenführung von Verwaltungs- und Verfassungsgerichten abgelehnt wurden, weil sie gegen internationale Abkommen verstoßen. Die Gerichte haben darüber hinaus immer wieder die Rechte niedergelassener Einwanderer bestätigt und das Recht des Staates in Frage gestellt, die Einreise von Asylbewerbern zu erschweren oder zu verhindern. Diese verschiedenen Prozesse haben in Verbindung mit der Politisierung der Einwanderungsfrage und der Immigranten insgesamt zu einer schrittweisen Annäherung der einwanderungs- und flüchtlingspolitischen Maßnahmen in den westeuropäischen Staaten geführt.

Die Diskussionen und Veränderungen der letzten Jahre haben zum großen Teil auf objektive Bedingungen reagiert, die in allen betreffenden Ländern vorhanden waren, von der Transnationalisierung der Wirtschaft bis zu den gerichtlich und in internationalen Verträgen bestätigten Rechten für Immigranten und Flüchtlinge. Damit sind in wenigen Jahren beträchtliche Fortschritte erzielt worden. Jedes einzelne Land ist zunehmend gezwungen, die zeitgenössischen Bedingungen in seinen historischen und kulturellen Rahmen zu integrieren. Die Rolle, die der Staat seit dem Ersten Weltkrieg gespielt hat, verändert sich; eine ganz neue Ära beginnt.

# Schluß

Die hier vorgestellten Fakten und Argumente zeigen, daß Migrationen nicht zufällig entstehen. Sie sind produziert, strukturiert und in historische Phasen eingebettet. Dadurch bekommt die Einwanderungspolitik eine neue Perspektive, die über Grenzkontrolle, Familienzusammenführung und Einbürgerungsrechte hinausgeht. Drei Bedingungen sind dafür verantwortlich:

Erstens die Einbettung der Arbeitsmigration in größere gesellschaftliche, wirtschaftliche und politische Strukturen und ihre dadurch bedingte räumliche, zeitliche und zahlenmäßige Begrenzung. Es gibt eine Geopolitik der Migration, und Migrationen stehen definitiv im Rahmen von Systemen. Keine Migration hat je das Ausmaß einer Invasion erreicht, nicht im 19. Jahrhundert, als es wenig oder gar keine Grenzkontrollen gab, und auch nicht im 20. Jahrhundert. Auswanderer und Einwanderer bilden immer nur einen kleinen Teil der Bevölkerung eines Landes. Sobald akzeptiert wird, daß Migration nicht einfach Folge individueller Entscheidungen, sondern ein Prozeß ist, der durch vorhandene politisch-ökonomische Systeme strukturiert und geformt wird, werden Fragen der Kontrolle und Regulierung lösbar. Die Systeme, in die Migrationen eingebettet sind, besitzen ihre eigenen regulatorischen Fähigkeiten. Der Überschuß ist tendenziell gering; über einen gewissen Punkt hinaus nimmt das Rückwanderungsniveau zu und/oder das Einwanderungsniveau ab, wenngleich dies ein paar Jahre dauern kann.

Zweitens die Tatsache, daß Einwanderung ein hochdifferenzierter Prozeß ist, vor allem, was die zunehmend wichtiger werdende Unterscheidung zwischen zirkulärer Migration und permanenter Niederlassung angeht. Wenn wir akzeptieren, daß Immigration ein begrenzter Prozeß ist, läßt sich auch eine Politik akzeptieren, die auf die volle Integration der niedergelassenen Immigrantenpopulation abzielt. Diese Integration muß sich auf die Akzeptanz kultureller und religiöser Unterschiede stützen. Immigranten sind die Siedler von heute.

Drittens spielt die Transnationalisierung der Einwanderungspolitik eine Rolle. Die globale Integration der nationalen Wirtschaft einerseits und die Entstehung eines breiten Netzwerkes aus Rechten und Gerichtsbeschlüssen sowie das politische Handeln der Immigranten andererseits haben die Souveränität des Staates in der Einwanderungs- (und Flüchtlings-)Politik verringert. Das entspricht dem Trend zur Transnationalisierung von Wirtschaft, Kultur und Menschenrechten.

Am Ende dieser Entwicklung, mit der sich die westeuropäischen Länder in den letzten 20 Jahren so intensiv beschäftigt haben, erhebt sich die Frage, ob die Immigranten und Flüchtlinge, die seit so langer Zeit in ihren »Gastländern« leben, tatsächlich noch »Fremde« sind. Die europäischen Nationen haben trotz ihrer radikal unterschiedlichen Politik seit mindestens 200 Jahren »fremde« Menschen integriert. Europa darf sich nicht länger als Kontinent sehen und darstellen, dessen Migrationsgeschichte sich auf die Massenemigration der Vergangenheit beschränkt. Eine solche Darstellung ist parteiisch bis zur Verzerrung und behindert die Erarbeitung einer vernünftigen Politik. Migrationen von nah oder fern sind ein integraler Bestandteil der europäischen Geschichte.

# Anhang

# Anmerkungen

1 Jan de Vries, European Urbanization 1500–1800, Cambridge, Mass. 1984.

2 Jean-Pierre Poussou, Bordeaux et le sud-ouest au XVIIIe siècle, Paris 1988.

3 Peter Clark, Migration in England During the Late Seventeenth and Early Eighteenth Centuries, in: Past and Present 8 (1979), S. 57 ff.

4 Abel Chatelain, Les migrants temporaires en France de 1800 à 1914, 2 Bde., Lille 1976.

5 Jan Lucassen, Migrant Labour in Europe 1600–1900. The Drift to the North Sea, London 1987.

6 Simon Hart, Gens de mer à Amsterdam au XVIIe siècle, in: Annales de démographie historique (1974), S. 145 ff.; Lucassen, Migrant Labour [wie Anm. 5]

7 Hart, Gens de mer [wie Anm. 6].

8 Lucassen, Migrant Labour [wie Anm. 5].

9 1492 wurden die Juden erstmals von der iberischen Halbinsel vertrieben, 1562–1593 gab es die Hugenottenkriege in Frankreich, 1565–1568 den Aufstand der Niederländer gegen Spanien, 1615–1648 den Dreißigjährigen Krieg. In England führten religiöse Unruhen schließlich zum Bürgerkrieg von 1642–1660.

10 Einzelne Beispiele lassen sich auch schon früher finden. Nach der von Spanien erzwungenen Vertreibung der Juden aus dem Königreich Neapel, das damals von den Bourbonen beherrscht war, baten manche Städte den König, den Juden die Rückkehr zu gestatten, da sie ohne deren Dienste keine Steuern zahlen könnten. Laut Richard Sennett, Fleisch und Stein. Der Körper und die Stadt in der westlichen Zivilisation, Berlin 1995, konnten sich die Juden im Ghetto von Venedig eine gewisse Position bzw. Protektion sichern, weil ihre finanziellen Dienste für die Wirtschaft Venedigs so unentbehrlich waren. Dank der europaweiten Vernetzung der Juden wissen wir zum Beispiel, daß die venezianischen mit den Frankfurter Juden in Kontakt standen und deshalb sehr viel mehr Kapital mobilisieren konnten als die einheimischen Bankiers.

11 Aristide R. Zolberg, International Migration Policies in a Changing World System, in: W. H. MacNeill/R. S. Adams (Hg.), Human Migration: Patterns and Policies, Bloomington 1978, S. 241 ff.; Marcus Lee Hansen, The Atlantic Migration 1607–1860, New York 1961; Richard Plender, International Migration Law, Leyden 1972; Brinley Thomas, Mi-

gration and Economic Growth: A Study of Great Britain and the Atlantic Economy, Cambridge 1973.

12 Oliver MacDonagh, A Pattern of Government Growth 1800–1869. The Passenger Acts and Their Enforcement, London 1961.

13 Zwischen 1680 und 1820 wuchs die Bevölkerung in Deutschland um 51%, in Frankreich um 39%, in Spanien um 64%, in Italien um 53% und in England um 133% (Myron Guttman, Toward the Modern Economy. Early Industry in Europe 1500–1800, New York 1988; Anthony E. Wrigley, The Growth of Population in Eighteenth Century England. A Conumdrum Resolved, in: Past and Present 98 (1983), S. 121–150; Michael Anderson, Population Change in North-Western Europe 1750–1850, London 1988). Im selben Zeitraum stieg auch die Lebenserwartung bei der Geburt deutlich: in England von 36 auf 41, in Schweden von 38 auf 46, in Dänemark von 35 auf 44, in Frankreich von 29 auf 41 Jahre. Die Überlebensraten spiegelten diese neuen Bedingungen: In England starben fast 25% aller um 1740 geborenen männlichen Kinder im ersten Lebensjahr, nur 50% wurden älter als 28 Jahre. Von den um 1830 geborenen männlichen Kindern starben nur noch 16% im Säuglingsalter, 50% wurden älter als 44 Jahre. Bei den französischen Jahrgängen von 1830–40 war das Niveau ähnlich wie in England, aber die Verbesserung ist sehr viel eindrucksvoller, da die Hälfte aller zwischen 1750 und 1760 geborenen Jungen vor dem 9. Lebensjahr starb (ebd., S. 81).

14 Vgl. Charles Tilly, Flows of Capital and Forms of Industry in Europe 1500–1900, in: Theory and Society 12 (1983), S. 123ff.

15 Vgl. Ann Kussmaul, Servants in Husbandry in Early Modern England, Cambridge 1981; Emmanuel Todd, Mobilité géographique et cycle de vie en Artois et en Tascae au XVIIIe siècle, in: Annales E. S. C. 30 (1975), S. 726ff.

16 Vgl. z. B. J. Blaschke/A. Germershausen, Migration und ethnische Beziehungen, in: Nord-Süd aktuell 3 (1989), S. 3f. Demnach war zwischen 1550 und 1750 fast die Hälfte der sächsischen Bevölkerung zu Proletariern geworden. Noch 1765 besaßen Kleinbauern 40% des Landes in dem Dorf Wigston Magna in Leicestershire; 1831 gab es dort keine Kleinbauern mehr. Sie hatten ihr Land sämtlich verkaufen oder verpachten müssen. Im Jahre 1790 waren etwa 40% der ländlichen Bevölkerung mehr oder weniger proletarisiert. Entsprechende Prozesse lassen sich auch in den Städten beobachten (vgl. Catharine Lis/Hugh Soly, Poverty and Capitalism in Pre-Industrial Europe, Atlantic Highlands 1979); in Straßburg zum Beispiel stieg die Zahl der Lohnarbeiter zwischen 1699 und 1784 von 29 auf 45% (Leslie P. Moch, Infirmities of the Body and Vices of the Soul: Migrants, Family and Urban Life in Turn-of-the-Century France, in: L. P. Moch/G. Stark (Hg.), Essays in the Family and Historical Change, Texas 1983). Siehe hierzu auch Hobsbawm, Eric, The Overall Crisis of the

European Economy in the Seventeenth Century, in: Past and Present 5 (1954), S. 33–53; Guttman, Toward the Modern Economy [wie Anm. 13].

17 Paul Bairoch, International Industrial Levels from 1750–1980, in: Journal of European Economic History 11 (1982), S. 269 ff.

18 Guttman, Toward the Modern Economy [wie Anm. 13].

19 Gay Gullickson, Spinners and Weavers of Auffay. Rural Industry and the Sexual Division of Labor in a French Village 1750–1850, Cambridge 1986.

20 Vgl. de Vries, European Urbanization [wie Anm. 1].

21 Poussou, Bordeaux et le sud-ouest [wie Anm. 2].

22 Vgl. Anne-Lise Head, Quelques remarques sur l'émigration des régions préalpines, in: Revue suisse d'histoire 29 (1979).

23 Jan Lucassen, Migrant Labour [wie Anm. 5].

24 David Souden, Movers and Stayers in Family Reconstitution Population 1660–1780, in: Local Population Studies 33 (1984), S. 11 ff.

25 David Levine, Family Formation in an Age of Nascent Capitalism, New York 1977.

26 Herbert Kisch, The Textile Industries in Silesia and the Rhineland. A Comparative Study in Industrialization, in: P. Kriedte/H. Medick/ J. Schlumbohm (Hg.), Industrialization before Industrialization. Rural Industry in the Genesis of Capitalism, Cambridge 1981.

27 Ebd., S. 31.

28 Abel Poitrineau, Les espagnols de l'Auvergne et du Limousin du XVIIe au XIXe siècle, Aurillac 1985.

29 Ebd.

30 Vgl. Tilly, Flows of Capital [wie Anm. 14]; ders., Coercion, Capital, and European States, AD 990–1990, Oxford 1990.

31 Vgl. Chatelain, Les migrants temporaires [wie Anm. 4].

32 Vgl. Lucassen, Migrant Labour [wie Anm. 5].

33 Arthur Redford, Labour Migration in England 1800–1850, Manchester 1976.

34 Vgl. Lucassen, Migrant Labour [wie Anm. 5].

35 de Vries, European Urbanization [wie Anm. 1]; Leslie P. Moch/Louise Tilly, Joining the Urban World: Occupation, Family, and the Migration in Three French Cities, in: Comparative Studies in Society and History 27 (1985), S. 33 ff.

36 Vgl. Chatelain, Les migrants temporaires [wie Anm. 4].

37 Maurice Garden, Lyon et les Lyonnais au XVIIIe siècle, Paris 1970.

38 Lutz Berkner/Franklin Mendels, Inheritance Systems, Family Structure and Demographic Patterns in Western Europe 1700–1900, in: C. Tilly (Hg.), Historical Studies of Changing Fertility, Princeton 1978, S. 209 ff.

39 Alain Lottin, Naissances illégitimes et filles-mères à Lille au XVIIIe siècle, in: Revue d'histoire moderne et contemporaine 17 (1970), S. 278 ff.

40 Louise Tilly / Joan Scott / Miriam Cohen, Women's Work and European Fertility Patterns, in: Journal of Interdisciplinary History 6 (1976), S. 447–476.

41 Hans Fenske, International Migration: Germany in the Eighteenth Century, in: Central European History 13 (1980), S. 332 ff.

42 Bernard Bailyn, Voyages to the West. A Passage in the Peopling of America on the Eve of the Revolution, New York 1986.

43 Vgl. Abel Poitrineau, La vie rurale en Basse Auvergne au XVIIIe siècle, Paris 1966; Chatelain, Les migrants temporaires [wie Anm. 4]; Lis / Soly, Poverty and Capitalism [wie Anm. 16].

44 Lucassen, Migrant Labour [wie Anm. 5].

45 Siehe auch Anderson, Population Change [wie Anm. 13]; Bairoch, International Industrial Levels [wie Anm. 17]; Fenske, International Migration [wie Anm. 41].

46 Lucassen hat noch ein weiteres Beispiel gefunden: In der Flußregion im Zentrum der Niederlande, in der es keine Arbeitsmigration gab, gab es aufgrund der unterschiedlichen Bodenqualitäten eine Vielfalt von Feldfrüchten und entsprechend eine ganzjährige Nachfrage nach Arbeitskräften. Gesichert wurde dieser ganzjährige Bedarf anscheinend durch eine breite Beteiligung der Frauen und Kinder. Lucassen führt einen Bericht über die Anfangsjahre der Schulpflicht im frühen 19. Jahrhundert an, demzufolge diese Region die höchsten Fehlzeiten von Schulkindern hatte.

47 Hasselt, Zwolle und andere Städte konkurrierten darum, wer die Wanderarbeiter transportieren durfte. Hasselt schloß verschiedene Verträge mit den Schiffahrtsgilden in Amsterdam, um die Exklusivrechte für den Transport zu erhalten. Zwolle bemühte sich daraufhin, die Wanderarbeiter mit Tricks zu verwirren und in die Stadt zu locken. So wurden zum Beispiel Wegweiser aufgestellt und die Benutzung aller anderen Wege mit Strafen bedroht. Als das nichts nützte, holte die Stadt Soldaten, die die Wanderer nach Zwolle bringen sollten, aber wieder ohne Erfolg. Schließlich verpflichtete die Stadt insgeheim die Lastschiffer, das Gepäck der Arbeiter nicht mehr nach Hasselt, sondern in eine »freundliche« Stadt zu bringen. Lucassen schließt daraus, daß die meisten Wanderarbeiter am Ende doch nach Hasselt zogen, weil die Überfahrt von dort am bequemsten war.

48 Tilly, Flows of Capital [wie Anm. 14], S. 123 ff.; Guttman, Toward the Modern Economy [wie Anm. 13].

49 Vgl. Michael R. Marrus, The Unwanted. European Refugees in the Twentieth Century, Oxford 1985.

50 Anderson, Population Change [wie Anm. 13].

51 Tilly, Coercion, Capital, and European States [wie Anm. 30].

52 Levine, Family Formation [wie Anm. 25].

53 Philippe Pinchemel, Structures sociales et dépopulation rurale dans les campagnes picardes de 1836 à 1936, Paris 1975.

54 Gullickson, Spinners and Weavers [wie Anm. 19].

55 Vgl. Marie-Cathérine Santerre, Das Glück wohnt in dir selbst: Oma Santerre erzählt ihr Leben, bearb. v. Serge Grafteaux, Freiburg 1976; Abel Chatelain, Migrations et domesticité feminine urbaine en France, XVIIIe–XXe siècle, in: Revue d'histoire économique et sociale 47 (1969), S. 506 ff.

56 Bei den neueingeführten Feldfrüchten war besonders die Zuckerrübe von Bedeutung. Die neuentwickelte Dreschmaschine machte 80% der Arbeitszeit eines Knechts im Winterhalbjahr überflüssig. Außerdem wurde jetzt hauptsächlich im Spätsommer gedroschen. Damit ging für die Taglöhner und Landarbeiter eine sehr wichtige Einkommensquelle in der Wintersaison verloren.

57 Ruth-Ann Harris, Seasonal Migration Between Ireland and England Prior to the Famine, in: D. H. Akenson (Hg.), Canadian Papers in Rural History, Bd. 7, Gananoque 1989, S. 363–386.

58 Chatelain, Les migrants temporaires [wie Anm. 4].

59 Ebd.; Klaus Bade, Massenwanderung und Arbeitsmarkt im deutschen Nordosten von 1880 bis zum Ersten Weltkrieg: Überseeische Auswanderung, interne Abwanderung und kontinentale Zuwanderung, in: Archiv für Sozialgeschichte 20 (1980), S. 265 ff.; G. Rosoli (Hg.), Un secolo d'emigrazione italiana: 1876–1976, Rom 1978.

60 Chatelain, Les migrants temporaires [wie Anm. 4].

61 Rosoli, Un secolo d'emigrazione [wie Anm. 59].

62 Armand Boyer, Les migrations saisonnières dans la Cevenne vivaroise, in: Revue de géographie alpine 22 (1934), S. 571 ff.; Rosoli, Un secolo d'emigrazione [wie Anm. 59].

63 Eric Hobsbawm, Das imperiale Zeitalter: 1875–1914, Frankfurt a. M. 1989.

64 Louis Dollot, Les immigrations humaines, Paris 1965. Zitiert nach der englischen Fassung in: Franklin D. Scott (Hg.), World Migration in Modern Times, Englewood Cliffs, N. J. 1968.

65 Dirk Hoerder (Hg.), Labor Migration in the Atlantic Economies: The European and North American Working Classes during the Period of Industrialization, Westport, CT 1985.

66 Leslie P. Moch, Government Policy and Women's Experience: The Case of Teachers in France, in: Feminist Studies 14 (1988), S. 301–324.

67 D. Langewiesche, Wanderungsbewegungen in der Hochindustrialisierungsperiode: Regionale, interstädtische und innerstädtische Mobilität in Deutschland 1880–1914, in: Vierteljahresschrift für Sozial- und Wirtschaftsgeschichte 64 (1977), S. 1–40; Steve Hochstadt, Städtische Wanderungsbewegungen in Deutschland 1850–1915, in: R. Melville u. a.

(Hg.), Deutschland und Europa in der Neuzeit. Festschrift für Karl Otmar Frhr. von Aretin zum 65. Geburtstag, Bd. 2, Stuttgart 1988; J. A. Jackson, The Irish in Britain, London 1963.

68 Stephan Thernstrom / Ann Orlof (Hg.), Harvard Encyclopedia of American Ethnic Groups, Cambridge, Mass. 1980.

69 Reino Kero, Emigration of Finns from North America to Soviet Karelia in the Early 1930s, in: Michael G. Karni (Hg.), The Finnish Experience in the Western Great Lakes Region, Vammala 1975, S. 212–221.

70 Richard Sennett, The Uses of Disorder. Personal Identity and City Life, New York 1970.

71 Hartmut Kaelble, Historische Mobilitätsforschung: Westeuropa und die USA im 19. und 20. Jahrhundert, Darmstadt 1978; vgl. auch ders., Social Mobility in America and Europe: A Comparison of the 19th Century Cities, in: Urban History Yearbook, Leicester 1981, S. 24 ff.

72 »Wir gehen zur Weinlese, da verdienen wir fünf Sous, holen uns Läuse beim Schlafen auf Stroh, essen Käse, der zum Himmel stinkt, trinken süßen Wein, der zum Laufen zwingt.«

73 Die Reblausplage machte sich bereits 1863 in Gard bemerkbar, führte aber erst seit 1872 zu massiven Einbußen.

74 Klaus Bade, Labor, Migration, and the State: Germany from the late 19th Century to the Onset of the Great Depression, in: ders., Population, Labor and Migration in 19th Century and 20th Century Germany, Leamington Spa 1987, S. 59 ff.; Wolfgang Benz (Hg.), Die Vertreibung der Deutschen aus dem Osten: Ursachen, Ereignisse, Folgen, Frankfurt a. M. 1985 (aktualisierte Neuausgabe 1995).

75 Bade, Labor, Migration, and the State [wie Anm. 74].

76 Ders., Massenwanderung und Arbeitsmarkt [wie Anm. 59].

77 Karl Marten Barfuss, Gastarbeiter in Nordwestdeutschland 1884–1918, Bremen 1986; Benz, Vertreibung der Deutschen [wie Anm. 74].

78 David F. Crew, Bochum: Sozialgeschichte einer Industriestadt 1860–1914, Frankfurt a. M. 1980.

79 P. Quante, Die Flucht aus der Landwirtschaft, Berlin 1933.

80 Benz, Vertreibung der Deutschen [wie Anm. 74].

81 Bade, Massenwanderung und Arbeitsmarkt [wie Anm. 59].

82 J. A. Perkins, The Agricultural Revolution in Germany 1850–1914, in: Journal of European Economic History 10 (1981), S. 71–118.

83 Eva Morawska, Labor Migration of Poles in the Atlantic Economy 1880–1914, in: Comparative Studies in Society and History 31 (1989), S. 237 ff.

84 Bade, Labor, Migration and the State [wie Anm. 74]; ders., Massenwanderung und Arbeitsmarkt [wie Anm. 59].

85 Vgl. A. Knoke, Ausländische Wanderarbeiter in Deutschland, Leipzig 1911; Benz, Vertreibung der Deutschen [wie Anm. 74].

86 Crew, Bochum [wie Anm. 78].

87 Helmut Neubach, Die Ausweisungen von Polen und Juden aus Preußen 1885/86, Wiesbaden 1967.

88 Ulrich Herbert, Geschichte der Ausländerbeschäftigung in Deutschland 1880–1980: Saisonarbeiter, Zwangsarbeiter, Gastarbeiter, Berlin 1986.

89 Bade, Massenwanderung und Arbeitsmarkt [wie Anm. 59].

90 Herbert, Geschichte der Ausländerbeschäftigung [wie Anm. 88].

91 Roger Brubaker, »Staats-Bürger«: Deutschland und Frankreich im historischen Vergleich, Hamburg 1994.

92 Eine dieser Ausnahmeregelungen betraf deutsche Emigranten in Ländern, deren Einbürgerungsrecht auf dem *jus soli* basierte. Sie konnten die deutsche Staatsbürgerschaft behalten.

93 William W. Hagen, Germans, Poles, and Jews. The Nationality Conflict in the Prussian East 1772–1914, Chicago 1980.

94 Eugen Weber, La fin des terroirs: La modernisation de la France rurale 1870–1914, Paris 1983.

95 Ebd.

96 Das Gesetz vom 26.6.1889, das in seinen Grundzügen bis heute Gültigkeit hat, hat die Definition der Nationalität erweitert. Jeder, der auf französischem Boden geboren wurde, bekam die französische Staatsbürgerschaft, so daß alle in Frankreich geborenen Kinder von Einwanderern automatisch zu Franzosen wurden. Außerdem erleichterte es die Einbürgerung; die Wartezeit wurde von fünf auf drei Jahre verkürzt, in manchen Fällen sogar auf ein Jahr, falls die Antragsteller außergewöhnliche Leistungen für Frankreich nachweisen konnten, etwa durch Militärdienst, Einführung neuer Gewerbezweige oder hervorragende wissenschaftliche oder künstlerische Talente.

97 Vgl. Brubaker, »Staats-Bürger« [wie Anm. 91].

98 C. Dyer, Population and Society in Twentieth Century France, London 1978; E. van de Walle, The Female Population of France in the Nineteenth Century, Princeton 1974.

99 Claude Fohlen, Introduction, in: Centre de Recherche d'Histoire Nord-Américaine (Hg.), L'émigration française. Etudes de cas: Algérie, Canada, Etats-Unis, Paris 1985.

100 Louis Chevalier, Classes laborieuses et classes dangereuses à Paris pendant la première moitié du XIXe siècle, Paris 1958.

101 N. Fouché, Préface u. ders., Les passeports délivrés à Bordeaux pour les Etats-Unis de 1816 à 1889, in: Centre de Recherche d'Histoire Nord-Américaine (Hg.), L'émigration française. Etudes de cas: Algérie, Canada, Etats-Unis, Paris 1985.

102 P. Roudie, Long Distance Emigration from the Port of Bordeaux 1865–1920, in: Journal of Historical Geography 11 (1985), S. 268–279.

103 P. Guey, Pérégrination des »barcelonettes« en Mexique, Grenoble 1980.

104 Y. Katan, Le voyage »organisé« d'émigrants: Parisiens vers l'Algérie 1848–49, in: Centre de Recherches d'Histoire Nord-Américaine (Hg.), L'émigration française. Etudes de cas: Algérie, Canada, Etats-Unis, Paris 1985, S. 17 ff.

105 Louis Chevalier, L'émigration françaises au XIXe siècle, in: Etudes d'Histoire Moderne et Contemporaine 1 (1947), S. 167.

106 O. Rabut, Les étrangers en France, in: Population 28 (1974), S. 147 ff.

107 Maurice Didion, Les salariés étrangers en France, Paris 1911.

108 Georges Mauco, Les étrangers en France: Leur rôle dans l'activité économique, Paris 1932, S. 48.

109 Cathérine Wihtol de Wenden, Les immigrés et la politique, Paris 1986, S. 19; Nancy Green, Filling the Void: Immigration to France Before World War I, in: Dirk Hoerder (Hg.), Labor Migration in the Atlantic Economies, Westport, CT 1985.

110 Gérard Noiriel, Longwy: Immigrés et prolétaires 1880–1980, Paris 1984.

111 Rosoli, Un secolo d'emigrazione [wie Anm. 59]; E. Sori, L'emigrazione italiana dall'Unita alla seconda guerra mondiale, Bologna 1979.

112 Vgl. G. Rosoli, Italian Migration to European Countries from Political Unification to World War I, in: Dirk Hoerder (Hg.), Labor Migration in the Atlantic Economies, Westport, CT 1985, S. 95–116.

113 Ebd., S. 101 f.

114 B. Bezza, Gli italiani fuori d'Italia, Mailand 1983; S. Wlocevski, L'installation des italiens en France, Paris 1934.

115 Rosoli, Italian Migration [wie Anm. 112].

116 Jean-Charles Bonnet, Les italiens dans l'agglomération lyonnaise à l'aube de la ›Belle Epoque‹, in: Affari Sociali Internazionali 3–4 (1977), S. 87 ff.

117 U. Cafiero, Inchiesta nei circondari di Sora e di Isernia, in: Bolletino dell'Opera di assistenza 1 (1901), S. 1 ff.; E. Schiaparelli, Il traffico dei minorenni italiani per le vetrerie francesi, in: Bolletino dell'Opera di assistenza 1 (1901).

118 P. Milza, L'intégration des italiens dans le mouvement ouvrier français à la fin du XIXe siècle et au début du XXe siècle. Le cas de la région marseillaise, in: Affari Sociali Internazionali 3–4 (1977), S. 171–207; Bezza, Gli italiani [wie Anm. 114].

119 T. Vertone, Antécédents et causes des événements d'Aigues Mortes, in: Affari Sociali Internazionali 3–4 (1977), S. 107–138.

120 S. Jacini, Die italienische Auswanderung nach Deutschland, in: Weltwirtschaftliches Archiv 5 (1915), S. 121–143; Knoke, Ausländische Wanderarbeiter [wie Anm. 85]; A. Frhr. Sartorius von Waltershausen, Die italienischen Wanderarbeiter, Leipzig 1903.

121 Rosoli, Italian Migration [wie Anm. 112].

122 H. Amman, Die Italiener in der Schweiz: Ein Beitrag zur Fremdenfrage,

Basel 1917; G. de Michelis, L'emigrazione italiana nella Svizzera, Rom 1903; Bezza, Gli italiani [wie Anm. 114].

123 Hannah Arendt, Elemente und Ursprünge totalitärer Herrschaft, München 1955.

124 Marrus, The Unwanted [wie Anm. 49].

125 Im 19. Jahrhundert und bis zum Ersten Weltkrieg konzentrierte sich die jüdische Bevölkerung Osteuropas vor allem im russischen Reich, in den 1870er Jahren lebten 4 Millionen im sogenannten Pale-Gebiet. Rund 750 000 lebten im habsburgischen Galizien und der Bukovina, rund 700 000 in Ungarn und rund 200 000 in Rumänien.

126 Marrus, The Unwanted [wie Anm. 49].

127 Hobsbawm, Das imperiale Zeitalter [wie Anm. 63].

128 Marrus zitiert Material des Jewish Board of Guardians, Dachverband der jüdischen Wohltätigkeitsorganisationen in London, aus dem hervorgeht, daß dieser Verband zwischen 1880 und 1914 rund 50 000 Juden nach Rußland zurückgeschickt hat. Andererseits ist aber aus dieser Vereinigung ein Netzwerk von Flüchtlingsorganisationen entstanden, das später von ungeheuer großem Wert war.

129 Jonathan Sarna, The Myth of No Return: Jewish Return Migration to Eastern Europe 1800–1914, in: D. Hoerder (Hg.), Labor Migration in the Atlantic Economies, Westport, CT 1981.

130 Marrus sieht auch bei der Emigration der Juden aus dem österreichischen Galizien das primäre Motiv weniger in der Verfolgung als in der extremen Armut dieser Gegend, während es bei der Emigration der rumänischen Juden tendenziell umgekehrt war, obwohl es auch dort extreme Armut gab und das Überleben nicht gesichert war (vgl. Marrus, The Unwanted [wie Anm. 49], S. 32 f.).

131 Nach zehnjährigem Krieg erkämpfte Griechenland 1832 als erstes Land die Unabhängigkeit von der Türkei. Danach folgten Serbien, die Moldau und die Walachei. Montenegro und Bosnien-Herzegowina folgten, mit zunehmender Beteiligung Rußlands und Österreichs. Bei Ausbruch des Ersten Weltkriegs hatte die Türkei mit Ausnahme Ostthrakiens ihr gesamtes europäisches Territorium verloren.

132 Richard Sennett, The Foreigner. Paper presented at the Urban Forum Conference, Arden House, New York (unveröffentlicht).

133 Aristide R. Zolberg, Contemporary Transnational Migrations in Historical Perspective: Patterns and Dilemmas, in: Mary M. Kritz (Hg.), US Immigration and Refugee Policy: Global and Domestic Issues, Lexington, KY 1983, S. 18 f.

134 Geoffrey Best, Humanity in Warfare. The Modern History of the International Law of Armed Conflicts, New York 1980.

135 Marrus, The Unwanted [wie Anm. 49], S. 52 f.

136 Zolberg, Contemporary Transnational Migrations [wie Anm. 133].

137 Vgl. Fred C. Koch, The Volga Germans in Russia and the Americans from 1763 to the Present, Pennsylvania 1977. Koch beschreibt diese Deportationen: »Häufig wurde ein ganzer Zug mit seiner menschlichen Fracht auf ein Nebengleis geschoben und blieb dort tagelang stehen, weil die Lokomotive für einen anderen Zug gebraucht wurde, wegen des allgemeinen Chaos in der Verkehrsführung oder auch wegen der Gleichgültigkeit des russischen Bahnpersonals, das am besten und oft überhaupt nur durch Bestechung arbeitete. Wenn die Türen dieser rollenden Käfige schließlich geöffnet wurden, quollen die gemarterten Lebenden und die steifen Leichen der Opfer von Hunger, Durst, Krankheit, Frost oder Hitze heraus.«

138 Eugene M. Kulischer, Europe on the Move: War and Population Changes 1917–47, New York 1948.

139 So organisierte zum Beispiel eine Gruppe unter der Leitung von Gräfin Tolstoi motorisierte Patrouillen, die am Straßenrand zurückgelassene Säuglinge retten sollte. Anfang 1916 wurden 400 Säuglinge versorgt. Vgl. Marrus, The Unwanted [wie Anm. 49], S. 54 f.

140 Ebd., S. 57 f.

141 Madeleine de Bryas, Les peuples en marche. Les migrations politiques et économiques en Europe depuis la guerre mondiale, Paris 1926, S. 56.

142 Ebd., S. 21.

143 Fridtjof Nansen, Russia and Peace, London 1923. Dt.: Rußland und der Friede, Leipzig 1923.

144 Das wohl bekannteste Beispiel ist die Evakuierung der verbleibenden Soldaten der »weißen« Armee unter Wrangel, bei der im November 1920 über 130 000 Soldaten und Armeeangehörige per Schiff von der Krim in das damals von alliierten Truppen beherrschte Konstantinopel gebracht wurden. Die Evakuierung wurde zum Skandal, weil die Hilfseinrichtungen für diese Flüchtlingsmassen nicht ausreichten. Es gab viel zu wenig Nahrungsmittel, Medikamente und Unterkünfte, so daß viele Russen, die doch Verbündete der Alliierten und Feinde der Bolschewiken waren, in den Straßen Konstantinopels verhungerten. Die ungewöhnliche Aufmerksamkeit, die diese Flüchtlinge in der internationalen Öffentlichkeit fanden, war möglicherweise ein erster Schritt auf dem Weg zur Entwicklung eines Flüchtlingsbegriffs, der von der Flucht vor dem Kommunismus geprägt war.

145 Vgl. Nansen, Russia and Peace [wie Anm. 143]. Spätere Auswertungen des Materials zeigen, daß Nansens Zahlen wohl zu hoch angesetzt waren, aber man kann davon ausgehen, daß es auf dem Höhepunkt der Fluchtwelle eine Million russischer Flüchtlinge gab.

146 Marrus, The Unwanted [wie Anm. 49], S. 61 ff.

147 Arieh Tartakower/Kurt R. Grossman, The Jewish Refugee, New York 1944.

148 Marrus, The Unwanted [wie Anm. 49], S. 71.

149 Vgl. Kulischer, Europe on the Move [wie Anm. 138]. In der Weimarer Republik ging die Zahl der ausländischen Arbeitskräfte zurück. Zum einen lag das an der Massenarbeitslosigkeit in Deutschland, zum anderen aber auch an der Verschiebung der Grenzen nach Westen, durch die sich viele Polen plötzlich in den Grenzen des neuen Polen wiederfanden; andere kehrten nach Polen zurück oder gingen nach Frankreich. Sämtliche ausländische Arbeitskräfte brauchten eine auf ein Jahr begrenzte Arbeitserlaubnis, die nur dann ausgestellt wurde, wenn für die jeweilige Tätigkeit nachweislich keine einheimische Arbeitskraft zur Verfügung stand. Darüber hinaus gab es weitere Kontrollen. Die Depression der 30er Jahre senkte die Zahl der Ausländer weiter; wer blieb, war meist entweder deutscher Herkunft oder bereits sehr lange im Lande. Für beide Gruppen galten die Restriktionen nicht.

150 Gerard Chaliand / Yves Ternon, Le génocide des Arméniens, Brüssel 1980, S. 41 f.

151 Das Abkommen von Adrianapel zwischen Bulgarien und der Türkei vom November 1913 gilt als der erste zwischenstaatliche Vertrag über den Austausch der Bevölkerung in der Geschichte der Neuzeit. Allerdings hatte der Austausch, den das Abkommen regeln sollte, bereits stattgefunden: Türken hatten Bulgarien, Bulgaren die Türkei verlassen. Dennoch schrieb dieser Vertrag die Methoden für die Durchführung eines solchen Austausches und die Erfordernisse für die Umsiedlung fest. Vgl. Joseph Schechtman, European Population Transfers 1939–1941, New York 1946.

152 C. A. Macartney, National States and National Minorities, London 1934.

153 Das zeigen die anhaltenden Wirkungen der im vorigen Kapitel beschriebenen Gesetze von 1889. Die Änderungen dieser Gesetze von 1927, 1945 und 1973 verstärkten insgesamt nur ihren integrativen Charakter. Die Gesetzesänderung 1927 zum Beispiel erweiterte die Einbürgerungsmöglichkeiten beträchtlich: Mit Ausländern verheiratete Französinnen konnten ihre Staatsbürgerschaft behalten und an ihre Kinder weitergeben, wenn sie in Frankreich geboren wurden.

154 G. S. Cross, Immigrant Workers in Industrial France: The Making of a New Labouring Class, Philadelphia 1983.

155 Noiriel, Longwy [wie Anm. 110]; M. A. Hily, Qu'est-ce que l'assimilation entre les deux guerres? Les enseignements de la lecture de quelques ouverages consacrés à l'immigration, in: L. Talha u. a. (Hg.), Maghrébins en France: émigrés ou immigrés?, Paris 1983, S. 71–80.

156 Mauco, Les étrangers en France [wie Anm. 108].

157 Jean Pluyette, La sélection de l'immigration en France et la doctrine des races, Paris 1930.

158 Annie Benveniste, Le Bosphore à la Roquette: La communauté judéo-espagnole à Paris 1914–1940, Paris 1989.

159 Philip V. Cannistrano/Gian Fausto, Emigrazione, chiesa e fascismo: Lo sciolimento dell' opera Benomelli (1922–1928), Rom 1979.

160 In Polen lebten 3 Millionen, in Rumänien 750000 und in Ungarn fast eine halbe Million Juden.

161 Alain Girard/Jean Stoetzel, Français et immigrés: L'attitude française à l'adaptation des Italiens et des Polonais (=Travaux et documents/Institut National d'Etudes Demographiques, Heft 19/20), Paris 1953; Noiriel, Longwy [wie Anm. 110].

162 Jean-Charles Bonnet, Les pouvoirs publics française et l'immigration dans l'entre-deux-guerres, Lyon 1976; R. Schor, L'opinion française et les étrangers en France 1919–1939, Paris 1985.

163 Marcel Livian, Le Parti Socialiste et l'immigration, Paris 1982.

164 Marrus, The Unwanted [wie Anm. 49].

165 Das Allgemeine Zoll- und Handelsabkommen (Welthandelsabkommen) von 1947. Im GATT werden die Prinzipien für ein offenes Welthandelssystem geregelt.

166 Eine detaillierte quantitative Analyse von Einwanderung und Asyl findet sich im Anhang.

167 368000 in Belgien, 285000 in der Schweiz, 323000 in Österreich; darin sind die osteuropäischen Flüchtlinge enthalten. In anderen Ländern, zum Beispiel den Niederlanden, Spanien und Schweden, gab es etwas mehr als 100000, in Liechtenstein rund 3000 und in Italien rund 47000.

168 Die Unterschiede bei der Einwanderungspolitik und den Zugangsbedingungen auf dem Arbeitsmarkt in den einzelnen Ländern erschweren die Beschaffung vergleichbaren Zahlenmaterials. Der Anstieg war in den einzelnen Ländern unterschiedlich stark: In Deutschland stieg der Anteil ausländischer Arbeitskräfte von 461000 1960 auf 1,7 Millionen 1970 und 2,5 Millionen 1973, das heißt von 2 auf 11 %; in Frankreich von 1,3 Millionen 1960 auf 1,6 Millionen 1970 und 1,9 Millionen 1973, das heißt von 6 auf 11 %; in Großbritannien von 1,2 Millionen 1960 auf 1,8 Millionen 1970 und 1,7 Millionen 1973.

169 Die sehr verschiedenen Einbürgerungsregelungen haben Auswirkungen auf die Größe des ausländischen Bevölkerungsanteils. In Frankreich und Belgien ist die Einbürgerung relativ unkompliziert; entsprechend tauchen hier Statusveränderung und natürlicher Zuwachs der Ausländerpopulation in der Statistik als Wachstum der einheimischen Bevölkerung auf; in Deutschland und der Schweiz, wo es schwer ist, die Staatsbürgerschaft zu erwerben, erhöht sich der Anteil der ausländischen Bevölkerung. Bei der französischen Volkszählung von 1982 zum Beispiel waren 6 Millionen Menschen nicht von Geburt an Franzosen, 3,68 Millionen waren Ausländer (vgl. SOPEMI (Système d'observation permanente pour les migrations), Annual Report, Paris 1992).

170 In der Bilanz der Migrationsströme fehlen die Migranten, die in ihre Hei-

mat zurückgekehrt, in den Aufnahmeländern verstorben oder ganz aus Europa emigriert sind.

171 In der Bundesrepublik stieg die ausländische Population von mehr als 4,4 Millionen 1980 auf 5,2 Millionen 1990, das heißt von 7,2 auf 8,2 % der Gesamtbevölkerung; in Großbritannien von 2,5 auf 3,3 Millionen oder von 2,5 % auf 3,3 %; in der Schweiz von etwa 900 000 1980 auf 1,1 Millionen 1990 oder von 5,1 auf 5,6 %; in den Niederlanden von etwas mehr als 500 000 auf fast 700 000 oder von 3,7 auf 4,6 %; in Österreich von 283 000 auf 413 000 oder 3,7 auf 5,3 %. In Frankreich blieb die Zahl bei rund 3,7 Millionen oder 6,5 % stabil, in Belgien stieg sie leicht von 886 000 (9 %) auf 904 000 (9,1 %).

172 In den folgenden Zahlen sind EG-Bürger nicht enthalten. Neben den deutschen Aussiedlern und den DDR-Bürgern reisten 1980 rund 83 000 ausländische Arbeitskräfte legal nach Deutschland ein, in den folgenden Jahren 20 000 bis 30 000, 1988 60 000, 1989 85 000 und 1990 139 000. In Frankreich waren es 1980 17 000, mit sinkender Tendenz in den folgenden Jahren und einem erneuten Anstieg auf 30 000 1989 und 35 000 1990. Ähnlich sind die Einwanderungskurven auch in der Schweiz und Österreich, wobei es in Österreich in den 80er Jahren nach einem deutlichen Absinken von 44 000 Einreisen 1980 auf 15 000 1987 und 17 000 1988 mit 103 000 am Ende des Jahrzehnts einen besonders drastischen Anstieg gab. Nach 1986 hat Österreich ein anderes Zählverfahren eingeführt; der Zuwachs lag danach. Bei den Saisonarbeitskräften und Grenzarbeitnehmern steht die Schweiz an erster Stelle: 1980 wurden rund 110 000 Saison- und rund 100 000 Grenzarbeitskräfte gezählt, 1990 121 700 bzw. 180 600. Frankreich registrierte 1980 mehr als 120 000 und 1990 nur noch 58 000 Saisonarbeitskräfte, Luxemburg 1980 12 000 und 1990 34 000 Grenzarbeitskräfte.

173 W. R. Bohning, Integration and Immigration Pressures in Western Europe, in: International Labour Review 130 (1991).

174 In manchen Ländern können illegale Immigranten keine Rechtsmittel gegen die Ausweisung einlegen; Rechtsmittel können nur dann effektiv sein, wenn der Ausweisungsbeschluß der Verwaltung öffentlich und dem Betroffenen zugänglich ist. Das ist in Deutschland zum Beispiel nicht der Fall. Eine andere Maßnahme gegen illegale Einwanderung ist die Haftungspflicht der Fluggesellschaften für Passagiere, die sie ohne die entsprechenden Visa in die EG-Länder befördern.

175 Vgl. Patrick Weil, La France et ses étrangers, Paris 1991; Cathérine Wihtol de Wenden, Citoyenneté, nationalité et immigration, Paris 1988; Wayne A. Cornelius/Philip L. Martin/James F. Hollifield (Hg.), Controlling Immigration. A Global Perspective, Stanford 1994.

176 Stephen Castles/Mark Miller, The Age of Migration. International Population Movements in the Modern World, Basingstoke 1993.

177 Laura Balbo/Luigi Manconi, I razzismi possibili, Mailand 1990.

178 Bichara Khader, La Méditerranée entre les tentations solitaires et les projets solidaires, in: Développement du Maghreb dans la perspective du Marché Unique, 1991, S. 42 f.; Larbi Talha, L'union du Maghreb arabe face à l'Europe des douze, in: ebd.

179 H. W. P. Veuglers, Recent Immigration Politics in Italy. A Short Story, in: M. Baldwin-Edwards/M. Schain (Hg.), The Politics of Immigration in Western Europe, Ilford 1994, S. 33–50.

180 M. Okolski, Poland, in: S. Ardittis (Hg.), The Politics of East-West Migrations, Basingstoke 1992.

181 Ungarn war das erste Ostblockland, das die Genfer Flüchtlingskonvention unterzeichnete, Polen folgte im September 1991, nach dem Fall der Mauer.

182 US Committee for Refugees (Hg.), World Refugee Summary, Washington, DC 1993.

183 Das Schengener Abkommen wird auf S. 145 erläutert. Das Abkommen von Dublin soll verhindern, daß Asylanträge mehrfach oder nacheinander in den Mitgliedsstaaten der EG gestellt werden sowie garantieren, daß die Entscheidungen über den Antrag im Land getroffen wird, ohne daß die anderen Unterzeichner des Vertrags dieselben Anträge noch einmal prüfen müssen. Dieser Vertrag ist für bestimmte Länder nicht unproblematisch, genausowenig wie das Schengener Abkommen. Vgl. auch Fußnote 215 zu dem Abkommen über die Außengrenzen in diesem Kapitel.

184 Alan Butt-Philip, European Union Immigration Policy. Phantom, Fantasy or Fact?, in: M. Baldwin-Edwards/M. Schain (Hg.), The Politics of Immigration in Western Europe, Ilford 1994.

185 Ein ähnliches Muster läßt sich nach der Legalisierung illegal eingewanderter Mexikaner in den USA beobachten, vor allem in der Nähe der mexikanischen Grenze: Das neu erworbene Recht der Immigranten, in den USA zu leben und zu arbeiten, führte dazu, daß viele wegen der niedrigeren Lebenshaltungskosten und des relativ intakten sozialen Umfelds nach Mexiko zurückgingen. Sobald der Zugang zu den USA nicht mehr beschränkt war, konnten sie die Dauer ihres Aufenthalts an ihre Bedürfnisse und Umstände anpassen, anstatt ihn wie früher so lange wie möglich auszudehnen, damit sich die Mühen, Kosten und oft genug auch Gefahren der illegalen Einwanderung lohnten.

186 S. Heitmann, Soviet Emigration in 1990 (= Berichte des Bundesinstituts für ostwissenschaftliche und internationale Studien, Nr. 33), Bonn 1991.

187 Zwischen 1980 und 1990 kamen 60mal mehr Emigranten aus Ostdeutschland in die Bundesrepublik als nach Frankreich. 1990 kamen 10 % aller Einwanderer in Frankreich aus dem Osten. Trotz des Einwanderungsstops für Arbeitsmigranten wirbt das Internationale Migrationsbüro (IOM) über sein Büro in Warschau polnische Saisonarbeiter für die französische Landwirtschaft an.

188 Statistisches Bundesamt (Hg.), Statistisches Jahrbuch 1991 für das vereinte Deutschland, Wiesbaden 1992, S. 91.

189 OECD (Hg.), Economics Survey: Germany 1989/90, Paris 1990, S. 21 ff.

190 Zahlen laut Angaben des Deutschen Instituts für Wirtschaft (DIW) in
Ostberlin.

191 Zentralstelle für Statistik der DDR, 1990, S. 2.

192 In diesem Zeitraum blieben die folgenden Merkmale des Pendlerstroms relativ stabil: Rund ein Drittel der Pendler arbeitete in Westberlin, weniger als
ein Viertel kam aus Ostberlin, rund 20 % aus Thüringen. Ca. 80 % waren
männlich, während der Männeranteil an der Erwerbsbevölkerung der
früheren DDR 55 % betrug, 50 % waren zwischen 25 und 39 Jahre alt, was
ebenfalls weit über dem Anteil dieser Altersgruppe an der Erwerbsbevölkerung lag, und 59 % waren verheiratet, verglichen mit 71 % der Erwerbsbevölkerung. Auch das Ausbildungsniveau lag über dem Durchschnitt,
während es bei den beruflichen Qualifikationen keine signifikanten Unterschiede gab. Man kann dem Material entnehmen, daß die Pendler im Westen Arbeitsplätze besetzten, für die sie überqualifiziert waren.

193 Da sich die 1000 km lange Grenze zwischen Polen und der früheren Sowjetunion praktisch nicht kontrollieren läßt, fürchten die mitteleuropäischen Länder, sie könnten zur Endstation für all die Emigranten und
Flüchtlinge aus dem Osten werden, die der Westen nicht mehr aufnimmt.

194 In Polen galt die Repatriierung nicht als eine wünschenswerte oder wirtschaftlich durchführbare Option, obwohl es keine Zahlen über die
tatsächlich rückkehrwilligen Polen gibt. Die Integration einer Million ethnischer Polen innerhalb von fünf Jahren würde geschätzte 2 Milliarden
Dollar kosten; 1991, ein Jahr nach der Öffnung, wurden nicht einmal
1000 Personen repatriiert (vgl. Mirjana Morokvasic/Anne de Tinguy,
Between East and West. A New Migratory Space, in: M. Morokvasic/
H. Rudolph (Hg.), Bridging States and Markets. International Migration
in the Early 1990s, Berlin 1993). Polen entschied sich für die Strategie, die
polnische Bevölkerung im Ausland zu unterstützen und sicherzustellen,
daß sie Minderheitenrechte in Anspruch nehmen und ihre ethnische Identität bewahren können. Um diese Ziele zu erreichen, wurde 1990 ein
Freundschaftsvertrag mit der Ukraine und 1991 mit Belorußland geschlossen. Auch Ungarn hat sich zur Unterstützung der ungarischen Gemeinden im Ausland entschlossen und von einer Repatriierung abgeraten.
Der Freundschaftsvertrag mit der Ukraine löste Kontroversen aus, da die
darin enthaltene Klausel über die Anerkennung der Grenzen von manchen
als Verrat an der ungarischen Bevölkerung der Ukraine betrachtet wurde.
Anderseits hat die Regierung die Repatriierung von Ungarn aus Rumänien gefördert (vgl. E. Sik, Policy Networks to Cope with Crisis: The Case
of Transsylvanian Refugees in Contemporary Hungary, in: Innovation 3
(1990), S. 729 ff.)

195 Wall Street Journal, 21. August 1991.

196 Libération, 25./26. Mai 1991.

197 International Organization for Migration (Hg.), Profiles and Motives of Potential Migrants. An IOM Study Undertaken in Four Countries: Albania, Bulgaria, Russia and Ukraine, Genf 1993.

198 Ebd.; Anne de Tinguy, Emigration soviétique: Quelles perspectives?, in: La nouvelle alternative 2 (1991); R. Brym, The Emigration Potential of Czechoslovakia, Hungary, Lithuania, Poland and Russia: Recent Survey Results, in: International Sociology 7 (1992), S. 387–395.

199 Vgl. Morokvasic/de Tinguy, Between East and West [wie Anm. 194].

200 Ebd.

201 F. St. Larrabee, Down and Out in Warsaw and Budapest: Eastern Europe and East-West Migration, in: International Security 16 (1992), Nr. 4, S. 13; Morokvasic/de Tinguy, Between East and West [wie Anm. 194].

202 Dazu müßte man die Integrationsmodelle der Nationalstaaten untersuchen. Castles/Miller, The Age of Migration [wie Anm. 176] gehen von vier möglichen Integrationsmodellen aus: 1. multi-ethnische Staatsgebilde, in denen eine ethnische Gruppe dominiert, 2. das ethnische Modell auf der Grundlage gemeinsamer Abstammung *(jus sanguinis)*, 3. das republikanische Modell auf der Grundlage der Nation als politischer Gemeinschaft *(jus solis)* und 4. das neue multikulturelle Modell, ein modifiziertes republikanisches Modell, das kulturelle und ethnische Unterschiede anerkennt. Rainer Bauböck, Transnational Citizenship. Membership and Rights in International Migration, Aldershot 1994, hat verschiedene Möglichkeiten der Staatsbürgerschaft untersucht, einschließlich Formen wie der einer transnationalen Staatsbürgerschaft, die einer zunehmend mobiler werdenden Erwerbsbevölkerung entspricht.

203 Roger Brubaker, »Staats-Bürger« [wie Anm. 91]; Wihtol de Wenden, Citoyenneté [wie Anm. 175]; Weil, La France et ses étrangers [wie Anm. 175].

204 Hans Kohn, Prelude to Nation States. The French and German Experience 1789–1815, Princeton 1967; L. Hoffmann, Die unvollendete Republik. Einwanderungsland oder deutscher Nationalstaat?, Köln 1990; Dieter Oberndörfer, Die offene Republik. Zur Zukunft Deutschlands und Europas, Freiburg 1991.

205 Die belgische Einwanderungsrate stieg allerdings nach dem neuen Gesetz von 1992 gegenüber 1991 um das Sechsfache auf 46 500 Einbürgerungen.

206 Rainer Bauböck/Dilek Cinar, Briefing Paper. Naturalization in Western Europe, in: West European Politics 17 (1994).

207 Jan Rath, Voting Rights, in: Zig Layton-Henry (Hg.), The Political Rights of Migrant Workers in Western Europe, Newbury Park 1990.

208 Thomas Faist, How to Define a Foreigner? The Symbolic Politics of Immigration in German Partisan Discourse 1978–1992, in: West European Politics 17 (1994).

209 Rath, Voting Rights [wie Anm. 207].

210 Auch in Frankreich ist die Einbürgerung letztlich ins Belieben des Staates gestellt, wird aber selten abgelehnt. Eine Schätzung geht von einer Ablehnungsrate von nur 10 bis 12 % aus, wobei viele Anträge dann im zweiten Anlauf angenommen würden (J. Costa-Lascoux, L'acquisition de la nationalité française, une condition d'installation, in: S. Laacher (Hg.), Questions de nationalité. Histoire et enjeu d'un code, Paris 1987.) CIMADE, eine Organisation zur Unterstützung ausländischer Arbeitskräfte, schätzt die Ablehnungsrate auf 30 %.

211 Vgl. aber auch Hans van Amersfoort, Ethnic Residential Patterns in a Welfare State. Lessons from Amsterdam 1970–1990, in: New Community 18 (1992), S. 439–456.

212 Bauböck/Cinar, Briefing Paper [wie Anm. 206].

213 Vgl. Balbo/Manconi, I razzismi [wie Anm. 177]; Dominique Schnapper, La France de l'intégration. Sociologie de la nation en 1990, Paris 1991; Wihtol de Wenden, Les immigrés et la politique [wie Anm. 109]; Faist, How to Define a Foreigner [wie Anm. 208]; Weil, La France et ses étrangers [wie Anm. 175]; Robert Miles/Annie Phizacklea, White Man's Country. Racism in Britain, London 1984; Colin Brown, Black and White Britain. The Third PSI Survey, London 1984; Blaschke/Germershausen, Migration [wie Anm. 16]. Die Bedeutung und Komplexität dieser Kehrseite der Immigrationspolitik wird durch Wischenbarts Argument erkennbar, der in der österreichischen Einwanderungspolitik die Verarbeitung des kulturellen Erbes des Österreich-Ungarischen Reiches sieht (vgl. R. Wischenbart, National Identity and Immigration in Austria. Historical Framework and Political Dispute, in: M. Baldwin-Edwards/M. Schain (Hg.), The Politics of Immigration in Western Europe, Ilford 1994, S. 72–90; Heinz Fassmann, A Survey of Patterns and Structures of Migration in Austria 1850–1900, in: Dirk Hoerder (Hg.), Labor Migration in the Atlantic Economies, Westport, CT 1985.

214 Am härtesten sind die nordafrikanischen Migranten betroffen, die zu 85 % in Frankreich leben. Die Maßnahmen der Mitgliedsstaaten und Institutionen der EG sollten sich neben der verstärkten Kontrolle der eingewanderten Arbeitskräfte auch auf ihre Unterstützung richten. Frankreich hat dafür mit einer Verordnung vom 1. Februar 1984, die Weiterbildungsmaßnahmen für arbeitslos gewordene Migranten vorschreibt, ein gutes Beispiel gegeben.

215 Fragen, die einzelne Länder nicht innerhalb der EG behandeln wollen, auch solche, für die die EG zuständig ist, werden in Regierungsabkommen geregelt. Solche Abkommen unterliegen dem internationalen Recht, nicht den EG-Institutionen; den institutionellen Rahmen liefert der Europarat, dessen Macht und Funktion in den EG-Verträgen nicht definiert ist. Regierungsvereinbarungen, zum Beispiel die zur Familienzusammenführung

von 1993, werden weder vom internationalen noch vom EG-Recht anerkannt.

216 Die Trevi-Gruppe wurde 1975/76 eingerichtet und diente den Innen- und Justizministerien als Forum zur Klärung von Fragen der inneren Sicherheit und Kriminalitätsbekämpfung, bei denen eine Kooperation der Regierungen und Vollzugsorgane erforderlich war.

217 Vgl. Butt-Philip, European Immigration Policy [wie Anm. 184]. Das Abkommen von Dublin wurde zu Beginn dieses Kapitels bereits erwähnt. Der Vertrag über die Außengrenzen sichert die wechselseitige Anerkennung der nationalen Visa bei Bürgern von Nichtmitgliedsländern; Menschen aus Nicht-EG-Ländern, die legal in einem EG-Land leben, brauchen so kein Visum für die anderen EG-Staaten, falls ihr Aufenthalt drei Monate nicht überschreitet und nicht der Erwerbstätigkeit dient.

218 Vgl. Michael Spencer, 1992 and All That: Civil Liberties in the Balance, London 1990.

219 Was die illegale Einwanderung betrifft, wurden die Regierungen von verschiedenen Seiten gedrängt, nicht willkürlich Legalisierungen zu veranlassen, sobald sich die Lage verschärft, sondern sich mit den Regierungen der Herkunftsländer abzustimmen und ein Quotensystem einzurichten, damit das entschlossenste Emigrationspotential aufgefangen werden kann.

220 Eine Möglichkeit für die EU wäre, die Einbürgerungspolitik gemeinsam anzugehen und etwa Obergrenzen für die jährliche Zahl der Einbürgerungen in der gesamten EU festzulegen. Weiter wäre es wichtig, sich vor der Repatriierung großer Gruppen in Drittländer zu beraten, wenn diese Einbürgerungs- und Staatsbürgerschaftsrechte besitzen. Kurz, die EU muß sich darüber klar werden, daß die unterschiedlichen Einbürgerungsprinzipien für die EG unterschiedliche Auswirkungen haben.

221 Auch die Konvention Nr. 143 der Internationalen Arbeitsorganisation (ILO) über Arbeitsmigranten, die 1975 unterzeichnet wurde, besagt, daß Familienzusammenführung dem Bedürfnis nach humanitärer und sozialer Integration dient.

222 Weil, La France et ses étrangers [wie Anm. 175].

223 Khader, La Méditerranée [wie Anm. 178].

224 Vgl. ebd.

225 Vgl. Saskia Sassen, The Mobility of Labor and Capital: A Study in International Investment and Labor Flow, New York 1988; dies., Immigration Policy in a World Economy (im Druck); Journal für Entwicklungspolitik 11 (1995), Heft 3: Schwerpunkt Migration.

226 Zum Beispiel bei der neuen illegalen Einwanderung aus den Philippinen, Thailand und anderen asiatischen Ländern.

227 Heather Booth/Stephen Castles/Tina Wallace, Migration und Rassismus in Westeuropa, Berlin 1987; A. Gillette/A. Sayad, L'immigration algérienne en France, Paris 1984.

228 Martin A. Schain, Immigrants and Politics in France, in: John S. Ambler (Hg.), The French Socialist Experiment, Philadelphia 1985.

229 Vgl. Cathérine Wihtol de Wenden, Immigrants as Political Actors in France, in: M. Baldwin-Edwards/M. Schain (Hg.), The Politics of Immigration in Western Europe, Ilford 1994, S. 91–110; Sophie Body-Gendrot, Ville et violence. L'irruption de nouveaux acteurs, Paris 1994; Czarina Wilpert, Entering the Working World: Following the Descendants of Europe's Immigrant Labour Force, Aldershot 1988.

230 Body-Gendrot, Ville et violence [wie Anm. 229].

231 Vgl. auch Hoffmann, Die unvollendete Republik [wie Anm. 204]; Oberndörfer, Die offene Republik [wie Anm. 204].

232 Harbhajan Brar/Paul Martin/John Wrench (in Zusammenarbeit mit Mark Johnson), Invisible Minorities. Racism in New Towns and New Contexts, Coventry 1993.

233 Body-Gendrot, Ville et violence [wie Anm. 229].

234 S. Drobnic, The Political Participation of Yugoslav Immigrants in Sweden, in: European Journal of Political Research 16 (1988).

235 C. Husbands, The Dynamics of Racial Exclusion and Expulsion. Racist Politics in Western Europe, in: European Journal of Political Research 16 (1988).

236 In der französischen Geschichte hat es in allen Debatten um Nationalität und Immigration immer eine ethnokulturelle Richtung gegeben, die das fehlende Integrationspotential der Immigration in den Vordergrund rückte. Diese Richtung wurde von Zeit zu Zeit relativ stark, war aber nur selten dominant. So mußte die Regierung 1986–87 ihre relativ restriktive Reform des Staatsbürgerschaftsrechts auf öffentlichen Druck hin wieder aufgeben. Andererseits schließt das französische *jus soli* Nationalismus und Xenophobie keinesfalls aus, wie in den 80er Jahren die erstarkende Nationale Front und in gewissem Ausmaß auch der öffentliche Druck zeigte, der zu der Reform des Staatsbürgerschaftsrechts von 1993 geführt hat. Mittlerweile gibt es einen neuen rechten Nationalismus, der Nation als eine Gemeinschaft begreift, die stärker an Abstammung und Blut als an Assimilation gebunden ist.

237 Rath, Voting Rights [wie Anm. 207].

238 1984 ergab eine Umfrage in Schweden, daß Immigranten, die mit schwedischen Staatsbürgern verheiratet waren, eher zur Einbürgerung bereit waren. Vermögen oder Besitz im Herkunftsland sowie Rückkehrpläne waren Faktoren, die die Einbürgerungsbereitschaft senkten. Ein Drittel wollte sich bei der Einbürgerungsfrage nicht festlegen. Laut T. Hammar, European Immigration Policy. A Comparative Study, Cambridge 1985, wollten sich in Schweden lebende Finnen einbürgern lassen, wenn sie die finnische Staatsbürgerschaft behalten konnten. In Deutschland waren bei einer Umfrage von 1984 13,2 % der Befragten sehr und 32,1 % mäßig interessiert,

die deutsche Staatsbürgerschaft zu erwerben, der Rest hatte kein Interesse. Bei Griechen und Jugoslawen war der Wunsch nach Einbürgerung am größten, bei Türken und Spaniern am geringsten. Nach dieser Umfrage gab es eine direkte Beziehung zwischen der Aufenthaltsdauer und dem Wunsch nach der deutschen Staatsbürgerschaft; je länger der Aufenthalt, desto höher das Interesse. So waren zum Beispiel 21 % der Einwanderer, die 15 Jahre oder länger in Deutschland lebten, stark an der Einbürgerung interessiert. Der Anteil der nicht Interessierten dagegen blieb gleich, unabhängig von der Aufenthaltsdauer. Die Beziehung zwischen Aufenthaltsdauer und Interesse betraf nur die Gruppe der mäßig Interessierten; sie wechselten mit steigender Aufenthaltsdauer zu den stark Interessierten.

239 Hammar, European Immigration Policy [wie Anm. 238]; Zig Layton-Henry (Hg.), The Political Rights of Migrant Workers in Western Europe, Newbury Park 1990.

240 Der Begriff »denizenship« (Teileinbürgerung) stammt aus dem 16. Jahrhundert, als Ausländer durch eine Urkunde der englischen Krone als Staatsbürger zugelassen wurden (Robin Cohen, The New Helots. Migrants in the International Division of Labour, Aldershot 1987). Heute wird er benutzt, um zu unterstreichen, daß die traditionell scharfe Trennung zwischen Ausländer und Staatsbürger nicht mehr haltbar ist und sehr viele ausländische Bürger enge, intensive, feste und kontinuierliche Bindungen zu dem Land aufgebaut haben, in dem sie leben. Sie sind Mitglieder dieser Gesellschaft, obwohl sie Ausländer sind. Wenn sich diese Erkenntnis durchsetzt, könnte die Teileinbürgerung ein gangbarer Mittelweg zwischen dem Status des Staatsbürgers und des Ausländers sein (Hammar, European Immigration Policy [wie Anm. 238]; Layton-Henry, The Political Rights [wie Anm. 239]). Bauböck, Transnational Citizenship [wie Anm. 202] hat die wohl umfassendste Analyse der verschiedenen möglichen Formen der Staatsbürgerschaft vorgelegt.

241 Wihtol de Wenden, Immigrants as Political Actors [wie Anm. 229].

242 Saskia Sassen, The Global City, New York 1991, Kap. 8, 9. Vgl. auch dies., Metropolen des Weltmarktes, Frankfurt a. M. 1996, Kap. 5, 6. Siehe außerdem Christof Parnreiter, Migration und Arbeitsteilung. AusländerInnenbeschäftigung in der Weltwirtschaftskrise, Wien 1994.

243 Sassen, Immigration Policy [wie Anm. 225]; dies., Losing Control? Sovereignty in an Age of Globalization, New York 1996.

244 Vgl. ebd.

245 Ich habe an anderer Stelle untersucht, ob die Existenz von Freihandelsblöcken oder einer zunehmend integrierten globalen Wirtschaft einen Rahmen für die Regulierung von Wanderungsbewegungen bieten kann, der nicht mehr von Grenzkontrollen abhängig wäre. Vgl. ebd.

246 Der Begriff »Arbeitsmarkt« meint nichts anderes, als daß Arbeitskräfte der Nachfrage folgen und an den Ort gehen, wo sie gebraucht werden.

Die Bemühungen der EG, die Außengrenzen für Arbeitsmigranten zu schließen, wären für viele nur dann sinnvoll, wenn man die Flexibilität der eingewanderten Erwerbsbevölkerung innerhalb der EG erweitern würde, so daß der Arbeitskräftemangel eines Mitgliedslandes nicht durch neue Arbeitsmigranten von außen, sondern aus anderen Mitgliedsländern mit hoher Arbeitslosigkeit behoben werden könnte. Aus dem europäischen und US-amerikanischen Material geht meiner Meinung nach hervor, daß der Markt allein als Regulierungsinstrument hier nicht ausreicht; eine solche schnelle Anpassung wäre nur durch Regierungsmaßnahmen möglich. Aber es ist zweifellos eine Möglichkeit, in den Wirtschafts- und Industriezweigen, in denen Immigranten dominieren, das Arbeitskräfteangebot an die Nachfrage anzupassen. So ließen sich auch manche Immigrantengruppen dezentralisieren und in den Aufbauprozeß eines transnationalen Europas einbinden.

247  James F. Hollifield, Immigrants, Markets, and States. The Political Economy of Postwar Europe, Cambridge, Mass. 1992; Bauböck, Transnational Citizenship [wie Anm. 202]; Sassen, Losing Control [wie Anm. 243].

248  Ein Beispiel ist die Internationale Konvention zum Schutz der Rechte aller Arbeitsmigranten und ihrer Familien, die am 18.12.1990 von der UN-Vollversammlung verabschiedet wurde (Resolution 45/185).

# Auswahlbibliographie

George Alter, Family and the Female Life Course: Women of Verviers, Belgium 1849–1880, Madison, Wisc. 1988.

Hans van Amersfoort, Ethnic Residential Patterns in a Welfare State. Lessons from Amsterdam 1970–1990, in: New Community F 18 (1992), S. 439–456.

H. Amman, Die Italiener in der Schweiz. Ein Beitrag zur Fremdenfrage, Basel 1917.

Michael Anderson, Population Change in North-Western Europe 1750–1850, London 1988.

Hannah Arendt, Elemente und Ursprünge totalitärer Herrschaft, München 1955.

Klaus Bade, Kulturkampf auf dem Arbeitsmarkt. Bismarcks »Polenpolitik« 1885–1890, in: O. Pflanze (Hg.), Innenpolitische Probleme des Bismarckreiches, München 1983, S. 121–142.

Bernard Bailyn, Voyages to the West. A Passage in the Peopling of America on the Eve of the Revolution, New York 1986.

Laura Balbo/Luigi Manconi, I razzismi possibili, Mailand 1990.

Lutz Berkner/Franklin Mendels, Inheritance Systems, Family Structure and Demographic Patterns in Western Europe 1700–1900, in: C. Tilly (Hg.), Historical Studies of Changing Fertility, Princeton 1978, S. 209ff.

Geoffrey Best, Humanity in Warfare. The Modern History of the International Law of Armed Conflicts, New York 1980.

Roger Beteille, Les migrations saisonnières en France sous le Premier Empire. Essais de synthèse, in: Revue d'histoire moderne et contemporaine 17, S. 424–441.

B. Bezza, Gli italiani fuori d'Italia, Mailand 1983.

M. Blanc, Immigrant housing in France. From hovel to hostel to low-cost flats, in: New Community 11 (1984), S. 225–233.

J. Blaschke/A. Germershausen, Migration und ethnische Beziehungen, in: Nord-Süd aktuell 3 (1989), S. 3f.

Sophie Body-Gendrot/E. Ma Mung/C. Hodier (Hg.), Entrepreneurs entre deux mondes. Les créations d'entreprises par les étrangers: France, Europe, Amérique du Nord, in: Revue européenne des migrations internationales 8 (1992), Nr.1 (Sonderheft), S. 5–8.

W. R. Bohning, Integration and immigration pressures in Western Europe, in: International Labour Review 130 (1991).

Jean-Charles Bonnet, Les italiens dans l'agglomération lyonnaise à l'aube de la »belle époque«, in: Affari Sociali Internazionali 3–4 (1977), S. 87–103.

Ders., Les pouvoirs publics français et l'immigration dans l'entre-deux-guerres, Lyon 1976.

Colin Brown, Black and White Britain. The Third PSI Survey, London 1984.

Roger S. Brubaker, Citizenship and Nationhood in France and Germany. Cambridge 1992; dt.: »Staats-Bürger«: Deutschland und Frankreich im historischen Vergleich, Hamburg 1994.

Madeleine de Bryas, Les peuples en marche. Les migrations politiques et économiques en Europe depuis la guerre mondiale, Paris 1926.

H. Buechler/J. M. Buechler (Hg.), Migrants in Europe: The Role of Family, Labor and Politics, New York 1987.

Alan Butt-Philip, European Union Immigration Policy. Phantom, Fantasy or Fact?, in: M. Baldwin-Edwards/M. Schain (Hg.), The Politics of Immigration in Western Europe, Ilford 1994.

Stephen Castles/Heather Booth/Tina Wallace, Here for Good. Western Europe's New Ethnic Minorities, London 1984; dt.: Migration und Rassismus in Westeuropa, Berlin 1987.

Stephen Castles/Mark Miller, The Age of Migration. International Population Movements in the Modern World, Basingstoke 1993.

CEE (Hg.), L'emploi en Europe, Brüssel 1990.

CEMAT (Hg.), Draft European Regional Planning Strategy, Bd. 1 u. 2, Luxemburg 1988.

Jean-Claude Chesnais, Les migrations de l'Europe de l'est vers l'Europe de l'ouest. De l'histoire (1946–1989) à prospective (1990–2000), Rapport au conseil de l'Europe 1991.

P. C. Cheshire/D. G. Hay, Urban Problems in Western Europe, London 1989.

Louis Chevalier, Classes laborieuses et classes dangereuses à Paris pendant la première moitié du XIXe siècle, Paris 1958.

Robin Cohen, The New Helots. Migrants in the International Division of Labour, Aldershot 1987.

J. Costa-Lascoux, Chronique législative, in: Revue européenne des migrations internationales 2 (1986), S. 179–240.

Ders., L'acquisition de la nationalité française, une condition d'installation, in: S. Laacher (Hg.): Question de nationalité. Histoire et enjeux d'un code, Paris 1987.

S. Drobnic, The Political Participation of Yugoslav Immigrants in Sweden, in: European Journal of Political Research 16 (1988).

S. Fainstein/I. Gordon/M. Harloe, Divided Cities: Economic Restructuring and Social Change in London and New York, New York 1993.

Thomas Faist, How to Define a Foreigner? The Symbolic Politics of Immigration in German Partisan Discourse 1978–1992, in: West European Politics 17 (1994).

Heinz Fassmann, A Survey of Patterns and Structures of Migration in Austria 1850–1900, in: Dirk Hoerder (Hg.), Labor Migration in the Atlantic Economies, Westport, CT 1985.

Hans Fenske, International Migration: Germany in the Eighteenth Century, in: Central European History 13 (1980), S. 332–347.

Claude Fohlen, Introduction, in: Centre de Recherche d'Histoire Nord-Américaine (Hg.), L'émigration française. Etudes de cas: Algérie, Canada, Etats-Unis, Paris 1985.

Barbara Franzoi, At the Very Least She Pays the Rent: Women and Gender in Industrialization 1871–1914, Westport, Conn. 1985.

Donna Gabaccia, From Sicily to Elizabeth Street: Housing and Social Change Among Italian Immigrants 1880–1930, Albany, NY 1984.

Maurice Garden, Le bilan démographique des villes: un système complexe, in: Annales de démographie historique (1982), S. 267–275.

C. Gide/M. Lambert, Les troubles d'Aigues Mortes, in: Revue d'économie politique (1983), S. 839–841.

A. Gillette/A. Sayad, L'immigration algérienne en France, Paris 1984.

Alain Girard/Jean Stoetzel, Français et immigrés: L'attitude française a l'adaptation des italiens et des polonais (= Travaux et documents/Institut National d'Etudes Démographiques, Heft 19/20), Paris 1953.

Sydney Goldstein, The Extent of Repeated Migration. An Analysis Based on the Danish Population Register, in: Journal of the American Statistical Association 59 (1964), S. 1121–1132.

Nancy Green, Filling the Void. Immigration to France before World War I, in: Dirk Hoerder (Hg.), Labor Migration in the Atlantic Economies, Westport, CT 1985.

M. Guillon, Les étrangers dans les grandes agglomérations françaises 1962–82, in: Espace, populations, sociétés 2 (1986), S. 179–190.

Gay Gullickson, Spinners and Weavers of Auffay. Rural Industry and the Sexual Division of Labor in a French Village 1750–1850, Cambridge 1986.

Myron Guttman, Toward the Modern Economy. Early Industry in Europe 1500–1800, New York 1988.

Ders./Etienne van de Walle, New Sources for Social and Demographic History: The Belgian Population Registers, in: Social Science History 2 (1978), S. 121–143.

William W. Hagen, Germans, Poles, and Jews. The Nationality Conflict in the Prussian East 1772–1914, Chicago 1980.

T. Hammar, European Immigration Policy. A Comparative Study, Cambridge 1985.

Anne-Lise Head, Quelques remarques sur l'émigration des régions préalpines, in: Revue suisse d'Histoire 29 (1979), S. 181–193.

S. Heitmann, Soviet Emigration in 1990 (= Berichte des Bundesinstituts für ostwissenschaftliche und internationale Studien, Nr. 33), Bonn 1991.

202

M. A. Hily, Qu'est-ce que l'assimilation entre les deux guerres? Les enseignements de la lecture de quelques ouvrages consacrés à l'immigration, in: L. Talha u. a. (Hg.) Maghrébins en France: émigrés ou immigrés?, Paris 1983, S. 71–80.

Eric Hobsbawm, The Age of Empire 1875–1914, New York 1987; dt.: Das imperiale Zeitalter: 1875–1914, Frankfurt a. M. 1989.

Steve Hochstadt, Städtische Wanderungsbewegungen in Deutschland 1850–1914, in: R. Melville u. a. (Hg.), Deutschland und Europa in der Neuzeit. Festschrift für Karl Otmar Frhr. von Aretin zum 65. Geburtstag, Bd. 2, Stuttgart 1988, S. 575–598.

Dirk Hoerder (Hg.), Labor Migration in the Atlantic Economies. The European and North American Working Classes During the Period of Industrialization, Westport, CT 1985.

James F. Hollifield, Immigrants, Markets, and States: The Political Economy of Postwar Europe, Cambridge, Mass. 1992.

International Organization for Migration (Hg.), Profiles and Motives of Potential Migrants. An IOM Study Undertaken in Four Countries: Albania, Bulgaria, Russia and Ukraine, Genf 1993.

S. Jacini, Die italienische Auswanderung nach Deutschland, in: Weltwirtschaftliches Archiv 5 (1915), S. 121–143.

J. A. Jackson, The Irish in Britain, London 1963.

D. Joly / C. Nettleton / H. Poulton, Refugees: Asylum in Europe?, London 1992.

Walter Kamphoefner, The Westfalians. From Germany to Missouri, Princeton 1987.

Reino Kero, Emigration of Finns from North America to Soviet Karelia in the Early 1930s, in: Michel G. Karni (Hg.), The Finnish Experience in the Western Great Lakes Region, Vammala 1975, S. 212–221.

Bichara Khader, Immigration maghrébine face à l'Europe 1992, in: Migrations Société CIEMI, Immigration maghrébine et Europe 92, Bd. 3, Nr. 15, S. 17.

A. Knoke, Ausländische Wanderarbeiter in Deutschland, Leipzig 1911.

Fred C. Koch, The Volga Germans in Russia and the Americas from 1763 to the Present, Pennsylvania 1977.

Joseph Kurlic, L'immigration et l'identité de la France: mythe et réalité, in: Pouvoirs 47 (1988).

Ann Kussmaul, Servants in Husbandry in Early Modern England, Cambridge 1981.

D. Langewiesche, Wanderungsbewegungen in der Hochindustrialisierungsperiode. Regionale, interstädtische und innerstädtische Mobilität in Deutschland 1880–1914, in: Vierteljahresschrift für Sozial- und Wirtschaftsgeschichte 64 (1977), S. 1–40.

Zig Layton-Henry (Hg.), The Political Rights of Migrant Workers in Western Europe, Newbury Park 1990.

Yves Lequin, Les ouvriers de la région lyonnaise 1848–1914, Lyon 1977.

David Levine, Family Formation in an Age of Nascent Capitalism, New York 1977.

Marcel Livian, Le Parti Socialiste et l'immigration, Paris 1982.

Alain Lottin, Naissances illégitimes et filles-mère à Lille au XVIIIe siècle, in: Revue d'histoire moderne et contemporaine 17 (1970), S. 278–322.

Jan Lucassen, Migrant Labour in Europe 1600–1900. The Drift to the North Sea, London 1987.

Oliver MacDonagh, A Pattern of Government Growth 1800–1869. The Passenger Acts and Their Enforcement, London 1961.

Michael R. Marrus, The Unwanted. European Refugees in the Twentieth Century, Oxford 1985.

Georges Mauco, Les étrangers en France: Leur rôle dans l'activité économique, Paris 1932.

Margit Mayer, Shifts in the Local Political System in European Cities Since the 80s, in: Mick Dunford/Grigoris Kafkalas (Hg.), Cities and Regions in the New Europe, London 1992.

Pardo Meijide, La emigración gallega intrapeninsular en el siglo XVIII, Madrid 1960.

Robert Miles/Annie Phizacklea, White Man's Country. Racism in Britain, London 1984.

P. Milza, L'intégration des italiens dans le mouvement ouvrier français à la fin du XIXe siècle et au début du XXe siècle. Le cas de la région marseillaise, in: Affari Sociali Internazionali 3–4 (1977), S. 171–207.

E. Mingione/E. Pugliese, La questione urbana e rurale: tra superamento teorico e problemi di confini incerti, in: La critica sociologica 85 (1988), S. 17–50.

S. Mitter (Hg.), Computer-aided Manufacturing and Women's Employment: The Clothing Industry in Four EC Countries, New York 1991.

Leslie Page Moch/Louise Tilly, Joining the Urban World: Occupation, Family, and Migration in Three French Cities, in: Comparative Studies in Society and History 27 (1985), S. 33–56.

Gunther Moltman, American–German Return Migration in the Nineteenth and Early Twentieth Centuries, in: Central European History 13 (1980), S. 378–392.

Mirjana Morokvasic/Anne de Tinguy, Between East and West. A New Migratory Space, in: Hedwig Rudolph/M. Morokvasic (Hg.), Bridging States and Markets. International Migration in the Early 1990s, Berlin 1993.

Helmut Neubach, Die Ausweisungen von Polen und Juden aus Preußen 1885/86, Wiesbaden 1967.

G. Noiriel, Longwy: Immigrés et prolétaires 1880–1980, Paris 1984.

Philip Ogden, Immigration, Cities and the Geography of the National Front in France, in: G. Glebe/J. O'Loughlin (Hg.), Foreign Minorities in Continental European Cities, Stuttgart 1987, S. 163–183.

Ders./Paul E. White, Migration in Later Nineteenth and Twentieth Century France: Social and Economic Context, in: dies. (Hg.), Migrants in Modern France: Population Mobility in the Later Nineteenth and Twentieth Centuries, London 1989.

Christof Parnreiter, Migration und Arbeitsteilung. AusländerInnenbeschäftigung in der Weltwirtschaftskrise, Wien 1994.

Rinus Penninx, Immigrant Populations and Demographic Development in the Member States of the Council of Europe, in: Population Studies 13 (1984).

Annie Phizacklea (Hg.), One Way Ticket. Migration and Female Labour, London 1983.

Abel Poitrineau, Aspects de l'émigration temporaire et saisonnière en Auvergne à la fin du XVIIIe siècle et au début de XIXe siècle, in: Revue d'histoire moderne et contemporaine 9 (1962), S. 5–50.

Jean-Pierre Poussou, Bordeaux et le sud-ouest au XVIIIe siècle, Paris 1988.

Jan Rath, Voting Rights, in: Zig Layton-Henry (Hg.), The Political Rights of Migrant Workers in Western Europe, Newbury Park 1990.

Arthur Redford, Labour Migration in England 1800–1850, Manchester 1976.

G. Rosoli (Hg.), Un secolo d'emigrazione italiana: 1876–1976, Rom 1978.

Olivier Roy, Ethnicité, bandes et communautarisme, in: Esprit (1991), S. 37–47.

Hedwig Rudolph /M. Morokvasic (Hg.), Bridging States and Markets. International Migration in the Early 1990s, Berlin 1993.

P. Sandicchi, I fornaciai italiani in Baviera, in: Bolletino dell'emigrazione 12 (1912), S. 3–34.

Jonathan Sarna, The Myth of No Return. Jewish Return Migration to Eastern Europe 1800–1914, in: Dirk Hoerder (Hg.), Labor Migration in the Atlantic Economies, Westport, CT 1981, S. 423–434.

Saskia Sassen, Losing Control? Sovereignty in an Age of Globalization, New York 1996.

Dominique Schnapper, La France de l'intégration. Sociologie de la nation en 1990, Paris 1991.

Carl Senior, German Immigration in Jamaica 1834–38, in: Journal of Caribbean History 10–11 (1978), S. 25–53.

Richard Sennett, Flesh and Stones: The Body and the City in Western Civilization, New York 1994; dt.: Fleisch und Stein. Der Körper und die Stadt in der westlichen Zivilisation, Berlin 1995.

Ders., The Uses of Disorder. Personal Identity and City Life. New York 1970.

E. Sik, Policy Networks to Cope with Crisis. The Case of Transsylvanian Refugees in Contemporary Hungary, in: Innovation 3 (1990), S. 729–748.

SOPEMI (Système d'observation permanente pour les migrations), Annual Report, Paris 1977 und Folgejahre.

Michael Spencer, 1992 and All That: Civil Liberties in the Balance, London 1990.

Statistisches Bundesamt (Hg.), Statistisches Jahrbuch 1991 für das vereinte Deutschland, Wiesbaden 1992.

G. Tapinos, L'immigration étrangère en France 1946–1973, in: Cahier de l'INED 71 (1975).

Stephan Thernstrom/Ann Orlov (Hg.), Harvard Encyclopedia of American Ethnic Groups, Cambridge, Mass. 1980.

Charles Tilly, Coercion, Capital, and European States, AD 990–1990, Oxford 1990.

Louise Tilly, Occupational Structure, Women's Work, and Demographic Change in Two French Industrial Cities: Anzin and Roubaix 1872–1906, in: J. Sundin/E. Sooderlund (Hg.), Time, Space and Man. Essays in Microdemography, Atlantic Highlands, NJ 1979, S. 107–132.

A. de Tinguy, Emigration soviétique. Quelles perspectives?, in: La nouvelle alternative 2 (1991).

M. Tribalat u. a. (Hg.), Cent ans d'immigration. Etrangers d'hier, français d'aujourd'hui, Paris 1991.

Jan de Vries, European Urbanization 1500–1800, Cambridge, Mass. 1984.

Patrick Weil, La France et ses étrangers, Paris 1991.

Czarina Wilpert, Entering the Working World: Following the Descendants of Europe's Immigrant Labour Force, Aldershot 1988.

R. Wischenbart, National Identity and Immigration in Austria. Historical Framework and Political Dispute, in: M. Baldwin-Edwards/M. Schain (Hg.), The Politics of Immigration in Western Europe, Ilford 1994, S. 72–90.

Z. Zeroulou, Mobilisation familiale et réussite scolaire, in: Revue européenne des migrations internationales 1 (1985), S. 107–117.

Aristide R. Zolberg, International Migration Policies in a Changing World System, in: W. H. McNeill/R. S. Adams (Hg.), Human Migration: Patterns and Policies, Bloomington 1978, S. 241–286.

# Tabellen

*Tabelle 1: Bestand der ausländischen Bevölkerung in ausgewählten OECD-Ländern 1980–1990[1] (in Tausend)*

| | 1980 | 1981 | 1982 | 1983 | 1984 | 1985 | 1986 | 1987 | 1988 | 1989 | 1990 |
|---|---|---|---|---|---|---|---|---|---|---|---|
| Österreich | 282,7 | 299,2 | 302,9 | 275,0 | 268,8 | 271,7 | 275,7 | 283,0 | 298,7 | 322,6 | 413,4 |
| % Gesamtbevölk. | 3,7 | 3,9 | 4,0 | 3,6 | 3,6 | 3,6 | 3,6 | 3,7 | 3,9 | 4,2 | 5,3 |
| Belgien[2] | – | 885,7 | 891,2 | 890,9 | 897,6 | 846,5 | 853,2 | 862,5 | 868,8 | 880,8 | 904,5 |
| % Gesamtbevölk. | – | 9,0 | 9,0 | 9,0 | 9,1 | 8,6 | 8,6 | 8,7 | 8,8 | 8,9 | 9,1 |
| Dänemark | 101,6 | 101,9 | 103,1 | 104,1 | 107,7 | 117,0 | 128,3 | 136,2 | 142,0 | 150,6 | 160,6 |
| % Gesamtbevölk. | 2,0 | 2,0 | 2,0 | 2,0 | 2,1 | 2,3 | 2,5 | 2,7 | 2,8 | 2,9 | 3,1 |
| Finnland | 12,8 | 13,7 | 14,3 | 15,7 | 16,8 | 17,0 | 17,3 | 17,7 | 18,7 | 21,2 | 26,3 |
| % Gesamtbevölk. | 0,3 | 0,3 | 0,3 | 0,3 | 0,3 | 0,3 | 0,4 | 0,4 | 0,4 | 0,4 | 0,5 |
| Frankreich[3] | – | – | 3714,2 | – | – | – | – | – | – | – | 3607,6 |
| % Gesamtbevölk. | – | – | 6,8 | – | – | – | – | – | – | – | 6,4 |
| Deutschland[4] | 4453,3 | 4629,8 | 4666,9 | 4534,9 | 4363,7 | 4378,9 | 4512,7 | 4630,2 | 4489,1 | 4845,9 | 5241,8 |
| % Gesamtbevölk. | 7,2 | 7,5 | 7,6 | 7,4 | 7,1 | 7,2 | 7,4 | 7,6 | 7,3 | 7,7 | 8,2 |
| Italien[5] | 298,7 | 331,7 | 358,9 | 381,3 | 403,9 | 423,0 | 450,2 | 572,1 | 645,4 | 490,4 | 781,1 |
| % Gesamtbevölk. | 0,5 | 0,6 | 0,6 | 0,7 | 0,7 | 0,7 | 0,8 | 1,0 | 1,1 | 0,9 | 1,4 |
| Luxemburg | 94,3 | 95,4 | 95,6 | 96,2 | 96,9 | 98,0 | 96,8 | 98,6 | 100,9 | 104,0 | – |
| % Gesamtbevölk. | 25,8 | 26,1 | 26,2 | 26,3 | 26,5 | 26,7 | 26,2 | 26,5 | 26,9 | 27,5 | – |
| Niederlande | 520,9 | 537,6 | 546,5 | 552,4 | 558,7 | 552,5 | 568,0 | 591,8 | 623,7 | 641,9 | 692,4 |
| % Gesamtbevölk. | 3,7 | 3,8 | 3,8 | 3,8 | 3,9 | 3,8 | 3,9 | 4,0 | 4,2 | 4,3 | 4,6 |
| Norwegen[6] | 82,6 | 86,5 | 90,6 | 94,7 | 97,8 | 101,5 | 109,3 | 123,7 | 135,9 | 140,3 | 143,3 |
| % Gesamtbevölk. | 2,0 | 2,1 | 2,2 | 2,3 | 2,4 | 2,4 | 2,6 | 2,9 | 3,2 | 3,3 | 3,4 |
| Schweden[7] | 421,7 | 414,0 | 405,5 | 397,1 | 390,6 | 388,6 | 390,8 | 401,0 | 421,0 | 456,0 | 483,7 |
| % Gesamtbevölk. | 5,1 | 5,0 | 4,9 | 4,8 | 4,7 | 4,6 | 4,7 | 4,8 | 5,0 | 5,3 | 5,6 |
| Schweiz[8] | 892,8 | 909,0 | 925,8 | 925,6 | 932,4 | 939,7 | 956,0 | 978,7 | 1006,5 | 1040,3 | 1100,3 |
| % Gesamtbevölk. | 14,1 | 14,3 | 14,4 | 14,4 | 14,4 | 14,5 | 14,7 | 14,9 | 15,2 | 15,6 | 16,3 |
| Großbritannien[9] | – | – | – | – | 1601 | 1731 | 1820 | 1839 | 1821 | 1949 | 1875 |
| % Gesamtbevölk. | – | – | – | – | 2,8 | 3,1 | 3,2 | 3,2 | 3,2 | 3,4 | 3,3 |

*Quelle:* Système d'observation permanente pour les migrations, Annual Report (im folgenden zitiert: SOPEMI), Paris 1993

1. Die Daten stammen aus den Bevölkerungsregistern der einzelnen Länder, mit Ausnahme von Frankreich und Großbritannien. Stand ist jeweils der 31.12. des angegebenen Jahres. Die Tabellen 6–12 schlüsseln den Bestand nach Nationalitäten auf.

2. Durch Veränderung im Einbürgerungsrecht wurden 1985 bestimmte Ausländer als Einheimische gezählt. Dadurch sank die Zahl der ausländischen Bevölkerung.

3. Volkszählungen am 4.3.82 und 6.3.90. Bei der Volkszählung vom 20.2.75 lag die Zahl bei 3442,4.

4. Stand bis 1984 und für 1990 30.9.; von 1985–89 31.12. Bezieht sich auf Westdeutschland.

5. Die Daten wurden so angepaßt, daß sie die Gesetze von 1987/88 und 1990 berücksichtigen. Der Rückgang von 1989 erklärt sich mit der Überprüfung der Ausländerregister (Bereinigung von Doppelregistrierung, Berücksichtigung der Rückwanderung).

6. Ab 1987 einschließlich der Asylbewerber, deren Anträge bearbeitet werden. Die Zahlen für die früheren Jahre waren relativ gering.

7. Manche kurzfristigen Aufenthaltsgenehmigungen sind nicht berücksichtigt (überwiegend bei Bürgern aus anderen skandinavischen Ländern).

8. Ausländer mit jährlicher Aufenthaltsgenehmigung (bis zum 31.12.82 auch mit Aufenthaltsgenehmigungen unter einem Jahr) und Aufenthaltsberechtigung. Saison- und Grenzarbeitskräfte sind nicht erfaßt.

9. Geschätzt anhand der jährlich erhobenen Zahlen der Erwerbsbevölkerung.

## Tabelle 2: Bestand der ausländischen Erwerbsbevölkerung in ausgewählten OECD-Ländern 1980–1991[1] (in Tausend)

| | 1980 | 1981 | 1982 | 1983 | 1984 | 1985 | 1986 | 1987 | 1988 | 1989 | 1990 |
|---|---|---|---|---|---|---|---|---|---|---|---|
| Österreich[2] | 178,4 | 177,9 | 166,2 | 154,8 | 146,7 | 148,3 | 155,0 | 157,7 | 160,9 | 178,0 | 236,0 |
| Belgien[3] | – | – | – | 190,6 | 182,5 | 179,7 | 179,2 | 176,6 | 179,3 | 196,4 | – |
| Frankreich[4] | 1458,2 | 1427,1 | 1503,0 | 1574,8 | 1658,2 | 1649,2 | 1555,7 | 1524,9 | 1557,0 | 1593,8 | 1553,5 |
| Deutschland[5] | 2115,7 | 2096,3 | 2029,0 | 1983,5 | 1854,9 | 1823,4 | 1833,7 | 1865,5 | 1910,6 | 1940,6 | 2025,1 |
| Luxemburg[6] | 51,9 | 52,5 | 52,3 | 53,8 | 53,0 | 55,0 | 58,7 | 63,7 | 69,4 | 76,2 | – |
| Niederlande[7] | 188,1 | 192,7 | 185,2 | 173,7 | 168,8 | 165,8 | 169,0 | 175,7 | 176 | 192 | 200 |
| Schweden[8] | 234,1 | 233,5 | 227,7 | 221,6 | 219,2 | 216,1 | 214,9 | 214,2 | 220,2 | 237,0 | 257,9 |
| Schweiz[9] | 501,2 | 515,1 | 526,2 | 529,8 | 539,3 | 549,3 | 566,9 | 587,7 | 607,8 | 631,8 | 669,8 |
| Großbritannien[10] | – | – | – | – | 744,0 | 808,0 | 815,0 | 815,0 | 871,0 | 960,0 | 933,0 |

*Quelle:* SOPEMI 1993

1. Arbeitslose mit Ausnahme von Belgien, Luxemburg, den Niederlanden und Großbritannien eingeschlossen, ohne Grenz- und Saisonkräfte, sofern nicht extra erwähnt. (Bestand der ausländischen Erwerbsbevölkerung nach Nationalitäten in den Tabellen 6–12.)
2. Jahresdurchschnitt. Erteilte plus gültige Arbeitsgenehmigungen. Die Zahlen können zu hoch sein, weil manche Personen mehr als eine Arbeitsgenehmigung besitzen. Selbständige sind nicht erfaßt.
3. Ohne Arbeitslose und Selbständige.
4. Zahlen aus der jährlichen Erhebung zur Erwerbsbevölkerung, Stand jeweils März.
5. Stand jeweils 30. 9. Mit Grenzarbeitskräften, ohne Selbständige. Gültig für Westdeutschland.
6. Stand jeweils 1. 10. Erfaßt sind erwerbstätige Ausländer, einschließlich Auszubildende und Grenzarbeitskräfte. Ohne Arbeitslose.
7. Schätzungen jeweils vom 31. 3., einschließlich Grenzarbeitskräfte, aber ohne Selbständige und deren Familienangehörige sowie ohne Arbeitslose.
8. Zahlen aus der jährlichen Erhebung zur Erwerbsbevölkerung.
9. Stand jeweils 31. 12. Ausländer mit jährlicher Aufenthaltsgenehmigung (bis zum 31. 12. 82 auch mit Aufenthaltsgenehmigung unter einem Jahr) und Erwerbstätige mit Aufenthaltsberechtigung.
10. Ohne Arbeitslose.

## Tabelle 3: Zuwanderung bei der ausländischen Population in ausgewählten OECD-Ländern 1980–1990[1] (in Tausend)

| | 1980 | 1981 | 1982 | 1983 | 1984 | 1985 | 1986 | 1987 | 1988 | 1989 | 1990 |
|---|---|---|---|---|---|---|---|---|---|---|---|
| Belgien | 46,8 | 41,3 | 36,2 | 34,3 | 37,2 | 37,5 | 39,3 | 40,1 | 38,2 | 43,5 | 52,3 |
| Frankreich[2] | 59,4 | 75,0 | 144,4 | 64,2 | 51,4 | 43,4 | 38,3 | 39,0 | 44,0 | 53,2 | 63,1 |
| Deutschland | 523,6 | 451,7 | 275,5 | 253,5 | 295,8 | 324,4 | 378,6 | 414,9 | 545,4 | 649,5 | – |
| Luxemburg | 7,4 | 6,9 | 6,4 | 6,2 | 6,0 | 6,6 | 7,4 | 8,3 | 9,0 | 9,1 | – |
| Niederlande | 78,5 | 49,6 | 39,7 | 34,4 | 34,7 | 40,6 | 46,9 | 47,4 | 50,8 | 51,5 | 60,1 |
| Norwegen[3] | 11,8 | 13,1 | 14,0 | 13,1 | 12,8 | 14,9 | 16,5 | 15,2 | 16,4 | 14,0 | 11,7 |
| Schweden[4] | – | – | – | 18,3 | 14,1 | 13,4 | 19,4 | 19,0 | 24,9 | 28,9 | 23,9 |
| Schweiz[5] | 70,5 | 80,3 | 74,7 | 58,3 | 58,6 | 59,4 | 66,8 | 71,5 | 76,1 | 80,4 | 101,4 |
| Großbritannien[6] | 69,8 | 59,1 | 53,9 | 53,5 | 51,0 | 55,4 | 47,8 | 46,0 | 49,3 | 49,7 | 52,4 |

1. Die Daten stammen aus den Bevölkerungsregistern der einzelnen Länder, mit Ausnahme von Frankreich und Großbritannien. Ohne Asylbewerber.
2. Neu eingereiste ausländische Arbeitskräfte, einschließlich solcher mit zeitlich befristeter Arbeitserlaubnis, sowie Einreisen im Zuge der Familienzusammenführung. Ohne EG-Bürger (Arbeitskräfte und Familienangehörige), die nicht über das Internationale Migrationsbüro (IOM) eingereist sind.
3. Einreisen von Ausländern, die länger als sechs Monate in Norwegen bleiben wollen.
4. Einreisen zu kurzfristigen Aufenthalten nicht immer berücksichtigt (überwiegend bei Bürgern anderer skandinavischer Staaten).
5. Einreisen von Ausländern mit jährlicher Aufenthaltsgenehmigung und Aufenthaltsrecht, die nach einem kurzen Aufenthalt im Ausland in die Schweiz zurückkehren. Bis zum 31.12.82 auch Ausländer mit Aufenthaltsgenehmigungen unter 12 Monaten. Ohne Saison- und Grenzarbeitskräfte (auch Grenzarbeitskräfte mit Aufenthaltsrecht).
6. Einreisen korrespondieren mit permanenten Niederlassungen im Rahmen des Einwanderungsgesetzes von 1971 und der nachfolgenden Änderungen.

Quelle: SOPEMI 1993

*Tabelle 4: Zuwanderung von Asylbewerbern in ausgewählte OECD-Länder 1980–1991 (in Tausend)*

| | 1980 | 1981 | 1982 | 1983 | 1984 | 1985 | 1986 | 1987 | 1988 | 1989 | 1990 | 1991 [1] |
|---|---|---|---|---|---|---|---|---|---|---|---|---|
| Österreich | 9,3 | 34,6 | 6,3 | 5,9 | 7,2 | 6,7 | 8,6 | 11,4 | 15,8 | 21,9 | 22,8 | 27,3 |
| Belgien | 2,7 | 2,4 | 3,1 | 2,9 | 3,7 | 5,3 | 7,6 | 6,0 | 4,5 | 8,1 | 13,0 | 15,2 |
| Dänemark | 0,2 | 0,3 | 0,3 | 0,3 | 4,3 | 8,7 | 9,3 | 2,7 | 4,7 | 4,6 | 5,3 | 4,6 |
| Finnland | – | – | – | – | – | – | 0,1 | 0,1 | 0,1 | 0,2 | 2,5 | 2,1 |
| Frankreich | 18,8 | 19,8 | 22,5 | 22,3 | 21,6 | 28,8 | 26,2 | 27,6 | 34,3 | 61,4 | 54,7 | 50,0 |
| Deutschland | 107,8 | 49,4 | 37,2 | 19,7 | 35,3 | 73,8 | 99,7 | 57,4 | 103,1 | 121,3 | 193,1 | 256,1 |
| Griechenland | – | – | – | 0,5 | 0,8 | 1,4 | 4,3 | 6,3 | 9,3 | 6,5 | 4,1 | – |
| Italien | – | – | – | 3,1 | 4,6 | 5,4 | 6,5 | 11,0 | 1,4 | 2,2 | 4,7 | 27,0 |
| Niederlande | 1,3 | 0,8 | 1,2 | 2,0 | 2,6 | 5,6 | 5,9 | 13,5 | 7,5 | 13,9 | 21,2 | 21,6 |
| Norwegen | 0,1 | 0,1 | 0,1 | 0,2 | 0,3 | 0,8 | 2,7 | 8,6 | 6,6 | 4,4 | 4,0 | 3,0 |
| Portugal | 1,6 | 0,6 | 0,4 | 0,6 | 0,2 | 0,1 | 0,1 | 0,2 | 0,3 | 0,1 | 0,1 | – |
| Spanien | – | – | – | 1,4 | 1,1 | 2,3 | 2,8 | 3,7 | 4,5 | 4,0 | 8,6 | 8,0 |
| Schweden | – | – | – | 4,0 | 12,0 | 14,5 | 14,6 | 18,1 | 19,6 | 30,0 | 29,4 | 26,5 |
| Schweiz | 6,1 | 5,2 | 7,1 | 7,9 | 7,4 | 9,7 | 8,5 | 10,9 | 16,7 | 24,4 | 35,8 | 41,6 |
| Großbritannien | 9,9 | 2,9 | 4,2 | 4,3 | 3,9 | 5,4 | 4,8 | 5,2 | 5,7 | 16,5 | 30,0 | 57,7 |

1. Vorläufige Daten.

*Quelle:* SOPEMI 1993

211

Tabelle 5: Abwanderung der ausländischen Population aus ausgewählten OECD-Ländern 1980–1990[1] (in Tausend)

| | 1980 | 1981 | 1982 | 1983 | 1984 | 1985 | 1986 | 1987 | 1988 | 1989 | 1990 |
|---|---|---|---|---|---|---|---|---|---|---|---|
| Belgien | 41,3 | 39,9 | 40,4 | 40,2 | 35,9 | 33,5 | 32,7 | 34,8 | 32,3 | 27,5 | 28,0 |
| Deutschland[2] | 385,8 | 415,5 | 433,3 | 424,9 | 545,1 | 366,7 | 347,8 | 334,0 | 359,1 | 438,3 | – |
| Luxemburg | 6,0 | 6,5 | 6,7 | 6,2 | 5,5 | 5,8 | 5,5 | 6,3 | 6,6 | 6,3 | – |
| Niederlande | 23,6 | 25,0 | 28,1 | 28,0 | 27,0 | 24,2 | 23,6 | 20,9 | 21,4 | 21,5 | 20,6 |
| Norwegen | 7,3 | 7,2 | 7,2 | 8,0 | 7,6 | 7,5 | 8,4 | 8,6 | 9,3 | 10,6 | 9,8 |
| Schweden[3] | 20,8 | 20,8 | 19,9 | 17,4 | 14,6 | 14,0 | 15,4 | 11,6 | 11,8 | 13,1 | 16,2 |
| Schweiz[4] | 63,7 | 64,0 | 62,6 | 61,7 | 55,6 | 54,3 | 52,8 | 53,8 | 55,8 | 57,5 | 59,6 |

1. Daten stammen aus den Bevölkerungsregistern.
2. Einschließlich registrierter Ausreisen von Asylbewerbern.
3. Manche Ausländer (vor allem aus anderen skandinavischen Ländern) sind nicht erfaßt.
4. Ausreisen von Ausländern mit jährlicher Aufenthaltsgenehmigung (bis zum 31.12.82 auch mit Aufenthaltsgenehmigungen unter 12 Monaten) und mit Aufenthaltsberechtigung.

Quelle: SOPEMI 1993

*Tabelle 6: Bestand der ausländischen Bevölkerung*
*nach Nationalitäten: Belgien 1981–1990 (in Tausend)*

|  | 1981 | 1985 | 1990 | % gesamt (Durchschnitt) | weiblich 1990 | % gesamt (Durchschnitt) |
|---|---|---|---|---|---|---|
| 1 Italien | 276,5 | 252,9 | 241,1 | 29 % | 107,6 | 27 % |
| 2 Marokko | 110,2 | 123,6 | 141,6 | 14 % | 64,5 | 16 % |
| 3 Frankreich | 103,7 | 92,3 | 94,2 | 11 % | 46,3 | 11 % |
| 4 Türkei | 66,1 | 74,2 | 84,9 | 8,4 % | 39,5 | 10 % |
| gesamt | 556,5 | 543 | 561,8 |  | 257,9 |  |
| % der ausländischen Gesamtbevölkerung | 63 % | 61 % | 63 % |  | 64 % |  |
| Ausländer insgesamt | 885,7 | 846,5 | 904,5 |  | 405,8 |  |

*Quelle:* SOPEMI 1993

*Tabelle 7: Bestand der ausländischen Bevölkerung*
*nach Nationalitäten: Frankreich 1975–1990 (in Tausend)*

|  | 1975 | 1982 | 1990 | % gesamt (Durchschnitt) | weiblich 1990 | % gesamt (Durchschnitt) |
|---|---|---|---|---|---|---|
| 1 Portugal | 758,9 | 767,3 | 645,6 | 20 % | 300,4 | 19 % |
| 2 Algerien | 710,7 | 805,1 | 619,9 | 20 % | 256,2 | 16 % |
| 3 Marokko | 260,0 | 441,3 | 584,7 | 12 % | 257,8 | 16 % |
| 4 Italien | 462,9 | 340,3 | 253,7 | 10 % | 109,0 | 7 % |
| gesamt | 2192,5 | 2354 | 2109,9 |  |  |  |
| % der ausländischen Gesamtbevölkerung | 58 % | 63 % | 58 % |  |  |  |
| Ausländer insgesamt | 3442,4 | 3714,2 | 3607,6 |  | 1619,3 |  |

*Quelle:* SOPEMI 1993

213

## Tabelle 8: Bestand der ausländischen Bevölkerung nach Nationalitäten: Deutschland 1981–1990 (in Tausend)

| | 1981 | 1985 | 1990 | % gesamt (Durchschnitt) | weiblich 1990 | % gesamt (Durchschnitt) |
|---|---|---|---|---|---|---|
| 1 Türkei | 1546,3 | 1401,9 | 1675,0 | 32,5 % | 745,4 | 32 % |
| 2 Jugoslawien | 637,3 | 591,0 | 652,5 | 13 % | 295,4 | 13 % |
| 3 Italien | 624,5 | 531,3 | 548,3 | 11,5 % | 215,9 | 9 % |
| 4 Griechenland | 299,3 | 280,6 | 314,5 | 6 % | 141,5 | 6 % |
| gesamt | 3107,4 | 2804,8 | 3190,3 | | 1398,2 | |
| % der ausländischen Bevölkerung | 67 % | 64 % | 61 % | | 61 % | |
| Ausländer insgesamt | 4629,8 | 4378,9 | 5241,8 | | 2295,9 | |

*Quelle:* SOPEMI 1993

## Tabelle 9: Bestand der ausländischen Bevölkerung nach Nationalitäten: Schweden 1981–1990 (in Tausend)

| | 1981 | 1985 | 1990 | % gesamt (Durchschnitt) | weiblich 1990 | % gesamt (Durchschnitt) |
|---|---|---|---|---|---|---|
| 1 Finnland | 172,0 | 138,6 | 119,7 | 33 % | 65,0 | 27 % |
| 2 Jugoslawien | 38,8 | 38,4 | 41,1 | 9 % | 20,8 | 9 % |
| 3 Iran | 3,3 | 8,3 | 39,0 | 4 % | 16,6 | 7 % |
| 4 Norwegen | 25,4 | 26,4 | 38,2 | 7 % | 18,8 | 8 % |
| gesamt | 239,5 | 211,7 | 238 | | 121,2 | |
| % der ausländischen Gesamtbevölkerung | 58 % | 54 % | 49 % | | 51 % | |
| Ausländer insgesamt | 414,0 | 388,6 | 483,7 | | 237,5 | |

*Quelle:* SOPEMI 1993

## Tabelle 10: Bestand der ausländischen Bevölkerung nach Nationalitäten: Schweiz 1981–1990 (in Tausend)

|  | 1981 | 1985 | 1990 | % gesamt (Durch-schnitt) | weiblich 1990 | % gesamt (Durch-schnitt) |
|---|---|---|---|---|---|---|
| 1 Italien | 417,3 | 392,5 | 378,7 | 40 % | 162 | 33 % |
| 2 Jugoslawien | 49,1 | 69,5 | 140,7 | 9 % | 62,4 | 13 % |
| 3 Spanien | 99,7 | 108,4 | 116,1 | 11 % | 52,2 | 11 % |
| 4 Portugal | 13,1 | 30,9 | 85,6 | 4 % | 40 | 8 % |
| gesamt | 579,2 | 601,3 | 721,1 |  | 316,6 |  |
| % der ausländischen Gesamtbevölkerung | 64 % | 64 % | 66 % |  | 65 % |  |
| Ausländer insgesamt | 909,9 | 939,7 | 1100,3 |  | 483,7 |  |

Quelle: SOPEMI 1993

## Tabelle 11: Bestand der ausländischen Bevölkerung nach Nationalitäten: Niederlande 1981–1990 (in Tausend)

|  | 1981 | 1985 | 1990 | % gesamt (Durch-schnitt) | weiblich 1990 | % gesamt (Durch-schnitt) |
|---|---|---|---|---|---|---|
| 1 Türkei | 148,0 | 156,4 | 203,5 | 28 % | 92,8 | 30 % |
| 2 Marokko | 93,1 | 116,4 | 156,9 | 21 % | 69,8 | 22 % |
| 3 Deutschland | 42,3 | 41,0 | 44,3 | 7 % | 21,1 | 7 % |
| 4 Großbritannien | 39,4 | 38,5 | 39,0 | 6 % | 16,0 | 5 % |
| gesamt | 322,8 | 352,3 | 443,7 |  | 199,7 |  |
| % der ausländischen Gesamtbevölkerung | 60 % | 64 % | 64 % |  | 65 % |  |
| Ausländer insgesamt | 537,6 | 552,5 | 692,4 |  | 311,1 |  |

Quelle: SOPEMI 1993

Tabelle 12: *Bestand der ausländischen Bevölkerung*
*nach Nationalitäten: Großbritannien 1985–1990 (in Tausend)*

| | 1985 | 1988 | 1990 | % gesamt (Durch-schnitt) | weiblich 1990 | % gesamt (Durch-schnitt) |
|---|---|---|---|---|---|---|
| 1 Irland | 569 | 621 | 638 | 34 % | 328 | 33 % |
| 2 Indien | 138 | 151 | 155 | 8 % | 90 | 9 % |
| 3 USA | 86 | 100 | 102 | 5 % | 55 | 6 % |
| 4 Italien | 83 | 91 | 75 | 5 % | 34 | 3 % |
| gesamt | 876 | 963 | 970 | | 507 | |
| % der ausländischen Gesamtbevölkerung | 51 % | 53 % | 52 % | | 51 % | |
| Ausländer insgesamt | 1731 | 1821 | 1875 | | 985 | |

*Quelle:* SOPEMI 1993

# *Europäische Geschichte*

Herausgegeben von Wolfgang Benz

Konzeption: Wolfgang Benz,
Rebekka Habermas und Walter H. Pehle

Band 60113

Band 60101

Band 60102

## Europa entdecken – die neue Reihe

Die neue Fischer-Buchreihe *Europäische Geschichte* lädt ein zur Entdeckung Europas, blickt weit über nationale Grenzen hinweg und macht mit einem breiten Themenspektrum gemeinsame, aber auch trennende historische Entwicklungen deutlich.

Die 65 Autorinnen und Autoren der *Europäischen Geschichte* bieten aus höchst unterschiedlichen Perspektiven neuartige historische Überblicke von der Antike bis zur Gegenwart.

Die Buchreihe *Europäische Geschichte* besteht ausschließlich aus Originalausgaben. Die knappen und gut lesbaren Darstellungen wenden sich an ein breites Publikum, das sachliche Information ebenso schätzt wie deren anschauliche Darbietung.

## Fischer Taschenbuch Verlag

# Europäische Geschichte

Herausgegeben von Wolfgang Benz

Gerold Ambrosius
**Wirtschaftsraum Europa**
Vom Ende der
Nationalökonomien
Band 60148
*Dezember '96*

Claude Carozzi
**Weltuntergang und Seelenheil**
Apokalyptische
Visionen im
Mittelalter
Band 60113

Christopher Charle
**Vordenker der Moderne**
Die Intellektuellen
im 19. Jahrhundert
Band 60151
*Januar '97*

Jerzy Holzer
**Der Kommunismus in Europa**
Politische
Bewegung und
Herrschaftssystem
Band 60161
*März '97*

Ulrich Linse
**Geisterseher und Wunderwirker**
Heilssuche im
Industriezeitalter
Band 60164

Günther Lottes
**Stadtwelten**
Urbane Lebens-
formen in der
Frühen Neuzeit
Band 60124
*Februar '97*

Chr. Markschies
**Zwischen den Welten wandern**
Strukturen
des antiken
Christentums
Band 60101

Toni Pierenkemper
**Umstrittene Revolutionen**
Die Industria-
lisierung im
19. Jahrhundert
Band 60147
*Januar '97*

Saskia Sassen
**Migranten, Siedler, Flüchtlinge**
Von der Massenaus-
wanderung zur
Festung Europa
Band 60138

Fred E. Schrader
**Die Formierung der bürgerlichen Gesellschaft**
1550-1850
Band 60133

Peter G. Stein
**Römisches Recht und Europa**
Die Geschichte
einer Rechtskultur
Band 60102

Clemens
Zimmermann
**Die Zeit der Metropolen**
Urbanisierung
und Großstadt-
entwicklung
Band 60144

## Fischer Taschenbuch Verlag

# Die Zeit des Nationalsozialismus
### Eine Buchreihe
### Herausgegeben von Walter H. Pehle

Götz Aly/
Susanne Heim
**Vordenker der
Vernichtung**
Auschwitz und die
deutschen Pläne für
eine neue euro-
päische Ordnung
Band 11268

Ralph Angermund
**Deutsche Richter-
schaft 1919-1945**
Band 10238

Avraham Barkai
**Das Wirtschafts-
system des Natio-
nalsozialismus**
Band 4401

Wolfg. Benz (Hg.)
**Herrschaft und
Gesellschaft im
nationalsoziali-
stischen Staat**
Band 4435

Wolfg. Benz (Hg.)
**Das Exil der
kleinen Leute**
Alltagserfahrung
deutscher Juden in
der Emigration
Band 12504
**Die Vertreibung
der Deutschen
aus dem Osten**
Band 12784

(Hg.) Ute Benz/
Wolfgang Benz
**Sozialisation und
Traumatisierung**
Kinder in der Zeit
des Nationalsozia-
lismus. Band 11067

(Hg.) Wolfg. Benz/
Hans Buchheim/
Hans Mommsen
**Der National-
sozialismus**
Band 11984

(Hg.) Wolfg. Benz/
Angelika Schardt
**Deutsche Kriegs-
gefangene im
Zweiten Weltkrieg**
Erinnerungen
Band 11918

(Hg.) Dirk Blasius/
Dan Diner
**Zerbrochene
Geschichte**
Leben und Selbst-
verständnis der Ju-
den in Deutschland
Band 10524

Horst Boog/
Jürgen Förster/
Joachim Hoffmann/
Ernst Klink/
Rolf-Dieter Müller/
Gerd R. Ueberschär
**Der Angriff auf
die Sowjetunion**
Band 11008

## Fischer Taschenbuch Verlag

# Die Zeit des Nationalsozialismus

### Eine Buchreihe

### Herausgegeben von Walter H. Pehle

Herausgegeben von
A. von Borries
**Selbstzeugnisse
des deutschen Ju-
dentums 1861–1945**
Band 4357

Detlev Claussen
**Grenzen der
Aufklärung**
Die gesellschaftliche
Genese des moder-
nen Antisemitismus
Band 12238

Ute Deichmann
**Biologen
unter Hitler**
Porträt einer
Wissenschaft
im NS-Staat
Band 12597

Wilhelm Deist/
M. Messerschmidt/
Hans E. Volkmann/
Wolfram Wette
**Ursachen und
Voraussetzungen
des Zweiten
Weltkrieges**
Band 4432

Georg Denzler/
Volker Fabrizius
**Christen und
Nationalsozialisten**
Darstellung
und Dokumente
Band 11871

Dan Diner (Hg.)
**Ist der National-
sozialismus
Geschichte?**
Zu Historisierung
und Historikerstreit
Band 4391

Anne Frank
**Das Tagebuch
der Anne Frank**
Band 11377

Varian Fry
**Auslieferung
auf Verlangen**
Die Rettung deut-
scher Emigranten in
Marseille 1940–1941
Band 11893

Gustave M. Gilbert
**Nürnberger
Tagebuch**
Band 1885

Willi Graf
**Briefe und
Aufzeichnungen**
A. Knoop-Graf/
Inge Jens (Hg.)
Band 12367

# Fischer Taschenbuch Verlag

fi 1710 / 11 b

# Die Zeit des Nationalsozialismus
## Eine Buchreihe
### Herausgegeben von Walter H. Pehle

Herausgegeben von
Hermann Graml
**Widerstand im**
**Dritten Reich**
Probleme, Ereig-
nisse, Gestalten
Band 12236

Herausgegeben von
Günter Grau
**Homosexualität**
**in der NS-Zeit**
Band 11254

Lina Haag
**Eine Handvoll**
**Staub**
Widerstand einer
Frau 1933-1945
Band 12619

Norbert Haase/
Gerhard Paul (Hg.)
**Die anderen**
**Soldaten**
Wehrkraftzerset-
zung, Gehorsams-
verweigerung und
Fahnenflucht im
Zweiten Weltkrieg
Band 12769

Sebastian Haffner
**Anmerkungen zu**
**Hitler.** Band 3489

Jost Hermand
**Als Pimpf in Polen**
Erweiterte Kinder-
landverschickung
1940-1945. Bd. 11321

Raul Hilberg
**Die Vernichtung**
**der europäischen**
**Juden**
Drei Bände in Kass.
Band 4417

Raul Hilberg
**Täter, Opfer,**
**Zuschauer**
Die Vernichtung der
Juden 1933-1945
Band 13216

Wieslaw Kielar
**Anus Mundi**
Fünf Jahre Ausch-
witz. Band 3469

Ernst Klee
**Persilscheine und**
**falsche Pässe**
Wie die Kirchen
den Nazis halfen
Band 10956
**Was sie taten –**
**Was sie wurden**
Ärzte, Juristen und
andere Beteiligte am
Kranken- oder Ju-
denmord. Bd. 4364
**»Euthanasie« im**
**NS-Staat. Bd. 4326**

## Fischer Taschenbuch Verlag

fi 1710 / 11 c

# Die Zeit des Nationalsozialismus
### Eine Buchreihe
## Herausgegeben von Walter H. Pehle

**Das Tagebuch der Hertha Nathorff**
Berlin - New York
Aufzeichnungen
1933 bis 1945
Herausgegeben von
Wolfgang Benz
Band 4392

Herausgegeben von
Walther Hofer
**Der National-sozialismus**
Dokumente
1933-1945
Band 6084

Franz Neumann
**Behemoth**
Struktur und Praxis
des Nationalsozia-lismus 1933-1944
Band 4306

Benjamin Ortmeyer
**Schulzeit unterm Hitlerbild**
Band 12967

Herausgegeben von
Walter H. Pehle
**Der historische Ort des National-sozialismus**
Band 4445
**Der Juden-pogrom 1938**
Von der »Reichs-kristallnacht« zum
Völkermord
Band 4386

Peter Reichel
**Der schöne Schein des Dritten Reiches**
Faszination und
Gewalt des
Faschismus
Band 11356

Peter Riedesser/
Axel Verderber
**»Maschinen-gewehre hinter der Front«**
Zur Geschichte
der deutschen
Militärpsychiatrie
Band 10876

Hans Safrian
**Eichmann und seine Gehilfen**
Band 12076

Ernst Schnabel
**Anne Frank**
Spur eines Kindes
Band 5089

G. Schoenberner
**Der gelbe Stern**
Die Judenverfol-gung in Europa
1933-1945
Band 10601

# Fischer Taschenbuch Verlag

fi 1710 / 10 e